공인중개사
위패스 기본서

1차 민법 및 민사특별법 　김묘엽 교수

2026년 제37회 공인중개사

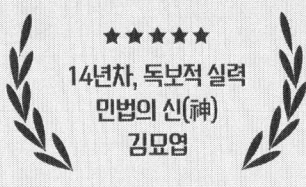
14년차, 독보적 실력
민법의 신(神)
김묘엽

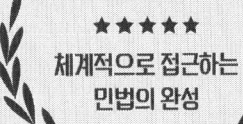
체계적으로 접근하는
민법의 완성

위패스 홈페이지

위패스®

INTRO

안녕하세요. 김묘엽입니다.

여러분들은 자신을 위한 새로운 도전을 시작하고 계시는 분들이십니다. 저 또한 여러분과 함께 새로운 도전을 시작하고 있습니다.

새로운 도전은 불안감과 두려움을 극복하는 데서부터 시작합니다. 저의 경우에 새로운 도전을 함에 있어서 좋은 일과 고마운 인연들이 너무 많았습니다. 그 일이 있었기에 불안감과 두려움은 흥분과 쾌감으로 바뀔 수 있었습니다. 새로운 도전을 함에 있어서 순탄하지 못했던 순간들도 있었습니다. 이런 순간을 극복해 나가면서 불안감과 두려움을 통제할 수 있는 사람으로 성장해 나갈 수 있었습니다.

지금에서 돌아보면 좋은 일과 고마운 인연들, 그리고 순탄하지 못했던 순간들 모두 다 감사하고 고마운 것들이었습니다. 어느 하나 고맙지 않고 감사하지 않은 것이 없습니다. 매 순간에 일희일비(一喜一悲) 하는 것보다는 항상 최선을 다해서 자신에게 부끄럽지 않은 것이 중요하다는 것을 배우고 있습니다.

우리 함께 새로운 도전을 향해 나아갑시다.

이번 교재의 특징입니다.

1. 지금까지 출제되었던 산업인력 관리공단의 민법과 관련된 시험의 기출문제를 전부 분석했습니다. 그리고 시험에 나왔던 문구들을 중심으로 교재를 편찬했습니다.

2. 기존의 민법 교재와 달리 조문의 어휘로 목차를 구성했습니다. 민법 공부의 시발점은 바로 조문에서부터 시작되고 조문의 논의 속에서 학설과 판례가 나오기 때문입니다. 결국 우리 시험에 출제되는 문제들도 이런 논의의 결과물이고, 그렇기에 민법의 조문을 배제해서는 출제자의 출제의도를 파악할 수도, 출제가 예상되는 것의 예측도 할 수가 없게 됩니다. 이 교재가 추구하는 바는 공부를 함과 동시에 출제자의 출제의도까지 함께 파악하자는 것입니다.

3. 이 교재는 순수하게 여러분들이 수험용으로 사용하실 수 있도록 학문적인 논의의 가치는 있으나 수험 문제로 출제되기 어려운 내용은 철저히 배제했습니다. 그리고 각종의 논문과 대법원 판례를 전부 찾아서 시험에 출제 가능한 부분만을 체계적으로 정리해 두었습니다.

2026년 위패스 공인중개사
1차 민법 및 민사특별법

4. 이 교재의 목차순서가 동일한 휴대용 요약서가 출간됩니다. 문제풀이 강의 때 요약서를 활용할 수 있도록 빠르게 출간했습니다. 기본서를 공부하시고 난 후에 요약서를 통해 빠른 정리를 하시는 것이 가장 좋은 방법입니다.

법을 공부하는 가장 큰 이유는 법적 분쟁을 해결하기 위한 것이 아닙니다.
법을 공부해서 나의 권리는 미리 지키고, 의무는 다하고, 그리고 예상되는 분쟁을 예방하고자 하는 것입니다. 또한 법 공부를 통해 감정적인 사고가 아닌 논리적이고 체계적인 사고를 하는 것도 중요한 목표입니다.
법은 원칙을 기본 필두로 해서 예외를 가지고 있습니다. 예외를 인정함에는 합리적인 논거와 타당성을 갖추게끔 되어 있습니다. 그리고 법은 우리에게 그에 상응하는 책임도 가르쳐 줍니다.
제 인생의 터닝 포인트(Turning Point)는 여러 번 있었습니다. 멘토를 만나서 세상을 살아가는 지혜를 얻었고, 법을 공부함으로써 체계적인 사고를 하게 되었고, 아내를 만나서 따스하고 온화한 마음을 가지게 되는 터닝 포인트를 가졌습니다.

열심히 공부하시는 여러분들을 보면서 더욱 열심히 살아야겠다는 의지의 터닝 포인트를 매일 가지게 됩니다.
동시에 저의 교재와 강의가 여러분들의 인생을 위한 터닝 포인트의 역할을 할 수 있기를 항상 간절히 바라고 간절히 기도하면서 교재를 집필하고 강의를 합니다.

지금까지 우리가 어떻게 지내왔든 간에 지금부터 당장 시작할 수 있습니다.

2025. 11. 17.
김묘엽 배상

CONTENTS

PART 1 민법총칙

제 01장 총칙 10
법률행위와 법률규정의 관계 ········· 10
권리의 종류 ························ 11

제 02장 법률관계의 변동 12

제 03장 법률행위 13
법률행위의 종류 ···················· 13
법률행위의 해석 ···················· 14

제 04장 법률행위의 목적 15
적법성 ····························· 15
사회적 타당성 ······················ 16

제 05장 의사표시 23
의사표시의 결함 ···················· 23
진의 아닌 의사표시 ················· 24
통정허위표시 ······················· 26
착오로 인한 의사표시 ··············· 30
사기·강박에 의한 의사표시 ········· 34
의사표시의 효력발생 ················ 37

제 06장 법률행위의 대리 39
대리권 ····························· 39
대리행위 ··························· 43
대리효과 ··························· 45
복대리 ····························· 46
표현대리 ··························· 48
(협의의) 무권대리 ·················· 52

제 07장 무효와 취소 56
무효 일반 ·························· 56
법률행위의 취소와 추인 ············· 58
법률행위의 확정적 무효 ············· 62
법률행위의 유동적 무효 ············· 65

제 08장 법률행위의 부관 69
조건 ······························· 69
기한 ······························· 72

PART 2 물권법

제 01장 총칙 78
본권과 점유권 ······················ 78
물권의 객체 ························ 79
물권의 변동 ························ 81
물권법 ····························· 82

제 02장 점유와 점유권 83
점유 ······························· 83
점유권 ····························· 86

제 03장 법률행위에 의한 부동산물권 변동 88
등기부 ····························· 88
등기의 종류 ························ 89
등기의 절차 ························ 92
등기의 효력 ························ 94

**2026년 위패스 공인중개사
1차 민법 및 민사특별법**

제 04장 법률행위에 의하지 않은 부동산물권 변동 … 101

제 05장 물권적 청구권 일반 … 104

제 06장 소유권에 기한 물권적 청구권 … 106
본권에 기한 물권적 청구권 …………………… 106
소유자의 물권적 청구권 ……………………… 107

제 07장 점유권에 기한 물권적 청구권 … 111
총설 ……………………………………………… 111
점유자의 물권적 청구권(=점유보호청구권) …… 112

제 08장 본권과 점유권과의 관계 … 115
본권의 소와 점유의 소의 관계 ………………… 115
점유자와 회복자의 관계 ………………………… 116

제 09장 물권의 소멸 … 119

제 10장 법률규정상의 소유권 제한 … 121
소유권 일반 ……………………………………… 121
상린관계 ………………………………………… 122

제 11장 법률규정상의 건물의 구분소유 … 125
구분건물 ………………………………………… 125
관리단과 관리단 집회 …………………………… 129

제 12장 취득시효에 의한 소유권 취득 … 133
취득시효 총설 …………………………………… 133
부동산의 점유취득시효 ………………………… 134
부동산의 등기부취득시효 ……………………… 139
취득시효의 중단 ………………………………… 140

제 13장 기타에 의한 소유권 취득 … 141
선점 · 습득 · 발견 ……………………………… 141
부합 ……………………………………………… 142
주물과 종물 ……………………………………… 145

제 14장 법률규정상의 공동소유 … 146
서설 ……………………………………………… 146
공유 ……………………………………………… 147
합유 ……………………………………………… 154
총유 ……………………………………………… 156

제 15장 법률규정상의 명의신탁 … 157
서설 ……………………………………………… 157
기존 판례이론 …………………………………… 159
부동산 실권리자명의 등기에 관한 법률 ……… 162

제 16장 지상권 … 167
서설 ……………………………………………… 167
지상권의 취득 …………………………………… 168
지상권의 존속기간 ……………………………… 169
지상권의 효력 …………………………………… 170
지상권의 소멸 …………………………………… 172
특수한 지상권 …………………………………… 173

CONTENTS

제 17장 법정지상권 · 관습상 법정지상권 ... 176
저당권의 법정지상권 ... 176
관습법상의 법정지상권 ... 179

제 18장 지역권 ... 184
서설 ... 184
지역권의 취득 ... 185
지역권의 존속기간 ... 186
지역권의 효력 ... 187
지역권의 소멸 ... 189

제 19장 전세권 ... 190
서설 ... 190
전세권의 취득 ... 191
전세권의 존속기간 ... 192
전세권의 효력 ... 193
전세권의 소멸 ... 196
전세권 · 지상권과 다른 권리와의 관계 ... 198

제 20장 담보물권 일반 ... 199
담보물권의 필요성 ... 199
담보물권의 성질 ... 200

제 21장 유치권 ... 202
서설 ... 202
유치권의 성립 ... 203
유치권의 효력 ... 207
채권충당방법 ... 209
유치권의 소멸 ... 210

제 22장 저당권 ... 212
서설 ... 212
저당권의 성립 ... 213
저당권의 효력 ... 216
채권충당방법 ... 220
저당권의 소멸 ... 222

제 23장 근저당권 ... 224
서설 ... 224
근저당권의 성립 ... 225
근저당권의 효력 ... 228
근저당권의 소멸 ... 229

제 24장 가등기담보 등에 관한 법률 ... 231
서설 ... 231
가담법이 적용되는 담보권의 성립 ... 232
가담법이 적용되는 담보권의 효력 ... 233
채권충당방법 ... 234
담보권의 소멸 ... 239

2026년 위패스 공인중개사
1차 민법 및 민사특별법

PART 3 계약총론

제 01장 계약의 총론 ... 242
계약의 종류 ... 242

제 02장 계약의 성립 ... 244
청약과 승낙에 의한 계약의 성립 ... 244
청약과 승낙 외 계약의 성립 ... 246

제 03장 계약의 효력 ... 247
동시이행의 항변권 ... 247
위험부담과 전부·일부 불능 ... 250
제3자를 위한 계약 ... 253

제 04장 계약의 해제권·해지권 ... 256
법정해제 ... 256
해제의 방법 ... 258
해제의 효력 ... 259
합의해제·약정해제 ... 262
해지 ... 264

PART 4 계약각론

제 01장 매매 ... 268
매매의 예약 ... 268
매매의 성립 ... 270
매매의 효력 ... 274
매도인의 담보책임 ... 276
환매 ... 283

제 02장 임대차 ... 285
임대차의 성립 ... 285
임대인의 의무 ... 287
임대인의 권리 ... 288
임차인의 의무 ... 289
임차인의 권리 ... 290
보증금 ... 300

제 03장 주택임대차보호법 ... 302
서설 ... 302
주택임차인의 대항력 ... 304
주택임대차 계약의 효과 ... 309
보증금반환이 되지 않은 경우 ... 312

제 04장 상가건물임대차보호법 ... 317
서설 ... 317
상가임차인의 대항력 ... 320
상가임대차 계약의 효과 ... 322
보증금반환이 되지 않은 경우 ... 325
권리금 외 기타 ... 329

PART 1

민법총칙

Life Turning Point
WEPASS

2026년 위패스 공인중개사
1차 민법 및 민사특별법

Chapter1. 총칙
Chapter2. 법률관계의 변동
Chapter3. 법률행위
Chapter4. 법률행위의 목적
Chapter5. 의사표시
Chapter6. 법률행위의 대리
Chapter7. 무효와 취소
Chapter8. 법률행위의 부관

총칙

「01」 법률행위와 법률규정의 관계

I. 의의

1. 법률행위

법률행위란 하나 또는 수개의 의사표시를 요소로 하는 법률요건을 말한다. 그 의사표시에 따라 법률행위의 효력이 생기는 것을 '유효'라고 하고, 효력이 생기지 않는 것을 '무효'라고 한다. 매매계약은 물건을 파는 자와 물건을 사는 자 사이에 의사표시가 있다.

2. 법률규정

법률의 규정이란 의사표시 없이 법률이 정한 요건을 요소로 하는 법률요건을 말한다. 교통사고시에는 법률의 규정에 의하여 불법행위 손해배상청구가 발생한다.

II. 준법률행위

1. 의의

준법률행위란 의사표시를 하였는데 당사자의 의사표시와 무관하게 법률이 정한 법적효과가 발생되는 것을 말한다.

2. 유형

각종의 최고, 각종의 거절(통설) 등은 의사의 통지로, 각종의 통지, 각종의 승낙, 각종의 승인 등은 관념의 통지로 준법률행위에 해당한다.

III. 법률규정과 다른 법률행위

1. 문제점

일정한 행위를 금지하는 법률규정과 다른 내용의 법률행위가 효력이 있는지(=유효인지), 효력이 없는지(=무효인지)가 문제된다.

2. 유형

임의규정이란 선량한 풍속 기타 사회질서에 관계없는 규정을 말한다. 임의규정에 반하는 내용의 법률행위는 유효가 된다. 강행규정이란 선량한 풍속 기타 사회질서에 관계있는 규정을 말한다. 강행규정에 반하는 내용의 법률행위는 무효가 된다.

「02」 권리의 종류

I. 청구권과 항변권

1. 의의
청구권이란 권리자가 어떤 사람에게 일정한 행위를 요구할 수 있는 권리로 단어의 끝에 'OO청구권'이라는 표현을 사용한다. 항변권이란 청구권의 행사에 대해 일정한 이유에 의해 급부를 거부할 수 있는 권리로 단어의 끝에 'OO항변권'이라는 표현을 사용한다.

2. 소멸시효 적용
청구권과 항변권은 원칙적으로 소멸시효의 대상이 된다.

II. 형성권

1. 의의
형성권이란 권리자의 일방적 의사표시에 의하여 법률관계의 발생, 변경, 소멸 즉 권리의 변동을 가져올 수 있는 권리를 말한다. 따라서 형성권의 효력이 발생함에 있어서 상대방의 동의나 승낙이 필요하지 않다.

2. 유형
(ㄱ) 형성권 자체 형성권에는 동의권, 취소권, 추인권, 계약의 해제·해지, 최고권, 철회권, 채무의 면제권, 상계권, 담보책임, 매매의 일방예약완결권 등이 있다.
(ㄴ) 청구권으로 표시되었으나 형성권 지상물매수청구권, 부속물매수청구권, 공유물분할청구권 등은 청구권이라는 표현을 쓰고 있으나 실상은 형성권이다.

3. 제척기간 적용
형성권은 법률관계를 조속하게 확정하기 위해서 제척기간의 대상이 된다(대판 2003.01.10. 2000다26425).

III. 권리의 경합
권리의 경합이란 하나의 사실에 동일한 목적을 가지는 수개의 권리가 발생하는 경우로 하나의 권리행사로 목적을 달성하면 나머지 권리는 자동적으로 소멸하고 하나의 권리행사로 목적을 달성하지 못하면 나머지 권리의 행사로 목적을 달성할 수 있다.

법률관계의 변동

Ⅰ. 원시취득

1. 의의
원시취득이란 전에 없던 권리를 새롭게 취득하는 것뿐만 아니라 기존의 권리를 없애고 새롭게 권리를 발생시키는 것도 포함한다.

2. 유형
(ㄱ) 전에 없던 권리를 새롭게 취득 건물의 신축에 의한 소유권취득, 무주물 선점에 의한 소유권취득 등이 전에 없던 권리를 새롭게 취득하는 원시취득이다.

(ㄴ) 기존의 권리를 없애고 새롭게 취득 점유취득시효에 의한 소유권취득, 유실물의 습득에 의한 소유권취득, 매장물의 발견에 의한 소유권취득 등이 기존의 권리를 없애고 새롭게 권리를 발생시키는 원시취득이다.

Ⅱ. 승계취득

1. 이전적 승계
(ㄱ) 의의 이전적 승계란 권리가 동일성을 유지하면서 신 권리자에게 이전되는 경우를 말한다.

(ㄴ) 특정승계 특정승계란 개개의 권리가 각각의 취득원인에 의해 취득되는 것으로 매매계약에 의한 소유권의 취득, 증여계약에 의한 소유권취득 등이 있다.

(ㄷ) 포괄승계 포괄승계란 하나의 취득원인에 의해서 여러 개의 권리가 일괄해서 취득되는 것으로 상속, 합병 등이 있다.

2. 설정적 승계
(ㄱ) 의의 설정적 승계란 신 권리자가 구 권리자의 권리 일부를 새로이 취득하는 것이다.

(ㄴ) 유형 설정적 승계란 소유권을 가지고 있는 자가 타인에게 제한물권을 설정해 주는 것으로 지상권 설정, 지역권 설정, 전세권 설정, 저당권 설정 등이 있다.

법률행위

「01」 법률행위의 종류

I. 단독행위 · 계약

1. 단독행위

가. 의의

단독행위란 행위자의 의사표시만으로 성립하는 법률행위를 말한다. 단독행위에는 상대방 있는 단독행위와 상대방 없는 단독행위로 구분된다.

나. 유형

(ㄱ) 상대방 있는 단독행위 상대방 있는 단독행위란 상대방에게 의사표시가 도달되어야 효력이 발생하는 법률행위를 말한다. 형성권이나 사직서 제출, 공유지분의 포기(대판 2016.10.27. 2015다52978), 취득시효 이익의 포기(대판 2013.09.13. 2013다43666, 43673)는 상대방 있는 단독행위이다.

(ㄴ) 상대방 없는 단독행위 상대방 없는 단독행위란 상대방에게 의사표시가 도달하지 않아도 효력이 발생하는 법률행위를 말한다. 재단법인 설립행위, 소유권의 포기, 상속의 승인 · 포기, 유언 · 유증 등은 상대방이 없는 단독행위이다.

상대방 있는 단독행위	상대방 없는 단독행위
㉠ 형성권	㉤ 재단법인 설립행위
㉡ 공유지분의 포기	㉥ 소유권의 포기
㉢ 취득시효의 포기	㉦ 상속의 승인 · 포기
㉣ 사직서 제출	㉧ 유언 · 유증

2. 계약

가. 의의

계약이란 당사자 간의 청약과 승낙에 따른 합치에 의하여 성립하는 법률행위를 말한다.

나. 유형

계약에는 매매, 증여, 임대차, 합의해제와 같은 채권상의 법률행위 외에도 지상권, 지역권, 전세권, 질권, 저당권과 같은 물권상의 법률행위 나아가 혼인이나 입양과 같은 가족법상의 법률행위도 포함된다.

II. 채권행위 · 물권행위

1. 채권행위
채권행위란 채권·채무를 발생시키는 법률행위를 말한다. 채무를 이행해야 한다는 점에서 의무부담행위라고 한다.

2. 물권행위
물권행위란 물권의 변동을 발생시키는 법률행위를 말한다. 이는 이행의 문제를 남기지 않는다는 점에서 처분행위라고 한다.

III. 효력발생 요건
농지취득자격증명은 농지를 취득하는 자에게 농지취득의 자격이 있다는 것을 증명하는 것일 뿐 농지취득의 원인이 되는 법률행위의 효력을 발생시키는 요건은 아니다(대판 2006.01.27. 2005다59871). 따라서 농지취득자격증명이 없어도 농지매매계약은 유효하다.

「02」 법률행위의 해석

> (대법원 판례 1993.10.26. 93다2629,2636) 부동산의 매매계약에 있어 쌍방 당사자가 모두 특정의 X토지를 계약의 목적물로 삼았으나 그 목적물의 지번 등에 관하여 착오를 일으켜 계약서상 그 목적물을 Y토지로 표시하고, Y토지에 관하여 소유권이전등기가 경료 되었다.

1. 계약의 성립
X토지를 매매의 목적물로 한다는 쌍방 당사자의 의사합치가 있은 이상 매매계약은 X토지에 성립한 것으로 보아야 할 것이고, Y토지에 관하여 매매계약이 체결된 것으로 보아서는 안 될 것이다(대판 1993.10.26. 93다2629,2636).

2. 착오의 취소
X토지에 대하여 쌍방 당사자의 의사합치가 있는 이상 표의자가 의도한 대로 효과가 발생하기 때문에, Y토지에 대하여는 쌍방 당사자의 의사합치조차 없었기 때문에 착오를 이유로 한 취소의 문제는 발생할 수가 없다.

법률행위의 목적

「01」 적법성

I. 행정법규상 효력규정을 위반한 거래행위

1. 의의
행정법규상 효력규정에 위반하는 내용의 법률행위는 무효가 된다.

2. 판례
(ㄱ) 중개수수료 한도를 초과하는 중개수수료 약정 부동산중개업법에서 정한 중개수수료 한도를 초과하는 중개수수료 약정은 강행법규 위반으로 (효력규정상) 무효이므로 상환을 초과하는 부분에 대해서는 부당이득반환을 구할 수 있다(대판 2007.12.20. 2005다32159 전합).

(ㄴ) 공인중개사 자격이 없는 자의 중개수수료 지급약정 공인중개사 자격이 없는 자가 중개사무소 개설등록을 하지 아니한 채 부동산중개업을 하면서 체결한 중개수수료 지급약정은 강행법규의 위반에 해당한다(대판 2010.12.23. 2008다75119).

(ㄷ) 공인중개사 자격이 없는 자의 단 1회 중개수수료 지급약정 공인중개사 자격이 없는 자가 우연한 기회에 단 1회 타인 간의 거래행위를 중개한 경우 등과 같이 '중개를 업으로 한' 것이 아니라면 그에 따른 중개수수료 지급약정이 강행법규에 위배되어 무효라고 할 것은 아니다(대판 2012.06.14. 2010다86525).

II. 행정법규상 단속규정을 위반한 거래행위

1. 의의
행정법규상 단속규정에 위반하는 내용의 법률행위는 유효가 된다.

2. 판례

가. 중간생략등기
(ㄱ) 중간생략등기를 금지하는 규정 중간생략등기를 금지하는 부동산등기특별조치법은 사법상 효력까지 무효로 하는 (효력규정인) 것은 아니다(대판 1993.01.26. 92다39112).

(ㄴ) 공인중개사 자격이 없는 자의 중개수수료 지급약정 국민주택에 관하여는 분양한 때로부터 일정한 기간 동안 전매행위가 금지되어 있기는 하나 당사자 사이의 전매계약의 사법상의 효력까지 무효로 한다는 취지는 아니다(대판 1997.06.27. 95다47343).

나. 각종의 허가
무허가 음식점의 음식물판매행위, 신고 없이 숙박업을 하는 행위, 허가를 받지 않고 사회복지법인의 기본재산을 임대하는 행위의 사법상의 거래행위는 유효하며 벌칙을 받게 된다.

02 사회적 타당성

I. 반사회질서의 법률행위

1. 서설

가. 의의
선량한 풍속 기타 사회질서에 위반한 사항을 내용으로 하는 법률행위는 무효로 한다(제103조). 무효로 되는 반사회질서행위는 표시되거나 상대방에게 알려진 법률행위의 동기가 반사회질서적인 경우를 포함한다(대판 1984.12.11. 84다카1402).

나. 판단시기
반사회적 법률행위에 해당하는지는 법률행위 시를 기준으로 판단하여야 한다(대판 2015.07.23. 2015다200111전합).

2. 판례 분류

가. 첩계약
(ㄱ) 첩계약시 본처의 동의유무 불문 첩계약은 처의 동의유무를 불문하고 반사회적 법률행위로서 무효이다(대판 1998.04.10. 96므1434).
(ㄴ) 부첩관계의 종료를 해제조건으로 한 증여 부첩관계의 종료를 해제조건으로 한 증여계약은 반사회적 법률행위로 무효이다(대판 1966.06.21. 66다530).
(ㄷ) 부첩관계 종료 후 금원을 지급하기로 약정 부첩관계를 해소하기로 하는 마당에 장래 생활대책을 마련해 준다는 뜻에서 금원을 지급하기로 약정한 것이라면 공서양속에 반하지 않는 유효한 약정이다(대판 1980.06.24. 80다458).
(ㄹ) 부정행위를 용서받는 대가로 부동산 양도 약정 부정행위를 용서받는 대가로 처에게 부동산을 양도하되, 부부관계가 유지되는 동안에는 처가 임의로 처분할 수 없다는 제한을 붙인 약정은 반사회적 법률행위라고 볼 수 없다(대판 1992.10.27. 92므204,211).

나. 면탈목적, 보험금 취득 목적 등의 각종의 목적
(ㄱ) 보험사고를 가장하여 보험금을 취득할 목적의 생명보험계약 처음부터 오로지 보험사고를 가장하여 보험금을 취득할 목적으로 체결한 생명보험계약은 사회질서에 위배되는 법률행위로서 무효이다(대판 2002.02.11. 99다49064).
(ㄴ) 양도소득세 회피 목적 양도소득세를 회피하기 위한 방법으로 실제로 거래한 가격보다 낮은 금액으로 매매계약을 체결하였더라도 그 때문에 매매계약이 반사회적 법률행위로서 무효라고 할 수 없다(대판 1992.12.22. 91다35540,35557).
(ㄷ) 강제집행을 면할 목적 강제집행을 면할 목적으로 부동산에 허위의 근저당권설정등기를 경료하는 행위는 선량한 풍속 기타 사회질서에 위반한 사항을 내용으로 하는 법률행위로 볼 수 없다(대판 2004.05.28. 2003다70041).

다. 증언 및 진술

(ㄱ) **증언시 용인수준을 넘어서는 대가약정** 증인이 증언을 조건으로 통상적으로 용인될 수 있는 수준을 넘어서는 대가를 제공받기로 하는 약정은 반사회적 법률행위로서 무효이다(대판 2010.07.29. 2009다56283).

(ㄴ) **허위진술** 수사기관에서 참고인으로 진술하면서 자신이 잘 알지 못하는 내용에 대하여 허위의 진술을 하는 경우에 급각서에 의한 급부의 약정은 반사회적 법률행위로서 무효이다(대판 2001.04.24. 2000다71999).

라. 개인의 자유 제한

(ㄱ) **이혼·결혼불가 약정** 어떠한 일이 있어도 이혼 또는 결혼을 하지 않겠다고 약정하는 것은 반사회적 법률행위로 무효이다(대판 1969.08.19. 69므18).

(ㄴ) **위약벌의 약정이 과도하게 무거움** 위약벌의 약정된 벌이 과도하게 무거울 때에는 그 일부 또는 전부가 반사회적 법률행위로 무효로 된다(대판 1993.03.23. 92다46905).

(ㄷ) **해외연수대가로 일정기간 근무약정** 연수의 목적으로 해외에 파견된 근로자가 귀국일로부터 일정기간 소속회사에서 근무해야 한다는 약정은 반사회적 법률행위가 된다고 할 수 없다(대판 1982.06.22. 82다카90).

(ㄹ) **강박이라는 불법적 방법이 사용** 법률행위의 성립과정에 강박이라는 불법적 방법이 사용된데 불과한 경우에 반사회질서의 법률행위로서 무효라고는 할 수 없다(대판 1992.11.27. 92다7719).

마. 도박

(ㄱ) **도박·마약·밀수자금 대여** 도박·마약·밀수자금에 제공할 목적으로 이루어진 금전대차계약은 반사회질서의 법률행위로 무효이다(대판 1973.05.22. 72다2249).

(ㄴ) **도박·마약·밀수자금 변제** 도박·마약·밀수대금으로 부담한 채무의 변제로서 토지를 양도하는 계약은 반사회질서의 법률행위로 무효이다(대판 1973.05.22. 72다2249).

바. 변호사

(ㄱ) **민사사건의 성공보수약정** 사적 자치의 원칙이나 계약자유의 원칙에 비추어 보더라도 민사사건의 성공보수약정이 허용됨에 아무런 문제가 없다(대판 2015.07.23. 2015다200111 전합).

(ㄴ) **변호사 아닌 자의 민사사건의 성공보수약정** 변호사 아닌 자가 민사소송의 당사자를 승소시켜 주고 소송물의 일부인 임야지분을 그 대가로 양도받기로 한 약정은 반사회적 법률행위로서 무효이다(대판 1990.05.11. 89다카10514).

(ㄷ) **형사사건의 성공보수약정** 형사사건에 관한 성공보수약정은 반사회적 법률행위의 무효로 보아야 한다(대판 2015.07.23. 2015다200111 전합).

사. 기타

(ㄱ) **진정서 취하 조건으로 거액을 증여 약정** 행정기관에 진정서를 제출하여 상대방을 궁지에 빠뜨린 다음, 이를 취하하는 조건으로 거액의 급부를 제공받기로 한 약정은 무효이다(대판 2000.02.11. 99다56833).

(ㄴ) **특별한 청탁에 뇌물 증여 약정** 당사자의 일방이 상대방에게 공무원의 직무에 관한 사항에 관하여 특별한 청탁을 하게 하고 그에 대한 보수로 돈을 지급하기로 한 계약은 사회질서에 반하는 무효의 계약이다(대판 1971.10.11. 71다1645).
(ㄷ) **범죄포기 조건의 증여** 살인할 생각을 포기할 것을 조건으로 한 증여는 당연한 행위를 하지 않을 것을 조건으로 하기 때문에 사회질서에 반하는 무효의 계약이다.
(ㄹ) **비자금 은닉** 반사회적 행위에 의하여 조성된 재산인 이른바 비자금을 소극적으로 은닉하기 위하여 임치한 것은 사회질서에 반하는 법률행위로 볼 수 없다(대판 2001.04.10. 2000다49343).

3. 효과
가. 누구나
무효는 귀책사유 있는 자를 포함한 누구나 주장할 수 있다. 그래서 무효를 주장하는 자가 입증책임을 진다.

나. 누구에게
반사회적 법률행위의 무효는 선의의 제3자 보호규정이 없어서 당사자와 악의의 제3자는 물론이고 선의의 제3자에게도 무효를 대항할 수 있다(대판 1996.10.25. 96다29151).

다. 부당이득반환청구
(ㄱ) **의의** 반사회적 법률행위는 무효로 한다(제103조). 무효가 되면 이행하지 않은 부분에 대해 이행할 의무도 이행을 청구할 권리도 없다.
(ㄴ) **불법원인급여** 반사회적 법률행위에 따라 얻은 급여를 불법원인급여라고 한다. 불법원인급여의 경우 일반적인 무효와 달리 이미 이행한 부분에 대하여 부당이득반환을 청구할 수 없다(제746조 본문). 상대방이나 제3자에게 소유권에 기한 물건의 반환 또는 등기의 말소를 청구할 수도 없다. 따라서 상대방이나 제3자는 반사적 이익에 따라 권리를 취득하게 된다.

Ⅰ-1. 부동산의 이중매매
1. 일반적인 이중매매
가. 유효
부동산의 이중매매는 계약자유의 원칙상 허용되며 그 효과는 유효하다(대판 1994.03.11. 93다55289). 매도인이 제1매수인에게 부동산을 매매한 사실을 안 제2매수인이 매매계약을 체결 후에 등기를 이전받았다고 하더라도 반사회적 법률행위가 아니다. 따라서 부동산 등기를 받은 제2매수인은 소유권을 취득한다.

나. 법률관계
제1매수인은 소유권을 주장하여 제2매수인에게 소유권자로써 소유권이전등기말소청구를 할 수 없다(대판 1975.12.23. 73다1086).

2. 반사회적 법률행위인 이중매매

가. 요건

(ㄱ) **매도인의 중도금 수령 이후** 매도인이 제1매수인으로부터 중도금을 받은 이후에는 소유권을 이전해 줄 의무에서 벗어날 수 없기 때문에 제2매수인에게 부동산을 팔고 등기를 이전해 주는 것은 배임행위에 해당한다(대판 2020.05.14. 2019도16228).

(ㄴ) **배임행위에 적극가담** 부동산의 이중매매가 반사회적 법률행위로서 무효가 되기 위해서는 매도인의 배임행위와 매수인이 매도인의 배임행위에 적극 가담한 행위로 이루어진 매매가 되어야 한다(대판 1994.03.11. 93다55289).

나. 무효

(ㄱ) **제2매수인이 배임행위에 적극가담** 매도인이 제1매수인으로부터 중도금을 받은 이후에 제2매수인의 매도인의 배임행위에 적극 가담하였다면 반사회적 법률행위로서 무효가 된다(대판 2020.05.14. 2019도16228).

(ㄴ) **수증자가 배임행위에 적극가담** 수증자가 매도인의 배임행위에 적극 가담하였다면 위 수증행위는 반사회적 법률행위로서 무효라고 할 것이다(대판 1982.02.09. 81다1134).

(ㄷ) **저당권자가 배임행위에 적극가담** 이미 매도된 부동산에 관하여 체결한 저당권설정계약이 반사회적 법률행위로 무효가 되기 위하여는 매도인의 배임행위와 저당권자가 매도인의 배임행위에 적극 가담한 행위로 이루어져야 한다(대판 1998.02.10. 97다26524).

(ㄹ) **임차인이 배임행위에 적극가담** 이중매매를 사회질서에 반하는 법률행위로서 무효라고 하기 위한 요건 및 같은 법리가 이중으로 임대차계약을 체결한 경우에도 그대로 적용될 수 있다(대판 2013.06.27. 2011다5813).

다. 효과

(1) **누구나**

무효는 귀책사유 있는 자를 포함한 누구나 주장할 수 있어서 무효를 주장하는 자가 입증책임도 진다(대판 1996.10.25. 96다29151).

(2) **누구에게**

반사회적 법률행위의 무효는 선의의 제3자 보호규정이 없어서 당사자와 악의의 제3자는 물론이고 선의의 제3자에게도 무효를 대항할 수 있다(대판 1996.10.25. 96다29151).

(3) **부당이득반환청구**

(ㄱ) **의의** 반사회적 법률행위는 무효로 한다(제103조). 무효가 되면 이행하지 않은 부분에 대해 이행할 의무도 이행을 청구할 권리도 없다.

(ㄴ) **불법원인급여** 반사회적 법률행위에 따라 얻은 급여를 불법원인급여라고 한다. 불법원인급여의 경우 일반적인 무효와 달리 이미 이행한 부분에 대하여 부당이득반환을 청구할 수 없다. 그러나 그 불법원인이 수익자에게만 있는 때에는 그 이익의 반환을 청구할 수 있다(제746조). 반사회적 법률행위의 이중매매는 일반적인 이중매매와 달리 불법원인이 제2매수인에게만 있는 때에 해당하여 부당이득반환청구가 가능하다. 상대방이나 제3자에게 소유권에 기한 물건의 반환 또는 등기의 말소를 청구할 수도 있다. 따라서 상대방이나 제3자는 권리를 취득하지 못한다.

라. 법률관계

(ㄱ) **제1매수인이 제2매수인에게 직접 소유권이전등기말소청구 못함** 제1매수인은 소유권을 주장하여 제2매수인에게 소유권자로써 소유권이전등기말소청구를 할 수 없다(대판 1983.04.26. 83다카57).

(ㄴ) **제1매수인이 제2매수인에게 매도인의 권리를 대위해서 소유권이전등기말소청구 가능** 반사회적 법률행위를 한 매도인은 반환 및 등기말소를 청구할 권리는 가지나 행사할 수 없고, 제1매수인이 매도인의 이러한 권리를 대위해서 행사할 수 있을 뿐이다.

(ㄷ) **제1매수인이 제2매수인에게 소유권이전등기청구 못함** 제1매수인은 매도인의 배임행위에 적극 가담하여 이를 원인으로 소유권이전등기를 경료한 제2매수인에 대하여 아무런 계약관계가 없으므로 제2매수인에게 소유권이전등기를 청구할 수 없다.

(ㄹ) **제1매수인이 제2매수인에게 불법행위 손해배상청구 가능** 제1매수인은 매도인의 배임행위에 적극가담하여 이를 원인으로 소유권이전등기를 경료한 제2매수인에 대하여 자신의 채권 침해에 대하여 불법행위로 인한 손해배상을 청구할 수 있다.

II. 불공정한 법률행위

1. 서설

가. 의의

당사자의 궁박, 경솔 또는 무경험으로 인하여 현저하게 공정을 잃은 법률행위는 무효로 한다(제104조). 이와 같은 불공정한 법률행위를 폭리행위라고도 한다.

나. 판단시기

불공정한 법률행위에 해당하는지는 법률행위 시를 기준으로 판단하여야 한다(대판 2013.09.26. 2011다53683 전합).

2. 요건

가. 급부와 반대급부 사이의 현저한 불균형

(1) 일반

현저한 불균형은 단순히 시가와의 차액 또는 시가와의 배율로 판단할 수 있는 것은 아니고 구체적·개별적 사안에 있어서 일반인의 사회통념에 따라 결정하여야 한다. 피해 당사자의 궁박·경솔·무경험의 정도가 아울러 고려되어야 하고, 당사자의 주관적 가치가 아닌 거래상의 객관적 가치에 의하여야 한다(대판 2010.07.15. 2009다50308).

(2) 판례

기부행위(=부담 없는 증여, 무상증여·무상계약)와 같이 아무런 대가관계 없이 당사자 일방이 상대방에게 일방적인 급부를 하는 경우에는 그 공정성 여부를 논할 수 있는 성질의 법률행위가 아니기 때문에 불공정한 법률행위의 적용대상이 아니다(대판 1993.03.23. 92다52238).

나. 피해자의 궁박·경솔 또는 무경험

(1) 궁박·경솔·무경험

(ㄱ) 궁박 궁박이란 급박한 곤궁을 의미하는 것으로서 경제적 원인에 기인할 수도 있고 정신적 또는 심리적, 신체적 원인에 기인할 수도 있다(대판 2002.10.22. 2002다38927).

(ㄴ) 경솔 경솔이란 의사를 결정할 때에 그 행위의 결과나 장래에 관하여 보통 일반인이 가지고 고려를 하는 판단력이 부족한 것을 말한다.

(ㄷ) 무경험 무경험이란 일반적인 생활체험의 부족을 의미하는 것으로서 어느 특정영역에 있어서의 경험부족이 아니라 거래일반에 대한 경험부족을 뜻한다(대판 2002.10.22. 2002다38927).

(ㄹ) 택일 불공정한 법률행위가 되기 위해서 궁박·경솔·무경험은 모두 구비되어야 하는 것이 아니고, 그 중 하나만 갖추어도 된다(대판 1993.10.12. 93다19924).

(2) 대리인이 있는 경우

대리인에 의하여 불공정한 법률행위가 이루어진 경우 경솔과 무경험은 대리인을 기준으로 하여 판단하고, 궁박은 본인의 입장에서 판단하여야 한다(대판 2002.10.22. 2002다38927).

(3) 현저한 불균형과 궁박·경솔·무경험의 관계

법률행위가 현저하게 공정을 잃었다고 하여 그것이 경솔, 무경험 또는 급박한 곤궁에 의한 것으로 추정되지 아니한다(대판 1959.07.23. 4291민상618).

다. 이를 이용한 법률행위

(1) 일반

피해 당사자가 궁박, 경솔 또는 무경험의 상태에 있었다고 하더라도 그 상대방 당사자에게 위와 같은 피해 당사자 측 사정을 알면서 이를 이용하려는 의사, 즉 폭리행위의 악의가 없었다면 불공정한 법률행위는 성립하지 않는다(대판 2002.09.04. 2000다54406).

(2) 판례

경매에 있어서 경락가격이 경매부동산의 시가에 비하여 저렴하다는 이유로 불공정한 법률행위는 적용될 여지가 없다(대판 1980.03.21. 80마77).

3. 효과

가. 누구나

무효는 귀책사유 있는 자를 포함한 누구나 주장할 수 있어서 무효를 주장하는 자가 입증책임도 진다.

나. 누구에게

불공정한 법률행위의 무효는 선의의 제3자 보호규정이 없어서 당사자와 악의의 제3자는 물론이고 선의의 제3자에게도 무효를 대항할 수 있다(대판 1996.10.25. 96다29151).

다. 부당이득반환청구

(ㄱ) 의의   불공정한 법률행위는 무효로 한다(제104조). 무효가 되면 이행하지 않은 부분에 대해 이행할 의무도 이행을 청구할 권리도 없다.

(ㄴ) 불법원인급여 아님   불공정한 법률행위는 불법원인급여가 아니므로 이미 이행한 부분에 대하여 부당이득으로 반환을 청구할 수 있다.

라. 판례

불공정한 법률행위에 해당하여 무효라고 한다면, 사법적 구제수단을 통하여 주장하지 못하도록 하는 부제소합의 역시 다른 특별한 사정이 없는 한 무효라고 할 것이다(대판 2010.07.15. 2009다50308).

의사표시

「01」 의사표시의 결함

I. 의사와 표시가 일치하지 않음

의사와 표시가 일치하지 않는 경우, 즉 의사와 표시가 불일치하는 경우란 표시에 상응하는 의사가 없음을 의미한다. 민법에서는 의사의 흠결이라고 한다. 의사표시 중에 진의 아닌 의사표시, 통정허위표시, 착오에 의한 의사표시가 이에 해당한다.

II. 의사형성과정에 하자

의사형성과정에 하자가 있는 경우란 의사와 표시가 일치하지만 의사가 형성되는 과정에서 기망이나 협박을 받아 동기의 형성과정에 하자가 발생한 것을 의미한다. 민법에서는 하자 있는 의사표시라고 한다. 의사표시 중에 사기, 강박에 의한 의사표시가 이에 해당한다.

「02」 진의 아닌 의사표시

Ⅰ. 서설

1. 의의

진의 아닌 의사표시, 즉 비진의표시란 자신의 진의와 다른 의사표시를 표의자가 알면서 하는 의사표시를 말한다. 일상생활에서는 거짓말이라고 한다.

2. 비교

진의 아닌 의사표시는 진의와 다른 의사표시를 표의자가 알면서 하지만 상대방과 합의가 없다는 점에서 통정허위표시와 구별되고, 진의와 다른 의사표시를 표의자가 알면서 한다는 점에서 모르고 하는 착오와 구별된다.

Ⅱ. 요건

1. 의사표시가 존재

2. 진의와 표시가 불일치

가. 의의

진의란 특정한 내용의 의사표시를 하고자 하는 표의자의 생각을 말하는 것이지 표의자가 진정으로 마음속에서 바라는 사항을 뜻하는 것은 아니다(대판 1993.07.16. 92다41528).

나. 강박상태의 증여

(ㄱ) 재산을 강제로 뺏길 때·강박에 의한 진의 재산을 강제로 뺏긴다는 것이 표의자의 본심으로 잠재되어 있었다 하여도 표의자가 강박에 의하여서나마 증여를 하기로 하고 그에 따른 증여의 의사표시를 한 이상 증여의 내심의 효과의사가 결여된 비진의 의사표시라고 할 수 없다(대판 1993.07.16. 92다41528).

(ㄴ) 당시상황에서는 최선이라고 판단 표의자가 진정으로 마음속에서 바라지는 아니하였다고 하더라도 당시의 상황에서는 그것을 최선이라고 판단하여 그 의사표시를 하였을 경우에는 이를 내심의 효과의사가 결여된 비진의 의사표시라고 할 수 없다(대판 1996.12.20. 95누16059).

다. 명의대여

법률상 또는 사실상의 장애로 자기 명의로 대출받을 수 없는 자를 위하여 대출금채무자로서의 명의를 빌려준 자(=명의대여자)에게 그와 같은 채무부담의 의사가 없는 것이라고는 할 수 없으므로 그 의사표시를 비진의표시에 해당한다고 볼 수 없고 명의대여자는 표시행위에 나타난 대로 대출금채무를 부담한다(대판 1996.09.10. 96다18182).

라. 사직서

근로자들은 경영진의 지시 또는 종용에 따라 진의 아닌 사직원을 일괄하여 제출하였다면 사직의 의사표시는 비진의 의사표시이다(대판 1992.12.11. 92다23285).

3. 표의자가 진의와 표시의 불일치를 알고 있을 것

Ⅲ. 효과
1. 원칙적 유효
의사표시는 표의자가 진의 아님을 알고 한 것이라도 그 효력이 있다(제107조 제1항 전문). 진의 아닌 의사표시가 원칙적으로 유효인 이유는 거짓말한 사람을 보호할 필요가 없기 때문이다.

2. 예외적 무효
가. 누구나
진의 아닌 의사표시의 상대방이 표의자의 진의 아님을 알았거나 알 수 있었을 경우에는 무효로 한다(제107조 제1항 후문). 무효는 귀책사유 있는 자를 포함한 누구나 주장할 수 있어서 무효를 주장하는 자가 입증책임도 진다.

나. 누구에게
진의 아닌 의사표시의 무효는 선의의 제3자에게 대항하지 못한다(제107조 제2항). 진의 아닌 의사표시의 무효는 선의의 제3자 보호규정이 있어서 당사자와 악의의 제3자에게는 무효를 대항할 수 있지만, 선의의 제3자에게는 무효를 대항할 수 없다. 통정허위표시의 제3자와 내용이 동일하다.

다. 부당이득반환청구
(ㄱ) 의의 무효가 되면 이행하지 않은 부분에 대해 이행할 의무도 이행을 청구할 권리도 없다.
(ㄴ) 불법원인급여 아님 진의 아닌 의사표시의 무효는 반사회적 법률행위 즉 불법원인급여가 아니다. 이미 이행한 부분에 대하여 부당이득으로 반환을 청구할 수 있다. 따라서 상대방이나 악의의 제3자가 물건을 점유하거나 등기를 보유하고 있으면 물건의 반환 또는 등기의 말소를 청구할 수 있고, 이들은 권리를 취득하지 못하여 기존의 권리자가 여전히 소유권자이다. 단 선의의 제3자에게는 무효를 주장하지 못하므로 물건의 반환 또는 등기의 말소를 청구할 수 없고, 반사적 이익에 따라 선의의 제3자는 권리를 취득한다.

3. 적용 범위
(ㄱ) 재산행위 재산행위이기만 하면 계약, 단독행위에 구분 없이 민법상 의사표시가 적용된다.
(ㄴ) 공법행위·소송행위 공법행위·소송행위이면 형식적 확실성을 중시하고 표시가 절대적으로 존중되어야 하므로, 민법상 의사표시가 적용되지 않는다. 공법행위·소송행위상의 비진의표시는 항상 유효이고 무효가 될 수 없다.
(ㄷ) 판례 내심의 의사가 사직할 뜻이 없었던 공무원이 한 사직의 의사표시는 표시된 대로 효력을 발한다(대판 1997.12.12. 97누13962).

「03」 통정허위표시

I. 서설

1. 의의
통정허위표시란 표의자가 상대방과 합의하여 행하는 허위의 의사표시를 말한다. 이를 가장행위 또는 허위표시라고도 한다. 즉 거짓말을 상대방과 합의하에 함께 하는 경우이다.

2. 유형
가. 가장행위만 있는 경우
채권자에게 강제집행을 당할 것을 우려하여 재산을 친구에게 양도하는 허위의 외관을 만드는 경우를 말한다. 전형적인 통정허위표시로 양도행위는 무효이다.

나. 은닉행위와 가장행위가 있는 경우
어떤 행위를 은폐하기 위하여 가장행위를 하는 경우가 있다. 부동산을 증여하면서도 증여세를 면탈하기 위해 매매의 형식을 빌리는 경우로 허위표시인 매매는 무효이지만 은닉행위인 증여는 유효하다. 따라서 등기를 마치면 양수인은 소유권을 취득한다.

II. 요건

1. 의사표시가 존재

2. 진의와 표시가 불일치

3. 표의자가 진의와 표시의 불일치를 알고 있을 것

4. 상대방과의 통정이 있을 것
통정이 있다고 하기 위해서는 표의자가 진의 아닌 표시를 하는 것을 상대방이 알고 있는 것만으로는 부족하고, 그에 관하여 상대방과의 사이에 합의 또는 양해가 있어야 한다(대판 1972.12.26. 72다1776).

III. 효과

1. 누구나
상대방과 통정한 허위의 의사표시는 무효로 한다(제108조 제1항). 무효는 귀책사유 있는 자를 포함한 누구나 주장할 수 있어서 무효를 주장하는 자가 입증책임도 진다.

2. 누구에게

가. 의의
통정한 허위의 의사표시의 무효는 선의의 제3자에게 대항하지 못한다(제108조 제2항). 통정허위표시의 무효는 선의의 제3자 보호규정이 있어서 당사자와 악의의 제3자에게는 무효를 대항할 수 있지만, 선의의 제3자에게는 무효를 대항할 수 없다.

나. 선의
(ㄱ) 과실여부는 문제되지 않음 종전의 법률행위가 허위표시인지에 대한 선의의 제3자는 선의이기만 하면 과실여부는 문제 삼지 아니한다(대판 2004. 05. 28. 2003다70041).

(ㄴ) 선의로 추정 제3자는 특별한 사정이 없는 한 선의로 추정할 것이므로, 제3자가 악의라는 사실에 관한 주장·입증책임은 그 허위표시의 무효를 주장하는 자에게 있다(대판 2006. 03. 10. 2002다1321).

다. 제3자

(1) 서설
(ㄱ) 의의 제3자란 허위표시의 당사자 및 포괄승계인 이외의 자로서 허위표시란 법률관계를 토대로 실질적으로 새로운 이해관계를 맺은 자를 말한다.

(ㄴ) 제3자의 범위 선의의 제3자가 보호될 수 있는 법률상 이해관계는 법률행위의 당사자를 상대로 하여 직접 법률상 이해관계를 가지는 경우 외에도 그 법률상 이해관계를 바탕으로 하여 새로이 법률상 이해관계를 가지게 되는 경우도 포함된다(대판 2013. 02. 15. 2012다49292).

(2) 채권자
(ㄱ) 일반채권자 가장양수인의 일반채권자는 통정허위표시의 제3자에 해당하지 않는다.

(ㄴ) 허위표시로 취득한 소유권에 가등기를 한 자 허위표시에 의하여 소유권을 취득한 매수인 사이에 매매계약에 인한 소유권이전청구권 보존을 위한 가등기권을 취득한 자는 통정허위표시의 제3자에 해당한다(대판 1970. 09. 29. 70다466).

(ㄷ) 허위표시로 생긴 채권의 가압류한 자 허위표시에 의하여 외형상 형성된 법률관계로 생긴 채권을 가압류한 경우, 통정허위표시의 제3자에 해당한다(대판 2004. 05. 28. 2003다70041).

(3) 채권을 양수한 자
가장소비대차에 기한 대여금채권의 양수인은 통정허위표시의 제3자에 해당된다(대판 2004. 01. 15. 2002다31537).

(4) 제한물권자
통정허위표시에 해당하여 무효인 전세권에 대하여 저당권설정등기를 취득한 자는 통정허위표시의 제3자에 해당한다(대판 2013. 02. 15. 2012다49292).

(5) 채무자
(ㄱ) 허위표시인 채권양도계약의 채무자 통정허위표시인 채권양도계약이 체결된 경우 채무자는 통정허위표시 소정의 제3자에 해당하지 않는다(대판 1983.01.18. 82다594).
(ㄴ) 허위표시의 채무를 이행한 보증인·보증채무자 주채무자의 채권자에 대한 채무 부담행위라는 허위표시에 기초하여 그에 따라 보증채무자로서 그 채무까지 이행한 경우 통정허위표시의 제3자에 해당한다(대판 2000.07.06. 99다51258).

(6) 소유권등기를 받은 자
(ㄱ) 가장양수인의 포괄승계인 가장매매의 매수인으로부터 포괄승계인인 상속인은 통정허위표시의 제3자에 해당하지 않는다.
(ㄴ) 허위의 매수인으로부터 소유권이전등기를 마친 자 통정허위표시를 원인으로 한 부동산에 매수인으로부터 부동산을 양수하여 소유권이전등기를 마친 자는 통정허위표시의 제3자에 해당한다(대판 1957.03.23. 4289민상580).

(7) 파산관재인
(ㄱ) 법원이 보낸 파산관재인 파산관재인은 통정허위표시의 제3자에 해당한다(대판 2003.06.24. 2002다48214).
(ㄴ) 파산관재인의 악의 판단기준 선의·악의도 파산관재인 개인의 선의·악의를 기준으로 할 수는 없고, 총파산채권자를 기준으로 하여 파산채권자 모두가 악의로 되지 않는 한 파산관재인은 선의의 제3자라고 할 수밖에 없다(대판 2010.04.29. 2009다96083).

(8) 기타
(ㄱ) 계약상의 지위를 이전받은 자·계약을 인수한 자 계약상의 지위가 이전받거나 계약을 인수한 자는 통정허위표시의 제3자에 해당하지 않는다(대판 2004.01.15. 2002다31537, 대판 2020.12.10. 2020다245958).
(ㄴ) 제3자를 위한 계약의 수익자 허위표시로 체결된 제3자를 위한 계약의 제3자는 통정허위표시의 제3자에 해당하지 않는다.

3. 부당이득반환청구

(ㄱ) 의의 무효가 되면 이행하지 않은 부분에 대해 이행할 의무도 이행을 청구할 권리도 없다.
(ㄴ) 불법원인급여 아님 통정허위표시의 무효, 그에 따른 명의신탁약정의 무효는 반사회적 법률행위 즉 불법원인급여가 아니다(대판 2004.05.28. 2003다70041). 이미 이행한 부분에 대하여 부당이득으로 반환을 청구할 수 있다. 따라서 상대방이나 악의의 제3자가 물건을 점유하거나 등기를 보유하고 있으면 물건의 반환 또는 등기의 말소를 청구할 수 있고, 이들은 권리를 취득하지 못하여 기존의 권리자가 여전히 소유권자이다. 단 선의의 제3자에게 무효를 주장하지 못하므로 물건의 반환 또는 등기의 말소를 청구할 수 없고, 반사적 이익에 따라 선의의 제3자는 권리를 취득한다.

(ㄷ) 제3자의 악의 후 선의　통정허위표시에 관하여 악의의 제3자로부터 전득한 자가 선의라면 허위표시의 무효를 가지고 대항하지 못한다(대판 2013.02.15. 2012다49292). 전득한 자도 보호받는 제3자에 포함되기 때문이다.

(ㄹ) 제3자의 선의 후 악의　선의의 제3자로부터 전득한 자가 악의라 할지라도 허위표시의 무효를 가지고 대항하지 못한다. 선의의 제3자는 권리를 취득하였으므로 전득한 자는 악의라 할지라도 적법하게 권리를 취득한 것이 되기 때문이다.

(ㅁ) 채권자취소권의 대상　채무자의 법률행위가 통정허위표시인 경우에도 채권자취소권의 대상이 된다(대판 1998.02.27. 97다50985).

4. 적용 범위

(ㄱ) 재산행위　재산행위이기만 하면 계약, 단독행위에 구분 없이 민법상 의사표시가 적용된다.

(ㄴ) 공법행위·소송행위　공법행위·소송행위이면 형식적 확실성을 중시하고 표시가 절대적으로 존중되어야 하므로, 민법상 의사표시가 적용되지 않는다. 공법행위·소송행위상의 비진의표시는 항상 유효이고 무효가 될 수 없다.

「04」 착오로 인한 의사표시

Ⅰ. 서설

1. 의의
착오란 자신의 진의와 다른 의사표시를 표의자가 알지 못하면서 하는 의사표시를 말한다(대판 1985.04.23. 84다카890).

2. 유형

가. 표시상의 착오
표시상의 착오란 표의자가 표시하고자 의욕한 것과 다른 표시를 하는 것을 말한다. 제3자의 기망에 의하여 신원보증서류에 서명 날인한다는 착각에 빠진 상태로 연대보증의 서면에 서명 날인한 경우, 이른바 표시상의 착오에 해당한다(대판 2005.05.27. 2004다43824).

나. 의미·내용상의 착오
내용의 착오란 표의자는 표시하고자 하는 것을 표시하였지만, 그 표시의 내용에 관하여 착오에 빠진 경우를 말한다.

다. 동기의 착오
(ㄱ) **합의는 불필요** 동기의 착오를 이유로 착오 취소를 위해 당사자들 사이에 동기를 의사표시의 내용으로 삼기로 하는 합의까지 이루어질 필요는 없다(대판 1997.09.30. 97다26210).
(ㄴ) **상대방에 의해 유발된 동기의 착오** 동기의 착오가 상대방에 의하여 유발된 경우에는 (동기가 표시되지 않더라도 법률행위 내용의 중요부분이 되어) 착오로 취소할 수 있다(대판 2012.12.13. 2012다65317).

라. 법률의 착오
법률에 관한 착오라도 그것이 법률행위의 내용의 중요부분에 관한 것인 때에는 표의자는 그 의사표시를 취소할 수 있다(대판 1981.11.10. 80다2475).

마. 자연적 해석과 상대방의 양해
(ㄱ) **자연적 해석** 쌍방 당사자가 X토지를 계약의 목적물로 삼았으나 그 목적물의 지번 등에 관하여 착오를 일으켜 계약서상 그 목적물을 Y토지로 표시한 경우, X토지에 대하여 쌍방 당사자의 의사합치가 있는 이상 표의자가 의도한 대로 효과가 발생하기 때문에 착오를 이유로 한 취소의 문제는 발생할 수가 없다.
(ㄴ) **상대방의 양해** 상대방이 사후에 표의자에 의하여 의욕 된 바를 알고 표의자의 진의에 따른 법률효과를 동의한 경우에 착오취소가 배제된다. 표시된 바가 아닌 실제로 의욕된 바가 의사표시의 내용이 되기 때문이다.

II. 요건

1. 의사표시에서 착오의 존재
의사표시가 존재, 진의와 표시가 불일치, 표의자가 진의와 표시의 불일치를 모르고 있을 것이라는 착오의 요건을 갖추어야 한다.

2. 법률행위 내용의 중요부분에 착오
가. 중요부분의 착오
법률행위의 내용의 중요부분에 착오가 있는 때에는 (일단 유효하고) 취소할 수 있다(제109조 제1항).

나. 표의자의 입증책임
착오를 이유로 의사표시를 취소하는 자는 착오가 없었더라면 의사표시를 하지 않았을 것이라는 점을 증명하여야 한다(대판 2018.10.25. 2016다239345). 착오의 존재와 착오가 중요부분에 관한 것이라는 점에 대하여 증명하여야 한다.

다. 판례
- (ㄱ) 목적물인 점포의 착오 점포를 다른 점포와 오인한 것은 내용의 착오 중 목적물의 동일성에 대한 착오로서 중요 부분의 착오로 착오취소 할 수 있다(대판 1997.11.28. 97다32772,32789).
- (ㄴ) 경제적인 불이익을 입지 않음 착오로 인하여 표의자가 무슨 경제적인 불이익을 입은 것이 아니라고 한다면 이를 중요 부분의 착오라고 할 수 없어서 착오취소 할 수 없다(대판 1999.02.23. 98다47924).
- (ㄷ) 시가의 착오 시가에 관한 착오는 부동산을 매매하려는 의사를 결정함에 있어 동기의 착오에 불과할 뿐 법률행위의 중요부분에 관한 착오라고 할 수 없어 착오취소 할 수 없다(대판 1992.10.23. 92다29337).

3. 표의자의 중대한 과실이 없을 것
가. 중대한 과실
착오가 표의자의 중대한 과실로 인한 때에는 취소하지 못한다(제109조 제1항).

나. 상대방의 입증책임
착오한 표의자의 중대한 과실 유무에 관한 주장과 입증책임은 착오자가 아니라 의사표시를 취소하게 하지 않으려는 상대방에게 있는 것이다(대판 2005.05.12. 2005다6228).

다. 상대방이 착오를 알면서 이용
상대방이 표의자의 착오를 알면서 이용한 경우에는 표의자에게 중과실이 있어도 표의자는 착오를 이유로 취소할 수 있다(대판 2014.11.27. 2013다49794).

라. 판례

(ㄱ) **중개사를 통하지 않은 거래** 공인된 중개사나 신뢰성 있는 중개기관을 통하지 않고 개인적으로 토지 거래를 하는 경우, 토지대장, 임야도 등의 공적인 자료 기타 공신력 있는 객관적인 자료를 확인하지 않은 것은 중대한 과실에 해당하여 착오취소 할 수 없다(대판 2009.09.24. 2009다40356,40363).

(ㄴ) **중개업자가 잘못 소개한 점포를 믿은 매수인** 부동산 중개업자가 다른 점포를 매매 목적물로 잘못 소개하여 매수인이 매매목적물에 관하여 착오를 일으킨 경우에 중대한 과실에 해당하지 아니한다(대판 1997.11.28. 97다32772).

III. 효과

1. 취소할 수 있다.

가. 손해배상책임

착오를 이유로 취소한 자가 상대방이 발생한 손해를 배상하여야 하는지에 관하여 민법의 규정은 없다. 판례는 민법에서 착오취소를 허용하고 있는 이상, 그 착오를 이유로 보증계약을 취소한 것이 위법하다고 할 수는 없다(대판 1997.08.22. 97다13023)고 하여 불법행위 손해배상책임을 부정한다.

나. 각각의 권리의 문제

매도인이 매매계약을 적법하게 해제한 후라도 매수인으로서는 상대방이 한 계약해제의 효과로서 발생하는 불이익을 면하기 위하여 착오를 이유로 한 취소권을 행사하여 위 매매계약 전체를 무효로 돌리게 할 수 있다(대판 1991.08.27. 91다11308).

다. 임의규정

법률행위 내용의 중요부분에 착오가 있는 경우에도 당사자가 착오를 이유로 의사표시를 취소하지 않기로 약정한 때에는 착오취소 규정은 임의규정이기 때문에 표의자는 의사표시를 취소할 수 없다(대판 2014.11.27. 2013다49794).

2. 취소로 인한 무효

가. 의의

착오를 이유로 취소할 수 있다(제109조 제1항). 착오를 이유로 법률행위를 취소하면 법률행위가 소급적으로 무효가 된다.

나. 누구나

무효는 귀책사유 있는 자를 포함한 누구나 주장할 수 있어서 무효를 주장하는 자가 입증책임을 진다.

다. 누구에게

착오 취소의 무효는 선의의 제3자에게 대항하지 못한다(제109조 제2항). 착오 취소의 무효는 선의의 제3자 보호규정이 있어서 당사자와 악의의 제3자에게는 무효를 대항할 수 있지만, 선의의 제3자에게는 무효를 대항할 수 없다. 통정허위표시의 제3자와 내용이 동일하다.

라. 부당이득반환청구

통정허위표시의 부당이득반환청구와 내용이 동일하다.

3. 적용 범위

(ㄱ) **재산행위** 재산행위이기만 하면 계약, 단독행위에 구분 없이 민법상 의사표시가 적용된다.

(ㄴ) **공법행위·소송행위** 공법행위·소송행위이면 형식적 확실성을 중시하고 표시가 절대적으로 존중되어야 하므로, 민법상 의사표시가 적용되지 않는다. 공법행위·소송행위상의 착오는 항상 유효하고 취소할 수 없다.

「05」 사기·강박에 의한 의사표시

I. 의의

사기에 의한 의사표시란 타인의 기망행위로 말미암아 단지 의사의 형성과정 즉 의사표시의 동기에 착오가 있는 것에 불과하다(대판 2005.05.27. 2004다43824). 강박에 의한 의사표시란 타인의 강박행위로 말미암아 단지 의사의 형성과정 즉 공포심에 빠져서 한 의사표시에 불과하다.

II. 요건

1. 사기에 의한 의사표시

가. 사기자의 고의

나. 기망행위

(1) 의의

허위의 사실을 주장하거나 날조하는 행위를 통해서 상대방을 기망하는 작위에 의한 기망행위가 성립할 수도 있고, 고지의무 있는 자가 사실을 고지하지 아니함으로써 상대방의 착오에 빠진 상태를 계속시켜 이를 이용하는 경우에 이른바 부작위에 의한 기망행위가 성립할 수도 있다(대판 1985.04.09. 85도17).

(2) 작위에 의한 기망행위

(ㄱ) 비난받을 정도의 허위고지 거래에 있어서 중요한 사항에 관하여 구체적 사실을 신의성실의 의무에 비추어 비난받을 정도의 방법으로 허위로 고지한 경우에는 기망행위에 해당한다(대판 1993.08.13. 92다52665).

(ㄴ) 다소의 과장이나 허위가 수반 상품의 선전, 광고에 있어 다소의 과장이나 허위가 수반되는 것은 그것이 일반 상거래의 관행과 신의칙에 비추어 시인될 수 있는 한 기망성이 결여된다(대판 2002.02.05. 2001도5789).

(ㄷ) 교환계약 교환계약에서 일방 당사자가 허위로 시가보다 높은 가액을 시가라고 고지한 경우에 기망행위에 해당하지 않는다(대판 2002.09.04. 2000다54406).

(3) 부작위에 의한 기망행위

(ㄱ) 아파트 인근에 공동묘지가 조성되어 있는 사실을 분양자가 고지하지 않음 아파트 분양자는 아파트 단지 인근에 공동묘지가 조성되어 있는 사실을 수분양자에게 고지할 신의칙상의 의무를 부담한다. 이를 분양계약자들에게 고지하지 않은 경우 기망행위에 해당한다(대판 2007.06.01. 2005다5812).

(ㄴ) 교환계약 교환계약에서 일방 당사자가 자기가 소유하는 목적물의 시가를 묵비하여 상대방에게 고지하지 아니한 경우에 기망행위에 해당하지 않는다(대판 2002.09.04. 2000다54406).

다. 기망행위의 위법성

라. 인과관계
기망행위와 동기의 착오 사이에 인과관계가 존재하여야 한다. 기망행위가 있었으나 착오에 빠지지 않았다면 사기를 이유로 취소할 수 없다.

2. 강박에 의한 의사표시
가. 강박자의 고의

나. 강박행위
(1) 의의
강박행위란 해악을 가하겠다고 위협하여 공포심을 일으키게 하는 일체의 행태를 말한다.

(2) 판례
(ㄱ) 의사결정의 자유를 제한 강박이 의사결정의 자유를 제한하는 정도에 그친 경우에는 그 의사표시는 취소할 수 있음에 그치고 무효라고까지 볼 수 없다(대판 1984.12.11. 84다카1402).
(ㄴ) 의사결정의 자유를 완전히 박탈 강박에 의하여 의사결정의 자유가 완전히 박탈된 상태에서 이루어진 의사표시는 효과의사에 대응하는 내심의 의사가 결여된 것이므로 무효라고 볼 수밖에 없다(대판 1984.12.11. 84다카1402).
(ㄷ) 강력히 요구한 것만 각서에 서명·날인할 것을 강력히 요구한 것만으로 곧 강박행위로 볼 수 없다(대판 1979.01.16. 78다1968).

다. 강박행위의 위법성

라. 인과관계
강박행위와 공포심 사이에 인과관계가 존재하여야 한다. 강박행위가 있었으나 공포심에 빠지지 않았다면 강박을 이유로 취소할 수 없다.

Ⅲ. 효과
1. 취소할 수 있다.
가. 상대방의 사기·강박의 경우
사기나 강박에 의한 의사표시는 (일단 유효하고) 취소할 수 있다(제110조 제1항).

나. 제3자의 사기·강박의 경우
상대방 있는 의사표시에 관하여 제3자가 사기나 강박을 행한 경우에는 상대방이 그 사실을 알았거나 알 수 있었을 경우에 한하여 그 의사표시를 취소할 수 있다(제110조 제2항). 상대방이 그 사실을 알았거나 알 수 있었을 경우, 즉 악의 또는 과실인 경우에 취소할 수 있지만 선의·무과실인 경우에는 취소할 수 없다.

다. 대리인 판례

(1) 대리인의 사기·강박은 제3자가 사기·강박이 아니다.

상대방의 대리인 등 상대방과 동일시할 수 있는 자의 사기나 강박은 제3자의 사기·강박에 해당하지 아니한다(대판 1999.02.23. 98다60828,60835).

(2) 2가지 표현을 모두 익히자.

(ㄱ) 당사자를 기준으로 한 표현   상대방의 대리인이 제3자에게 사기·강박을 하였다면 상대방이 선의·무과실이라 하더라도 제3자는 의사표시를 취소할 수 있다.

(ㄴ) 대리인을 기준으로 한 표현   대리인이 상대방에게 사기·강박을 하였다면 본인이 선의·무과실이라 하더라도 상대방은 의사표시를 취소할 수 있다.

라. 손해배상책임

제3자의 사기행위 자체가 불법행위를 구성하는 이상, 제3자로서는 그 불법행위로 인하여 피해자가 입은 손해를 배상할 책임을 부담하는 것이므로, 피해자가 제3자를 상대로 손해배상청구를 하기 위하여 반드시 그 분양계약을 취소할 필요는 없다(대판 1998.03.10. 97다55829).

2. 취소로 인한 무효

가. 의의

사기·강박을 이유로 취소할 수 있다(제109조 제1항). 사기·강박을 이유로 법률행위를 취소하면 법률행위가 소급적으로 무효가 된다.

나. 누구나

무효는 귀책사유 있는 자를 포함한 누구나 주장할 수 있어서 무효를 주장하는 자가 입증책임을 진다.

다. 누구에게

사기·강박 취소의 무효는 선의의 제3자에게 대항하지 못한다(제110조 제3항). 사기·강박 취소의 무효는 선의의 제3자 보호규정이 있어서 당사자와 악의의 제3자에게는 무효를 대항할 수 있지만, 선의의 제3자에게는 무효를 대항할 수 없다. 통정허위표시의 제3자와 내용이 동일하다.

라. 부당이득반환청구

통정허위표시의 부당이득반환청구와 내용이 동일하다.

3. 적용 범위

(ㄱ) 재산행위   재산행위이기만 하면 계약, 단독행위에 구분 없이 민법상 의사표시가 적용된다.

(ㄴ) 공법행위·소송행위   공법행위·소송행위이면 형식적 확실성을 중시하고 표시가 절대적으로 존중되어야 하므로, 민법상 의사표시가 적용되지 않는다. 공법행위·소송행위상의 착오는 항상 유효하고 취소할 수 없다.

「06」 의사표시의 효력발생

I. 의사표시의 효력발생시기

1. 도달주의

가. 의의

상대방 있는 의사표시는 원칙적으로 그 통지가 상대방에게 도달한 때부터 효력이 생긴다(제111조 제1항). 도달이란 사회관념상 통지의 내용을 알 수 있는 객관적 상태에 놓였을 때를 지칭하는 것으로, 그 통지를 현실적으로 수령하였거나 그 통지의 내용을 알았을 것까지는 필요하지 않다(대판 2008.06.12. 2008다19973).

나. 판례

(ㄱ) 정당한 사유 없이 통지의 수령을 거절 상대방이 정당한 사유 없이 통지의 수령을 거절한 경우에는 상대방이 그 통지의 내용을 알 수 있는 객관적 상태에 놓여 있는 때에 의사표시의 효력이 생기는 것으로 보아야 한다(대판 2008.06.12. 2008다19973).

(ㄴ) 정당한 사유 없이 해제내용이 담긴 우편물의 수취를 거절 매매계약을 해제하겠다는 내용이 담긴 내용증명우편을 보내어 원고에게 도착하였으나 원고가 그 우편물의 수취를 (정당한 사유 없이) 거절하고 매매계약을 이행하지 아니한 사실이 있다면 적법하게 해제되었다(대판 2008.06.12. 2008다19973).

2. 도달주의 효과

가. 의사표시의 불착 및 연착

(1) 표의자 증명책임

도달주의를 취하는 결과, 의사표시의 불착 및 연착의 책임은 모두 표의자의 불이익으로 돌아가게 된다. 따라서 그 도달에 대한 증명책임도 모두 표의자가 진다.

(2) 판례

(ㄱ) 보통우편으로 발송 후 반송된 사실이 없음 보통우편으로 발송한 때에는 반송된 사실이 없더라도 당연히 도달한 것으로 추정할 수 없고, 송달의 효력을 주장하는 측에서 증거에 의하여 이를 입증하여야 한다(대판 1977.02.22. 76누263).

(ㄴ) 등기우편·내용증명우편으로 발송 후 반송된 사실이 없음 우편물이 등기취급의 방법으로 발송된 경우 그 무렵 수취인에게 수취인에게 도달한 것으로 추정된다(대판 1992.03.27. 91누3819). 내용증명 우편물이 발송되고 달리 반송되지 아니하였다면 특별한 사정이 없는 한 이는 그 무렵에 송달되었다고 봄이 상당하다(대판 2000.10.27. 2000다20052).

나. 의사표시의 철회

(ㄱ) 도달 전 철회가능 의사표시는 상대방에게 도달한 때에 그 효력이 생기므로, 발신 후 이더라도 도달하기 전에는 표의자가 임의로 그 의사표시를 철회할 수 있다(대판 2000.09.05. 99두8657).

(ㄴ) 도달 후 철회불가 의사표시가 효력을 발생한 후, 즉 상대방에게 도달한 후에는 마음대로 의사표시를 철회할 수 없다(대판 2003.01.10. 2001다1171).

(ㄷ) 도달 후 상대방 동의시 철회가능 의사표시가 효력을 발생한 후에도 상대방의 동의가 있으면 의사표시를 철회할 수 있다.

다. 발신 후의 사정변경
의사표시자가 그 통지를 발송한 후 사망하거나 제한능력자가 되어도 의사표시의 효력에 영향을 미치지 아니한다. 즉 의사표시는 유효하다(제111조 제2항).

II. 의사표시의 공시송달
표의자가 과실 없이 상대방을 알지 못하거나 상대방의 소재를 알지 못하는 경우에는 의사표시는 민사소송법 공시송달의 규정에 의하여 송달할 수 있다(제113조).

III. 의사표시의 수령능력
의사표시의 상대방이 의사표시를 받은 때에 제한능력자인 경우에는 의사표시자는 그 의사표시로써 대항할 수 없다. 다만 그 상대방의 법정대리인이 의사표시가 도달한 사실을 안 후에는 의사표시자는 그 의사표시로써 대항할 수 있다(제112조).

법률행위의 대리

「01」 대리권

I. 서설

1. 의의
대리권이란 대리인이 본인을 대신해서 의사표시를 하거나 의사표시를 받을 수 있는 지위를 말한다. 임의대리권은 그 권한에 부수하여 필요한 한도에서 상대방의 의사표시를 수령하는 이른바 수령대리권을 포함한다(대판 1994.02.08. 93다39379).

2. 유형
대리권은 본인이 대리인에게 대리권을 수여함으로써 발생하는 임의대리권과 법률의 규정에 의하여 발생하는 법정대리권이 있다.

II. 임의대리권의 범위

1. 수권행위로 결정

가. 의의
본인이 대리인에게 대리권을 수여하는 것을 수권행위라고 한다. 임의대리권의 범위는 원칙적으로 수권행위를 통해서 결정된다. 본인이 대리인에게 매매계약 체결권을 수여했다면, 대리인은 매매계약을 체결할 수 있다.

나. 방법
(ㄱ) 작위 수권행위는 불요식의 행위로서 명시적인 의사표시에 의함이 없이 묵시적인 의사표시에 의하여 할 수도 있다(대판 2016.05.26. 2016다203315).

(ㄴ) 부작위 · 사실상의 용태 어떤 사람이 대리인의 외양을 가지고 행위하는 것을 본인이 알면서도 이의를 하지 아니하고 방임하는 등 사실상의 용태에 의하여 대리권의 수여가 추단되는 경우도 있다(대판 2016.05.26. 2016다203315).

2. 수권행위의 해석

가. 의의
대리권의 범위를 넘는 행위가 가능한지에 대해서는 수권행위의 해석을 통해서 결정된다. 대리인이 매매계약을 체결한 직후 계약체결 외에 매매대금을 수령할 수 있는지가 문제된다.

나. 대리행위가 가능한 판례
(ㄱ) 매매계약을 체결할 권한 있는 자 부동산의 소유자로부터 매매계약을 체결할 대리권을 수여받은 대리인은 특별한 사정이 없는 한 그 매매계약에서 약정한 바에 따라 계약금, 중도금이나

잔금을 수령할 수 있다(대판 1994.02.08. 93다39379).

(ㄴ) **매매계약의 체결과 이행에 관한 포괄적 대리권을 가진 자** 매매계약의 체결과 이행에 관하여 포괄적으로 대리권을 수여받은 대리인은 상대방에 대하여 약정된 매매대금지급기일을 연기하여 줄 권한도 가진다(대판 1992.04.14. 91다43107).

다. 대리행위가 불가능한 판례

(ㄱ) **부동산을 매수할 권한을 수여받음** 부동산을 매수할 권한을 수여받은 대리인에게 그 부동산을 처분할 대리권도 있다고 볼 수 없다(대판 1991.02.12. 90다7364).

(ㄴ) **계약체결의 대리권을 가진 자** 계약을 대리하여 체결하였던 대리인이 체결된 계약의 해제 등 일체의 처분권과 상대방의 의사를 수령할 권한까지 가지고 있다고 볼 수는 없다(대판 2008.06.12. 2008다11276).

(ㄷ) **금전소비대차계약과 그를 위한 담보권설정계약을 체결할 대리권 있는 자** 금전소비대차계약과 그 담보를 위한 담보권설정계약을 체결할 대리권을 수여받은 것으로 인정되는 경우라 하더라도 계약이 체결된 후에 이를 해제할 권한까지 당연히 가지고 있다고 볼 수는 없다(대판 1997.09.30. 97다23372).

3. 민법 제118조 적용

가. 의의

권한을 정하지 아니한 대리인은 보존행위와 대리의 목적인 물건이나 권리의 성질을 변하지 아니하는 범위에서 그 이용 또는 개량하는 행위만을 할 수 있다(제118조).

나. 보존행위

보존행위에는 원금을 금고에 보관하는 행위, 부패하기 쉬운 물건의 처분행위, 수선행위, 미등기부동산을 등기하는 행위, 불법하게 경료 된 부동산 소유권이전등기의 말소등기청구, 소멸시효 중단, 임대차의 차임청구, 기한이 도래한 채무의 변제, 불법행위로 인한 손해배상청구권 등이 포함된다.

다. 이용·개량행위

이용 또는 개량하는 행위에는 원금을 은행에 예치하는 행위, 물건의 임대, 무이자부를 이자부로 변경하는 행위 등이 포함된다.

라. 처분행위

처분행위란 물건이나 권리의 성질을 변하는 범위에서 이용·개량행위로 권한을 정하지 아니한 대리인은 처분행위를 할 수 없다. 처분행위에는 원금을 가지고 주식투자를 하는 행위, 재산의 매각, 저당권설정 등이 포함된다.

Ⅲ. 대리권

1. 자기계약·쌍방대리

가. 의의

자기계약이란 대리인이 본인을 대리함과 동시에 자신이 상대방이 되어 계약을 체결하는 것이고, 쌍방대리란 대리인이 하나의 법률행위에 관해 당사자 쌍방의 대리인이 되는 것을 말한다.

나. 자기계약·쌍방대리의 금지

(1) 규정

㈀ 민법 규정   대리인은 본인의 허락이 없으면 본인을 위하여 자기와 법률행위(=자기계약)를 하거나 동일한 법률행위에 관하여 당사자 쌍방을 대리(=쌍방대리)하지 못한다(제124조 전문). 자기계약의 경우 본인과 대리인간, 쌍방대리의 경우 당사자 쌍방간 이해충돌이 발생할 우려를 막기 위함이다.

㈁ 공인중개사법 규정   개업공인중개사 등은 중개의뢰인과 직접 거래를 하거나 거래당사자 쌍방을 대리하는 행위를 하여서는 아니된다(공인중개사법 제33조 제1항 제6호).

(2) 위반의 효과

㈀ 민법 규정   자기계약 또는 쌍방대리를 위반한 대리행위는 무권대리행위로 유동적 무효가 되어 본인에게 효력이 미치지 않는다. 본인이 자기계약 또는 쌍방대리행위를 추인하면 행위시로 소급하여 유효한 대리행위가 된다.

㈁ 공인중개사법 규정   개업공인중개사 등이 중개의뢰인과 직접 거래를 하는 행위를 금지하는 규정은 강행규정이 아니라 단속규정이고 이에 위반하여 한 거래행위는 유효이다(대판 2017.02.03. 2016다259677).

다. 자기계약·쌍방대리의 허용

(1) 본인의 허락

대리인은 본인의 허락이 있으면 자기계약 또는 쌍방대리를 할 수 있다. 본인의 허락 하에서 한 자기계약과 쌍방대리는 유효하고 그 효과가 본인에게 귀속한다. 부동산 입찰절차에서 동일 물건에 관하여 이해관계가 다른 2인 이상의 대리인이 된 경우에는 그 대리인이 한 입찰은 무효이다(대판 2004.02.13. 2003마44).

(2) 채무의 이행

대리인은 채무의 이행에 대해서는 본인의 허락이 없어도 자기계약 또는 쌍방대리를 할 수 있다(제124조 후문). 금전출납권이 있는 대리인이 본인에 대하여 금전채권을 갖고 있는 경우에 본인의 저금에서 돈을 찾아 변제에 충당하는 것은 유효한 자기계약이고, 법무사가 등기권리자와 등기의무자 쌍방을 대리하여 등기를 신청하는 것은 유효한 쌍방대리이다.

2. 대리권의 제한

대리인이 수인인 때에는 각자가 본인을 대리한다. 그러나 법률 또는 수권행위에 다른 정한 바가 있는 때에는 공동으로 본인을 대리한다(제119조).

3. 대리권의 남용

대리인이 대리권의 범위 내에서 자기 또는 제3자의 이익을 도모할 목적으로 대리권을 남용한 경우 진의 아닌 의사표시가 대리인에 의하여 이루어지고 그 대리인의 진의가 본인의 이익이나 의사에 반하여 자기 또는 제3자의 이익을 위한 배임적인 것임을 그 상대방이 알았거나 알 수 있었을 경우에는 대리인의 행위에 대하여 본인은 아무런 책임을 지지 않는다(대판 2001.01.19. 2000다20694).

Ⅳ. 대리권의 소멸

1. 법정대리와 임의대리의 공통된 소멸사유

(임의·법정)대리권은 본인의 사망이나 대리인의 사망·성년후견의 개시·파산이라는 어느 하나에 해당하는 사유가 있으면 소멸된다(제127조).

2. 임의대리인에 특유한 소멸사유

법률행위에 의하여 수여된 대리권(=임의대리권)은 제127조의 경우 외에 그 원인된 법률관계의 종료에 의하여 소멸한다. 원인된 법률관계의 종료 전에 본인이 수권행위를 철회한 경우에도 대리권은 소멸한다(제128조).

02 대리행위

Ⅰ. 현명주의

1. 본인을 표시

가. 현명주의

현명주의란 대리인이 행하는 대리행위의 법률효과를 본인에게 생기게 하기 위하여 본인을 위한 것임을 표시하는 것을 말한다. 대리인이 그 권한 내에서 본인을 위한 것임을 표시한 의사표시는 직접 본인에게 대하여 효력이 생긴다(제114조 제1항).

나. 표시방법

(ㄱ) 의사표시 의사를 외부로 표시하는 방법에는 제한이 없는 것이 원칙이다. 대리에 있어 본인을 위한 것임을 표시하는 이른바 현명의 의사표시도 명시적·묵시적 방법을 묻지 않는다(대판 2004.02.13. 2003다43490).

(ㄴ) 본인명의로도 가능 대리인은 대리인임을 표시하여 의사표시를 하여야 하는 것이 아니고 본인 명의로도 할 수 있다(대판 1963.05.09. 63다67).

(ㄷ) 매매위임장 제시 + 계약서에 대리인 자신의 이름기재 매매위임장을 제시하고 매매계약서에 대리관계의 표시 없이 그 자신의 이름을 기재하였다고 해서 그것만으로 그 자신이 매도인으로서 타인물건을 매매한 것이라고 볼 수는 없고, 소유자를 대리하게 매매계약을 체결한 것으로 보아야 한다(대판 1982.05.25. 81다1349).

2. 본인을 표시 안함

대리인이 본인을 위한 것임을 표시하지 아니한 때에는 그 의사표시는 자기를 위한 것으로 본다. 그러나 상대방이 대리인으로서 한 것임을 알았거나 알 수 있었을 때에는 직접 본인에 대하여 효력이 생긴다(제115조).

Ⅱ. 대리행위의 하자

1. 대리인 기준

가. 규정

의사표시의 효력이 의사의 흠결(=진의 아닌 의사표시, 통정허위표시, 착오), 사기, 강박 또는 어느 사정을 알았거나 과실로 알지 못한 것으로 인하여 영향을 받을 경우에 그 사실의 유무는 대리인을 표준하여 결정한다(제116조 제1항).

나. 판례

(ㄱ) 대리인의 통정허위표시 대리인이 상대방과 통모하여 허위표시를 한 경우, 본인이 통정허위표시가 일어난 것에 대해 선의라 하더라도 허위표시는 무효이다.

(ㄴ) 대리인의 배임행위의 적극가담 대리인에 의한 이중매매에 있어서, 매도인의 배임행위에 적극가담 여부는 대리인을 기준으로 판단하여야 하므로, 본인이 매도인의 배임행위에 적극 가담한 사정을 몰랐다고 하더라도 이중매매가 사회질서에 위반된다는 점에 지장을 주지 아니한다(대판 1998. 02. 27. 97다45532).

2. 본인 기준

특정한 법률행위를 위임한 경우에 대리인이 본인의 지시에 좇아 그 행위를 한 때에는 본인은 자기가 안 사정 또는 과실로 인하여 알지 못한 사정에 관하여 대리인의 부지를 주장하지 못한다(제116조 제2항).

III. 대리인의 능력

1. 의의

대리인은 행위능력자임을 요하지 아니한다(제117조). 본인이 제한능력자를 대리인으로 선정할 수 있는 것은 일의 중요도와 그에 따른 불이익을 본인이 감수하겠다는 의사가 있기 때문에 가능하다.

2. 제한능력자임을 이유로 한 취소

(ㄱ) 본인은 취소불가 본인은 제한능력자를 대리인으로 선임한 자이므로 대리인이 제한능력자라는 이유로 대리행위를 취소할 수 없다.
(ㄴ) 제한능력자 자신의 취소불가 제한능력자가 법정대리인의 동의 없이 대리인이 되었다고 하여 제한능력자 스스로 제한능력자라는 이유로 대리행위를 취소할 수 없다.
(ㄷ) 제한능력자 법정대리인의 취소불가 제한능력자가 법정대리인의 동의 없이 대리인이 되었다고 하여 법정대리인이 제한능력자라는 이유로 대리행위를 취소할 수 없다.

「03」 대리효과

I. 계약체결의 효과

1. 본인에게 귀속

대리인이 그 권한 내에서 본인을 위한 것임을 표시한 의사표시는 직접 본인에 대하여 효력이 생긴다(제114조 제1항).

2. 대리인의 급부 수령

대리인이 그 권한에 기하여 계약상 급부를 수령한 경우에, 본인이 대리인으로부터 그 수령한 급부를 현실적으로 인도받지 못하였다하더라도 그 법률효과는 계약 자체에서와 마찬가지로 직접 본인에게 귀속되고 대리인에게 돌아가지 아니한다(대판 2011.08.18. 2011다30871).

3. 대리행위에 하자

대리행위에 하자가 있어 발생하는 해제권·취소권, 계약상의 손해배상청구권 등도 모두 본인에게 귀속된다. 계약 당사자인 본인이 계약을 해제하거나 취소할 수 있을 뿐, 당사자가 아닌 대리인은 계약을 해제하거나 취소할 수 없다(제5조 제2항, 제140조).

II. 계약해제의 효과

1. 본인에게 귀속

채무불이행을 이유로 계약이 상대방 당사자에 의하여 유효하게 해제되었다면, 해제로 인한 원상회복의무 및 손해배상의무는 대리인이 아니라 계약의 당사자인 본인이 부담한다.

2. 대리인의 책임 있는 사유

해제의 원인이 된 계약상 채무의 불이행에 관하여 대리인에게 책임 있는 사유가 있다고 하여도, 본인이 대리인으로부터 그 수령한 급부를 현실적으로 인도받지 못하였다하더라도 해제로 인한 원상회복의무는 대리인이 아니라 계약의 당사자인 본인이 부담한다(대판 2011.08.18. 2011다30871).

「04」 복대리

Ⅰ. 서설

1. 의의
복대리인은 대리인이 그의 권한 내의 행위를 하기 위하여 대리인이 자신의 이름으로 선임한 본인의 대리인을 말한다. 대리인이 복대리인을 선임할 수 있는 권한을 복임권이라 하고, 그 선임행위를 복임행위라고 한다.

2. 개념
(ㄱ) **대리인이 선임** 복대리인은 대리인이 대리인의 이름으로 선임한다. 본인이 선임하는 것이 아니다.
(ㄴ) **본인의 대리인** 복대리인은 본인의 대리인이다. 대리인의 대리인이 아니다.
(ㄷ) **임의대리인** 법정대리인·임의대리인 모두 법률행위로 복대리인을 선임해야 하므로 복대리인은 언제나 임의대리인이다.

Ⅱ. 복임행위와 책임

1. 법정대리인

가. 자유롭게
법정대리인은 그 책임으로(언제든지) 복대리인을 선임할 수 있다(제122조 전문).

나. 부득이한 사유
법정대리인이 부득이한 사유로 복대리인을 선임한 때에는 선임감독에 관한 책임만이 있다(제122조 후문).

2. 임의대리인

가. 본인의 승낙, 부득이한 사유

(1) 규정
대리권이 법률행위에 의하여 부여된 경우에는 대리인(=임의대리인)은 본인의 승낙이 있거나 부득이한 사유 있는 때가 아니면 복대리인을 선임하지 못한다(제120조). 임의대리인이 본인의 승낙이나 부득이한 사유가 있어 복대리인을 선임한 때에는 본인에게 대하여 그 선임감독에 관한 책임이 있다(제121조 제1항).

(2) 판례
(ㄱ) **명시적·묵시적** 대리의 목적인 법률행위의 성질상 대리인 자신에 의한 처리가 필요하지 아니한 경우에는 본인이 복대리 금지의 의사를 명시하지 아니하는 한 복대리인의 선임에 관하여 묵시적인 승낙이 있는 것으로 보는 것이 타당하다(대판 1996.01.26. 94다30690).

(ㄴ) 명시적만 오피스텔이나 아파트 분양업무는 대리인의 능력에 따라 본인의 분양사업의 성공 여부가 결정되는 것이므로 본인의 명시적인 승낙 없이는 복대리인의 선임이 허용되지 않는다(대판 1999.09.03. 97다56099, 대판 1996.01.26. 94다30690).

나. 본인의 지명에 의한 선임

대리인이 본인의 지명에 의하여 복대리인을 선임한 경우에는 그 부적임 또는 불성실함을 알고 본인에게 대한 통지나 그 해임을 태만한 때가 아니면 책임이 없다(제121조 제2항).

Ⅲ. 복대리의 내용

1. 본인과 복대리인

복대리인은 본인에 대하여 대리인과 동일한 권리의무가 있다(제123조 제2항).

2. 복대리인과 상대방

복대리인은 제3자(=상대방)에 대하여 대리인과 동일한 권리의무가 있다(제123조 제2항). 복대리인이 수인인 경우 각자대리를 원칙으로 하고, 대리행위시 본인의 이름을 현명한다.

3. 대리인과 복대리인의 관계

가. 대리권의 범위 내

복대리인은 그 권한 내에서 본인을 대리한다(제123조 제1항). 복대리인의 대리권은 대리인의 대리권의 범위 내에 한정된다.

나. 대리인의 복대리인 선임

대리인의 대리권은 복대리인의 선임에 의하여 소멸되는 것은 아니다.

다. 대리권의 소멸

(ㄱ) 대리권의 소멸 복대리권은 대리권에 의존하기 때문에 대리권이 소멸하면 복대리권도 소멸한다. 본인이 사망하거나, 대리인의 사망·성년후견의 개시·파산을 당하는 경우 또는 임의대리인에 대한 원인된 법률관계의 종료나 수권행위의 철회로 인해 대리권이 소멸하게 되면 복대리권도 소멸한다.

(ㄴ) 복대리권의 소멸 복대리인도 대리인이므로 복대리인이 사망·성년후견의 개시·파산을 당하는 경우 또는 복대리인은 임의대리인이므로 대리인의 복임행위의 철회로 인해서 복대리권은 소멸한다.

「05」 표현대리

Ⅰ. 의의

대리인에게 대리권이 없음에도 불구하고, 마치 그것이 있는 것과 같은 외관이 존재하고, 본인이 그러한 외관형성에 관여하였다거나 그 밖에 본인이 책임져야 할 사정이 있는 경우에, 그 무권대리 행위에 대하여 본인에게 책임을 지게 하는 제도가 표현대리 제도이다.

Ⅱ. 공통 이론

1. 무권대리

(ㄱ) 표현대리 성립시 유권대리로 전환되지 않음 표현대리가 성립된다고 하여 무권대리의 성질이 유권대리로 전환되는 것은 아니다(대판 1983.12.13. 83다카1489 전합).

(ㄴ) 유권대리 주장에 표현대리 주장 포함되지 않음 유권대리에 관한 주장 속에 무권대리에 속하는 표현대리의 주장이 포함되어 있다고 볼 수 없으므로(대판 1983.12.13. 83다카1489 전합),

2. 강행법규

대리행위가 강행법규 위반으로 무효인 경우에는 표현대리가 적용되지 아니한다. 법인 아닌 사단의 대표자가 사원총회의 결의를 거치지 않은 총유물의 관리 및 처분행위는 (강행법규에 위반하여) 무효이고 이때 제126조 표현대리는 적용되지 아니한다(대판 2003.07.11. 2001다73626).

3. 과실상계

표현대리행위가 성립하는 경우에 그 본인은 표현대리행위에 의하여 전적인 책임을 져야 하고, 상대방에게 과실이 있다고 하더라도 과실상계의 법리를 유추적용하여 본인의 책임을 경감할 수 없다(대판 1996.07.12. 95다49554).

4. 복대리

복대리에서도 표현대리가 성립한다. 대리인이 대리권 소멸 후 직접 상대방과 사이에 대리행위를 하는 경우는 물론 대리인이 대리권 소멸 후 복대리인을 선임하여 복대리인으로 하여금 상대방과 사이에 대리행위를 하도록 한 경우에도, 민법 제129조에 의한 표현대리가 성립할 수 있다(대판 1998.05.29. 97다55317).

Ⅲ. 제125조의 표현대리

1. 의의

본인이 실제로는 타인에게 대리권을 수여하지 않았음에도 불구하고, 대리권 수여표시를 함으로써 대리권 수여의 외관이 존재하는 경우에 성립하는 표현대리이다. 대리인이 아님에도 본인이 대리인이라고 표시한데에 따른 책임을 지게 하는 것이다.

2. 요건

가. 본인이 대리권을 수여함을 표시

대리권 수여의 표시에 의한 표현대리는 본인과 대리행위를 한 자 사이의 기본적인 법률관계의 성질이나 그 효력의 유무와는 관계없이 어떤 자가 본인을 대리하여 제3자와 법률행위를 함에 있어 본인이 그 자에게 대리권을 수여하였다는 표시를 제3자에게 한 경우에 성립한다(대판 2007.08.23. 2007다23425).

나. 상대방의 선의·무과실

제125조 표현대리로 인해 본인이 책임을 지기 위해서는 상대방은 선의·무과실이어야 한다.

3. 효과

타인에게 대리권을 수여했음을 표시한 자는 표시한 타인과 법률행위를 한 상대방에 대하여 책임이 있다.

Ⅳ. 제129조의 표현대리

1. 의의

대리인이 이전에 대리권을 가졌다는 점에 기인하여 현재에도 대리권이 있으리라고 믿은 상대방의 신뢰를 보호하기 위해 성립하는 표현대리이다. 대리권이 소멸되었음에도 이를 알리지 않은 본인에게 책임을 지게 하는 것이다.

2. 요건

가. 대리권이 존재했다가 소멸

기본적인 어떠한 대리권도 없었던 자에 대하여 대리권한의 소멸 후의 표현대리관계는 성립할 여지가 없다(대판 1984.10.10. 84다카780).

나. 상대방의 선의·무과실

제129조 표현대리로 인해 본인이 책임을 지기 위해서는 상대방은 선의·무과실이어야 한다.

3. 효과

대리권이 소멸되었음에도 이를 알리지 않은 자는 대리권이 없어진 자와 법률행위를 한 상대방에 대하여 책임이 있다.

Ⅴ. 제126조의 표현대리

1. 의의

대리권을 가지고 있는 대리인이 대리권의 범위를 넘어서는 행위를 하였으나 상대방이 대리권이 있다고 믿을 만한 정당한 사유가 있는 경우에 성립하는 표현대리이다. 권한을 넘어선 대리행위를 하는 대리인을 본인이 잘못 선임했기에 본인에게 책임을 지게 하는 것이다.

2. 요건
가. 기본대리권을 가진 대리인이 존재
(1) 기본대리권이 필요

제126조의 표현대리가 되기 위해서는 기본대리권이 존재해야 하며, 아무 대리권이 없는 자가 한 행위에 대하여는 적용할 수 없다(대판 1963.09.19. 63다388).

(2) 기본대리권으로 인정

(ㄱ) 사법상·공법상 행위의 대리권 사법상 행위의 대리권이든 공법상 행위의 대리권이든 기본대리권이 되어 권한을 넘은 표현대리가 성립할 수 있다(대판 1978.03.28. 78다282).

(ㄴ) 임의·법정대리권 임의대리권이든 부부간의 일상가사대리권이라는 법정대리권이든 기본대리권이 되어 권한을 넘은 표현대리가 성립할 수 있다(대판 1968.11.26. 68다1728, 대판 1997.06.27. 97다3828).

(ㄷ) 대리인의 복대리인 대리인이 임의로 선임한 복대리인을 통하여 권한 외의 법률행위를 한 경우, 상대방이 그 행위자를 대리권을 가진 대리인으로 믿었고 또한 그렇게 믿는 데에 정당한 이유가 있는 때에는, 복대리인 선임권이 없는 대리인에 의하여 선임된 복대리인의 권한도 제126조 기본대리권이 될 수 있다(대판 1998.03.27. 97다48982).

(ㄹ) 제125조·제129조 표현대리 과거에 가졌던 대리권이 소멸되어 대리권 소멸 후 표현대리로 인정되는 경우에 그 표현대리의 권한을 넘는 대리행위가 있을 때에는 민법 제126조에 의한 표현대리가 성립할 수 있다(대판 2008.01.31. 2007다74713). 제129조에 기한 표현대리권이 제126조의 표현대리의 기본대리권으로 될 수 있다.

(3) 기본대리권으로 인정 안 함

증권회사로부터 위임받은 고객의 유치·투자상담·권유 등의 업무는 사실행위에 불과하므로, 이를 기본대리권으로 하여서는 제126조의 표현대리가 성립할 수 없다(대판 1992.05.26. 91다32190).

나. 대리인이 권한을 넘은 대리행위

권한을 넘은 대리행위를 월권행위 또는 표현대리행위라고 표시하기도 한다. 대리인이 본인으로부터 위임받은 바와는 달리 이전등기 관계서류를 위조 내지 변조하여 본인으로부터 직접 자기 앞으로 이전한 후 제3자를 위하여 담보권을 설정하였다면 표현대리 이론이 개입될 여지가 없다(대판 1972.05.23. 71다2365).

다. 기본대리권과 권한을 넘은 대리행위와의 관계

(ㄱ) 동종·유사할 필요 없음 기본대리권의 내용이 되는 행위와 권한을 넘은 대리행위·월권행위·표현대리행위가 동종 내지 유사할 것을 요하지 않는다(대판 1969.07.22. 69다548).

(ㄴ) 공법상 기본대리권을 가지고 사법상 대리행위 기본대리권이 등기신청행위라 할지라도 표현대리인이 그 권한을 유월하여 대물변제라는 사법행위를 한 경우에는 제126조 표현대리의 법리가 적용된다(대판 1978.03.28. 78다282).

라. 상대방의 선의·무과실

(ㄱ) **내용** 상대방이 권한을 넘은 대리행위가 대리권의 범위 내라고 믿을 만한 정당한 이유가 있어야 한다. 판례는 정당한 이유를 선의·무과실로 본다(대판 1989.04.11. 88다카13219).

(ㄴ) **판단시기** 권한을 넘은 표현대리에 있어서 정당한 이유의 유무는 대리행위 당시를 기준으로 하여 판정하여야 하고 그 이후의 사정은 고려할 것이 아니다(대판 1981.12.08. 81다322).

(ㄷ) **판단기준** 표현대리에 있어서 정당한 이유는 계약성립 당시의 제반사정을 객관적으로 판단하여 결정하여야 하고 표현대리인의 주관적 사정을 고려하여서는 않된다(대판 1989.04.11. 88다카13219).

3. 효과

제126조의 표현대리는 기본대리권을 가진 유권대리인을 전제로 한다. 본인은 기본대리권 범위 내에서 한 법률행위에 대하여 당연히 책임을 져야 하고, 권한을 넘은 대리행위에 대해서는 표현대리에 따른 책임이 있다.

「06」 (협의의) 무권대리

Ⅰ. 의의

협의의 무권대리, 즉 무권대리도 표현대리와 같이 대리권 없는 자인 무권대리인의 대리행위이다. 표현대리를 포함한 무권대리 전체를 광의의 무권대리라고 하고, 광의의 무권대리 중에서 표현대리에 해당하는 부분을 제외한 것이 협의의 무권대리이다. 표현대리가 본인의 잘못에 대한 책임을 묻는 것이라면 무권대리는 본인의 잘못이 없어서 무권대리인에게 책임을 묻는 것이다.

Ⅱ. 계약인 무권대리

1. 유동적 무효

대리권 없는 자가 타인의 대리인으로 한 계약은 본인이 이를 추인하지 아니하면 본인에 대하여 효력이 없다(제130조). 무권대리행위는 유동적 무효이므로 효력이 발생하지 않는다.

2. 추인과 추인거절

가. 추인·추인거절을 하는 자

추인·추인거절은 본인이 할 수 있다(제130조). 본인의 상속인은 무권대리행위의 추인·추인거절을 할 수 있다.

나. 추인·추인거절의 상대방

(1) 상대방에 대하여 표시

추인·추인거절의 의사표시는 무권대리행위의 직접의 상대방에게 할 수 있다(대판 1981.04.14. 80다2314). 추인·추인거절의 의사표시를 상대방에게 하면 그 상대방에 대항할 수 있다(제132조 전문 반대해석).

(2) 무권대리인에 대하여 표시

본인의 추인·추인거절의 의사표시는 무권대리인에 대하여 할 수 있다(대판 1981.04.14. 80다2314). 다만 추인 또는 추인거절의 의사표시를 상대방에게 하지 아니하면 그 상대방에 대항하지 못한다(제132조 전문).

> 1. 본인이 무권대리인에게 추인·추인거절 + 상대방이 안 때 - 상대방에게 추인·추인거절을 대항O → 상대방은 철회권 행사×
>
> 본인이 무권대리인에게 한 추인·추인거절의 의사표시를 했다는 사실을 상대방이 안 때에는 추인·추인거절의 의사표시를 상대방에게 대항할 수 있다(제132조 후문). 상대방은 무권대리임을 이유로 철회할 수 없다.

2. 본인이 무권대리인에게 추인·추인거절 + 상대방이 모른 때 - 상대방에게 추인·추인 거절을 대항× → 상대방은 철회권 행사O

본인이 무권대리인에게 한 추인·추인거절의 의사표시를 했다는 사실을 상대방이 모른 때에는 추인·추인거절의 의사표시를 상대방에게 대항할 수 없다(제132조 후문 반대해석). 상대방은 무권대리임을 이유로 철회할 수 있다(대판 1981.04.14. 80다2314).

(3) 승계인에 대하여 표시

추인·추인거절의 의사표시는 무권대리행위로 인한 권리 또는 법률관계의 승계인·양수인(=제3자)에 대하여 할 수 있다(대판 1981.04.14. 80다2314).

다. 추인과 추인거절의 표시

(1) 의사표시

무권대리행위의 추인·추인거절이라는 의사표시를 할 때, 표시 방법에 제한이 없는 것이 원칙이다. 무권대리행위에서 추인의 의사표시도 명시적·묵시적 방법을 묻지 않는다(대판 2009.09.24. 2009다37831).

(2) 묵시적 추인을 인정한 판례

본인이 매매계약을 체결한 무권대리인으로부터 매매대금의 전부 또는 일부를 수령하였다면 무권대리행위의 묵시적 추인이 인정된다(대판 1963.04.11. 63다64).

(3) 묵시적 추인을 부정한 판례

무권대리행위에 대하여 본인이 그 직후에 그것이 자기에게 효력이 없다고 이의를 제기하지 아니하고 이를 장시간에 걸쳐 방치하였다고 하여 무권대리행위를 추인하였다고 볼 수 없다(대판 1990.03.27. 88다카181).

(4) 알고 추인

무권대리행위는 본인의 추인 유무에 따라 본인에 대한 효력발생 여부가 결정되므로, 무권대리행위가 있음을 알고 추인하여야 한다(대판 2000.09.08. 99다58471).

(5) 형성권

추인·추인거절은 형성권으로 그 효력이 발생함에 있어서 상대방의 동의나 승낙이 필요하지 않는다.

라. 추인의 효력발생

(1) 확정적 유효

추인이 있으면 유동적 무효인 법률행위가 확정적 유효로 변경된다. 본인이 무권대리행위를 추인하면 본인에게 효력이 발생하지(제130조 반대해석) 무권대리인에게는 책임을 물을 수 없다.

(2) 추인의 소급효

추인은 다른 의사표시가 없는 때에는 계약시에 소급하여 그 효력이 생긴다. 그러나 제3자의 권리를 해하지 못한다(제133조).

(3) 일부 또는 내용을 변경한 추인

추인은 의사표시의 전부에 대하여 행하여져야 하고, 그 일부에 대하여 추인을 하거나 그 내용을 변경하여 추인을 하였을 경우에는 상대방의 동의를 얻지 못하는 한 무효이다(대판 1982.01.26. 81다카549).

마. 추인거절의 효력발생

(1) 확정적 무효

추인거절이 있으면 유동적 무효인 법률행위가 확정적 무효로 변경된다. 대리권 없는 자가 타인의 대리인으로 한 계약은 본인이 이를 추인하지 아니하면 본인에 대하여 효력이 없다(제130조).

(2) 추인거절 후 추인

추인을 거절한 본인은 다시 추인하지 못한다.

(3) 본인 상속 후 추인거절

무권대리인으로서 본인의 부동산을 매도하여 소유권이전등기를 이행할 의무 있는 자가 본인의 사망으로 그 부동산을 상속한 후 자신이 소유자라 하여 자신의 매매행위가 무권대리로서 무효임을 주장(=추인거절)하여 그 등기의 말소를 청구하거나 부동산의 점유로 인한 부당이득금의 반환을 구하는 것은 금반언의 원칙이나 신의성실의 원칙에 반하여 허용될 수 없다(대판 1994.09.27. 94다20617).

3. 무권대리인 상대방의 보호

가. 확답을 최고할 권리

(1) 상대방의 선의·악의

대리권 없는 자가 타인의 대리인으로 계약을 한 경우에 상대방은 (선의·악의에 상관없이) 상당한 기간을 정하여 본인에게 그 추인여부의 확답을 최고할 수 있다(제131조 전문).

(2) 확답을 발송하지 아니한 경우

상대방의 확답 최고에 대하여 기간 내에 확답을 발송하지 아니하면 그 행위의 추인을 거절한 것으로 본다(제131조 후문).

나. 철회권

(1) 철회

무권대리인과 계약을 맺은 경우에 상대방은 철회할 수 있다(제134조 전문). 상대방이 철회권을 행사하면 계약이 확정적 무효가 되고 부당이득반환청구권이 발생한다. 무권대리인은 본인의 대리인이 아니므로 부당이득반환청구를 본인에게 할 수 없고, 무권대리인에게 해야 한다.

(2) 상대방의 선의

철회권을 행사하려면 계약 당시에 무권대리인이라는 사실에 대해 선의의 상대방이어야 한다(제134조 후문 반대해석). 계약당시에 상대방이 무권대리인이라는 사실을 안 때에는 철회할 수가 없다(제134조 후문).

(3) 추인권과 철회권의 관계

본인의 추인이 있을 때까지 상대방은 철회권을 행사할 수 있다. 즉 본인의 추인이 있거나 추인거절을 하면 상대방은 철회권을 행사할 수 없고, 반대로 상대방이 철회권을 행사하면 본인은 추인할 수 없다(대판 2017. 06. 29. 2017다213838).

4. 무권대리인의 책임
가. 무권대리인이 계약이행책임 또는 손해배상책임을 지는 경우
(1) 규정

다른 자의 대리인으로서 계약을 맺은 자가 그 대리권을 증명하지 못하고 또 본인의 추인을 받지 못한 경우에는 그는 상대방의 선택에 따라 계약을 이행할 책임 또는 손해를 배상할 책임이 있다(제135조 제1항).

(2) 무권대리인의 책임

무권대리인의 상대방에 대한 책임은 무과실책임으로서 대리권의 흠결에 관하여 대리인에게 과실 등의 귀책사유가 있어야만 인정되는 것이 아니고, 무권대리행위가 제3자의 기망이나 문서위조 등 위법행위로 야기되었다고 하더라도 책임은 부정되지 아니한다(대판 2014. 02. 27. 2013다213038).

나. 무권대리인이 계약이행책임 또는 손해배상책임을 지지 않는 경우
(1) 무권대리인이 제한능력자인 경우

계약을 맺은 무권대리인이 제한능력자인 경우 계약을 이행할 책임 또는 손해를 배상할 책임이 없다(제135조 제2항 후문).

(2) 상대방이 악의 또는 과실인 경우

무권대리인이라는 사실에 대해 상대방이 악의 또는 과실이 있는 경우 무권대리인은 계약을 이행할 책임 또는 손해를 배상할 책임이 없다(제135조 제2항 전문).

III. 단독행위인 무권대리
1. 상대방 없는 단독행위

상대방 없는 단독행위는 언제나 확정적 무효이다. 추인에 의하여 보호해야 할 상대방이 없다는 점 때문이다. 본인의 추인에 의하여 유효하게 될 여지가 없고 무권대리인의 책임도 발생하지 않는다.

2. 상대방 있는 단독행위

상대방 있는 단독행위도 원칙적으로 무효이지만, 무권대리인에게 대리권 있다고 믿은 상대방을 보호할 필요가 있다. 그래서 예외적으로 계약의 무권대리에 관한 규정을 준용한다.

무효와 취소

「01」 무효 일반

I. 누구나

1. 일반
무효는 처음부터 효력이 없기 때문에 귀책사유 있는 자를 포함하여 누구나 주장할 수 있다. 그래서 무효를 주장하는 자가 입증책임을 진다.

2. 판례
(ㄱ) 귀책사유가 있는 자가 주장 국토이용관리법상 토지거래계약이 확정적으로 무효가 된 경우에는 거래계약이 확정적으로 무효로 됨에 있어서 귀책사유가 있는 자라고 하더라도 그 계약의 무효를 주장할 수 있다(대판 1997.07.25. 97다4357, 4364).

(ㄴ) 상대방이 주장 반사회질서 법률행위를 원인으로 하여 부동산에 관한 소유권이전등기를 마친 등기명의자가 소유권에 기한 물권적 청구권을 행사하는 경우에, 권리 행사의 상대방은 법률행위의 무효를 항변으로서 주장할 수 있다(대판 2016.03.24. 2015다11281).

II. 누구에게

1. 절대적 무효

가. 의의
절대적 무효란 모든 사람에 대하여 주장할 수 있는 무효를 말한다. 당사자 및 악의의 제3자는 물론이고 선의의 제3자에게도 무효를 주장할 수 있다.

나. 유형
의사무능력자의 법률행위의 무효, 강행규정 위반의 법률행위의 무효, 반사회적 법률행위의 무효, 불공정한 법률행위의 무효, 무권대리의 무효, 무권리자 처분행위의 무효, 제한능력의 취소로 인한 무효 등이 절대적 무효로 선의의 제3자에게도 무효를 주장할 수 있다.

2. 상대적 무효

가. 의의
상대적 무효란 일성한 자에 대하여 주장하지 못하는 무효를 말한다. 민법은 일부에 대해서 선의의 제3자 보호규정을 두어 선의의 제3자에게는 무효를 주장할 수 없게 하였다.

나. 유형
비진의표시의 무효, 통정허위표시의 무효, 착오의 취소로 인한 무효, 사기·강박의 취소로 인한 무효가 상대적 무효이다.

III. 부당이득반환청구

1. 일반

가. 원칙

이미 이행한 부분에 대하여는 원칙적으로 부당이득반환청구권이 인정된다. 선의의 수익자는 그 받은 이익이 현존하는 한도에서 반환할 책임이 있다(제748조 제1항). 악의의 수익자는 그 받은 이익에 이자를 붙여 반환하고 손해가 있으면 이를 배상하여야 한다(제748조 제2항).

나. 특칙

제한능력자는 (선의·악의를 묻지 아니하고) 그 행위로 인하여 받은 이익이 현존하는 한도에서 상환할 책임이 있다(제141조).

2. 불법원인급여

불법원인급여의 경우 일반적인 무효와 달리 이미 이행한 부분에 대하여 부당이득반환을 청구할 수 없다.

IV. 행사기간

무효는 일정시간이 경과된다고 해서 효력에 변동이 생기는지 않는다. 따라서 무효임을 주장하는 데에 시간상의 제한이 없다.

「02」 법률행위의 취소와 추인

Ⅰ. 유동적 유효

1. 사유
취소할 수 있는 또는 추인할 수 있는 법률행위에 해당하려면 법정대리인의 동의 없는 제한능력자의 법률행위나 착오·사기·강박의 사유에 의한 법률행위가 유동적 유효이다.

2. 효과
유동적 유효인 법률행위를 취소를 하게 되면 확정적 무효가 되고, 추인을 하게 되면 확정적 유효가 된다. 취소사유가 있다고 인정되지 아니하는 이상 취소하는 의사표시를 하였다는 사정만으로는 그 효력이 상실되는 것은 아니다(대판 1994.07.29. 93다58431).

Ⅱ. 취소권

1. 취소의 당사자

가. 취소권자

(1) 의의
취소할 수 있는 법률행위는 제한능력자, 착오로 인하거나 사기·강박에 의하여 의사표시를 한 자, 그의 대리인 또는 승계인만이 취소할 수 있다(제140조). 취소는 성질상 취소원인의 소멸 여부와 상관없이 행사할 수 있다.

(2) 제한능력자
제한능력자는 법정대리인의 동의 없이 단독으로 취소할 수 있다.

(3) 대리인
(ㄱ) 임의대리인 대리행위에 하자가 있어 발생하는 취소권은 본인에게 귀속된다. 계약 당사자인 본인이 계약을 취소할 수 있을 뿐, 당사자가 아닌 대리인은 계약을 취소할 수 없다.
(ㄴ) 법정대리인 법정대리인은 법률의 규정으로 인정된 고유의 취소권으로 취소할 수 있다.

(4) 승계인
취소할 수 있는 법률행위 이후에 취소권자의 포괄승계인(=상속인)은 취소권자의 지위에서 취소할 수 있다.

나. 취소의 상대방
취소할 수 있는 법률행위의 상대방이 확정한 경우에는 그 취소는 그 상대방에 대한 의사표시로 하여야 한다(제142조). 취소할 수 있는 법률행위의 상대방이 그 행위로 취득한 권리를 양도한 경우에도 양수인이 아니라 원래의 상대방에 대하여 취소의 의사표시를 하여야 한다.

2. 취소의 표시

의사를 외부로 표시하는 방법에는 제한이 없는 것이 원칙이다. 취소의 의사표시도 명시적·묵시적 방법을 묻지 않는다(대판 1993.09.14. 93다13162).

3. 행사기간

가. 규정

취소권은 추인할 수 있는 날로부터 3년 내에 법률행위를 한 날로부터 10년 내에 행사하여야 한다(제146조).

나. 취소권 소멸시점

취소권은 추인할 수 있는 날로부터 3년, 법률행위를 한 날로부터 10년 중 어느 것이든 먼저 경과하면 소멸한다. 미성년자가 법률행위를 한 경우 그가 성년자가 된 날부터 3년, 그 법률행위를 한 날로부터 10년 중 어느 것이든 먼저 경과하면 취소권은 소멸한다.

다. 제척기간

취소권의 행사기간은 제척기간으로 법원이 직권으로 조사하여 고려한다(대판 1993.07.27. 92다52795).

4. 취소의 효과

가. 확정적 무효

취소가 있으면 유동적 유효인 법률행위가 확정적 무효로 변경된다.

나. 취소의 소급효

취소된 법률행위는 처음부터 무효인 것으로 본다(제141조).

III. 추인권

1. 추인의 당사자

가. 추인권자

(1) 의의

취소할 수 있는 법률행위는 제한능력자, 착오로 인하거나 사기·강박에 의하여 의사표시를 한 자, 그의 대리인 또는 승계인만이 추인할 수 있다(제140조). 추인의 성질상 추인은 취소원인이 소멸한 후에 하여야만 효력이 있다(제144조 제1항). 취소원인이 소멸하기 전에는 추인을 할 수 없다고도 표현한다.

(2) 제한능력자

취소할 수 있는 법률행위는 제한능력자가 법정대리인의 동의 없이 단독으로 추인을 해도 추인의 효력이 없다. 즉 법정대리인의 동의 없이 단독으로 추인할 수 없다.

(3) 대리인

법정대리인 또는 후견인은 취소의 취소원인이 소멸하기 전에 하여야만 효력이 있다(제144조 제2항). 즉 소멸하기 전에 하여야만 추인할 수 있다.

나. 추인의 상대방

취소할 수 있는 법률행위의 상대방이 확정된 경우에는 그 추인은 그 상대방에 대한 의사표시로 하여야 한다(제143조 제2항). 취소의 의사표시의 상대방과 동일하다.

2. 추인의 표시

가. 의사표시

의사를 외부로 표시하는 방법에는 제한이 없는 것이 원칙이다. 추인의 의사표시도 명시적·묵시적 방법을 묻지 않는다.

나. 알고 추인

추인도 의사표시이므로 추인하는 의사표시가 효력이 있기 위해서는 취소할 수 있는 법률행위임을 알고서 추인을 해야 한다(대판 1997. 05. 30. 97다2986).

3. 추인의 효과

가. 확정적 유효

추인이 있으면 유동적 유효인 법률행위가 확정적으로 유효로 변경되어 더 이상 계약을 취소할 수 없다.

나. 추인의 장래효

추인된 법률행위는 추인한 때로부터 유효가 된다.

Ⅳ. 법정추인

1. 의의

추인의 성질상 법정추인은 취소원인이 소멸한 후에 하여야 효력이 있다(제145조 전문). 법정추인 사유가 발생한 때 미성년자인 상태라면 법정추인이 인정되지 않지만, 성년자인 상태라면 법정추인이 인정된다.

2. 사유

가. 전부나 일부의 이행

취소할 수 있는 행위로부터 생긴 채무의 전부 또는 일부를 취소권자가 이행한 경우뿐만 아니라 상대방의 이행을 수령한 경우에도 법정추인이 된다(제145조 제1호).

나. 이행의 청구

취소할 수 있는 행위로부터 생긴 채무의 이행을 취소권자가 청구한 경우에 한하여 법정추인이 된다. 취소권자가 상대방으로부터 이행의 청구를 받은 경우에는 법정추인이 되지 않는다(제145조 제2호).

다. 경개

구채무를 소멸시키고 새로운 채무를 성립시키기로 한 경개계약이 체결된 경우 취소권자가 경개계약을 체결한 경우뿐만 아니라 상대방이 경개계약을 체결한 경우에도 법정추인이 된다(제145조 제3호).

라. 담보의 제공

취소권자가 채무자로서 담보를 제공한 경우뿐만 아니라 채권자로서 담보의 제공을 받은 경우에 법정추인이 된다(제145조 제4호).

마. 권리의 전부나 일부의 양도

취소할 수 있는 행위로 취득한 권리의 전부나 일부를 취소권자가 양도한 경우에 한하여 법정추인이 된다. 상대방이 제3자에게 양도한 경우에는 법정추인이 되지 않는다(제145조 제5호).

바. 강제집행

취소권자가 채권자로 집행하는 경우와 취소권자가 채무자로서 집행을 받는 경우에도 법정추인이 된다(제145조 제6호).

3. 사유의 발생

가. 의사표시 아님

법정추인은 법률에 규정한 일정한 행위를 하면 추인의 의사표시가 없어도 추인과 동일한 효과가 인정된다.

나. 알고 할 필요 없음

법정추인은 의사표시가 아니므로 추인의 효력이 있기 위해서 취소할 수 있는 법률행위임을 알고서 추인을 해야 하는 것은 아니다.

4. 추인의 효과

추인과 동일한 효과가 발생한다.

V. 취소와 추인의 관계

1. 취소 후 추인

취소할 수 있는 법률행위가 일단 취소된 이상 그 후에는 취소할 수 있는 법률행위의 추인에 의하여 이미 취소되어 무효인 것으로 간주된 당초의 의사표시를 다시 확정적으로 유효하게 할 수는 없고, 다만 무효인 법률행위의 추인의 요건과 효력으로서 추인할 수는 있다(대판 1997.12.12. 95다38240).

2. 추인 후 취소

취소할 수 있는 법률행위를 추인하면 다시는 취소하지 못한다(제143조 제1항).

「03」 법률행위의 확정적 무효

I. 서설

1. 사유

의사무능력자의 법률행위의 무효, 제한능력의 취소로 인한 무효, 강행규정 위반의 법률행위의 무효, 반사회적 법률행위의 무효, 불공정한 법률행위의 무효, 비진의표시의 무효, 통정허위표시의 무효, 착오·사기·강박의 취소로 인한 무효 등이 확정적 무효이다.

2. 효과

(확정적) 무효인 법률행위는 그 법률행위가 성립한 당초부터 당연히 효력이 발생하지 않는 것이므로, 무효인 법률행위에 따른 법률효과를 침해하는 것처럼 보이는 위법행위나 채무불이행이 있다고 하여도 법률효과의 침해에 따른 손해는 없는 것이므로 그 손해배상을 청구할 수는 없다(대판 2003.03.28. 2002다72125).

II. 일부 무효

1. 규정

법률행위의 일부분이 무효인 때에는 (원칙적으로) 그 전부를 무효로 한다. 그러나 그 무효부분이 없더라도 법률행위를 하였을 것이라고 인정될 때에는 나머지 부분은 무효가 되지 아니한다(제137조).

2. 판례

가. 가정적 의사

하나의 법률행위의 일부분에 무효사유가 있더라도 법률행위가 가분적이거나 목적물의 일부가 특정될 수 있고 나머지 부분이라도 유지하려는 당사자의 가정적 의사가 인정되는 경우, 나머지 부분을 유효로 유지하는 것이 가능하다(대판 2015.12.10. 2013다207538).

나. 일부취소

하나의 법률행위의 일부분에만 취소사유가 있다고 하더라도 그 법률행위가 가분적이거나 그 목적물의 일부가 특정될 수 있다면, 나머지 부분이라도 이를 유지하려는 당사자의 가정적 의사가 인정되는 경우 그 일부만의 취소도 가능하다(대판 2002.09.04. 2002다18435).

III. 무효행위의 추인

1. 규정

무효인 법률행위는 추인하여도 (원칙적으로) 그 효력이 생기지 아니한다. 그러나 당사자가 그 무효임을 알고 추인한 때에는 새로운 법률행위로 본다(제139조).

2. 무효사유 중에 추인이 가능한 경우
가. 의의
추인의 성질상 추인은 무효원인이 소멸한 후에 하여야만 효력이 있다. 이를 가지고 무효원인이 소멸하기 전에는 추인을 할 수 없다고도 표현한다.

나. 무효원인이 소멸되는 경우
의사무능력자의 법률행위의 무효, 제한능력의 취소로 인한 무효, 비진의표시의 무효, 통정허위표시의 무효, 착오·사기·강박의 취소로 인한 무효는 무효 원인이 소멸하기 때문에 소멸 이후에 추인하면 효력이 생긴다.

다. 무효원인이 소멸되지 않는 경우
강행규정을 위반한 무효인 법률행위, 반사회적인 법률행위, 불공정한 법률행위는 강행규정을 위반한 사실, 사회질서에 반하는 상황, 현저한 불균형의 불공정성이 소멸할 수 없으므로 당사자가 무효임을 알고 추인을 해도 새로운 법률행위로서 유효가 되지 않는다.

3. 추인의 표시
가. 의사표시
의사를 외부로 표시하는 방법에는 제한이 없는 것이 원칙이다. 추인의 의사표시도 명시적·묵시적 방법을 묻지 않는다(대판 2009. 09. 24. 2009다37831).

나. 알고 추인
추인도 의사표시이므로 무효인 법률행위를 추인에 의하여 새로운 법률행위로 보기 위해서는 당사자가 이전의 법률행위가 무효임을 알고 그 행위에 대하여 추인하여야 한다(대판 2014. 03. 27. 2012다106607).

4. 추인의 효력발생
가. 확정적 유효
무효인 법률행위는 추인하여도 (원칙적으로) 효력이 생기지 아니한다. 그러나 당사자가 그 무효임을 알고 추인한 때에는 새로운 법률행위로 (확정적) 유효가 된다(제139조).

나. 추인의 장래효
당사자가 무효임을 알고 무효행위를 추인한 때에는 그 때부터 새로운 법률행위가 있는 것으로 원칙적으로 소급효가 인정되지 않는다(대판 1983. 09. 27. 83므22). 무효인 가등기를 유효한 등기로 전용키로 한 약정은 그때부터 유효하고 이로써 위 가등기가 소급하여 유효한 등기로 전환될 수 없다(대판 1992. 05. 12. 91다26546).

Ⅳ. 무효행위의 전환

1. 규정

무효인 법률행위가 다른 법률행위의 요건을 구비하고 당사자가 그 무효를 알았더라면 다른 법률행위를 하는 것을 의욕하였으리라고 인정될 때에는 다른 법률행위로서 효력을 가진다(제138조).

2. 판례

(ㄱ) 친생자 출생신고 입양신고로 전환　당사자가 입양의 의사로 친생자 출생신고를 하고 입양의 실질적 요건이 모두 구비되었다면 형식에 다소 잘못이 있더라도 입양의 효력이 발생한다(대판 2023.09.21. 2021므13354).

(ㄴ) 불공정한 법률행위 유효행위로 전환　불공정한 법률행위에 해당하여 무효인 경우에도 무효행위의 전환에 관한 규정이 적용될 수 있다(대판 2010.07.15. 2009다50308).

04 법률행위의 유동적 무효

Ⅰ. 유동적 무효 일반

1. 사유
무권대리행위, 무권리자의 처분행위, 국토의 계획 및 이용에 관한 법률상의 토지거래허가를 받지 않은 토지거래계약, 소집절차의 하자가 있는 종중총회의 결의 등이 유동적 무효이다.

2. 효과
법률행위의 유동적 무효란 법률행위가 일단 무효이지만 사후에 추인이나 허가를 갖춘 경우에 법률행위 당시로 소급하여 유효가 되는 무효를 말한다.

Ⅱ. 무권리자의 처분행위

1. 의의
무권리자의 처분행위란 타인의 권리를 자기의 이름으로 또는 자기의 권리로 처분하는 것을 말한다.

2. 채권행위는 확정적 유효
양도계약의 목적물이 타인의 권리에 속하는 경우에 있어서도 그 양도계약은 계약당사자간에 있어서는 유효하고, 그 양도계약에 따라 양도인은 그 목적물을 취득하여 양수인에게 이전하여 줄 의무가 있다(대판 1993.08.24. 93다24445).

3. 물권행위는 유동적 무효

가. 처분행위
법률행위에 따라 권리가 이전되려면 권리자 또는 처분권한이 있는 자의 처분행위가 있어야 한다. 양도계약의 목적물이 타인의 권리에 속하는 경우에 물권행위는 일단 무효인 유동적 무효이고, 특별한 사정이 없는 한 권리가 이전되지 않는다(대판 2017.06.08. 2017다3499).

나. 추인의 소급효
무권리자의 처분이 계약으로 이루어진 경우에 권리자가 이를 추인하면 원칙적으로 계약의 효과가 계약을 체결했을 때에 소급하여 권리자에게 귀속된다고 보아야 한다(대판 2017.06.08. 2017다3499).

Ⅲ. 토지거래허가구역 내 토지거래계약
1. 허가를 받기 전 유동적 무효인 상태
가. 토지계약은 유동적 무효
(1) 허가 전 유동적 무효

국토의 계획 및 이용에 관한 법률상 관할관청의 허가를 받기 전에는 토지거래계약은 물권적 효력은 물론 채권적 효력도 발생하지 아니하는 유동적 무효이다(대판 1991.12.24. 90다12243 전합).

(2) 토지계약은 확정적 유효의 법리 적용 안 됨

 1) 토지계약상의 채권적 효력

허가받기 전의 상태에서는 거래계약의 채권적 효력도 전혀 발생하지 않으므로 권리의 이전 또는 설정에 관한 어떠한 내용의 이행청구도 할 수 없다(대판 1991.12.24. 90다12243 전합).

 2) 소유권이전등기청구권·매매대금지급청구

(ㄱ) 이행의 청구 허가가 있을 것을 조건으로 하는 소유권이전등기절차나 매매대금지급청구권의 이행도 청구할 수 없다(대판 1991.12.24 90다12243 전합).

(ㄴ) 불이행시 토지계약의 해제 토지거래허가를 받기 전에 소유권 이전 등 이행청구를 하거나 채무불이행을 이유로 계약을 해제할 수 없다(대판 2010.05.13. 2009다92685).

 3) 협력의무 불이행시

협력할 의무를 이행하지 아니하였음을 들어 일방적으로 거래계약 자체를 해제할 수 없다(대판 1999.06.17. 98다40459).

(3) 토지계약은 확정적 무효의 법리 적용 안 됨

계약금 등은 그 계약이 유동적 무효상태로 있는 한 그를 부당이득으로서 반환을 구할 수 없고, 유동적 무효상태가 확정적으로 무효가 되었을 때 비로소 부당이득으로 그 반환을 구할 수 있다(대판 1997.11.11. 97다36965).

나. 토지거래허가신청은 확정적 유효
(1) 협력의무

(ㄱ) 토지거래허가신청을 위한 협력의무 허가를 전제로 거래계약을 체결한 당사자는 서로 협력할 의무가 있고, 당사자는 공동으로 관할관청의 허가를 신청할 의무가 있다(대판 1991.12.24. 90다12243 전합).

(ㄴ) 토지거래허가신청의 협력의무 불이행시 이행청구 허가신청절차에 협력하지 않는 당사자에 대하여 상대방은 협력의무의 이행을 소송으로써 구할 이익이 있다(대판 1993.01.12. 92다36830).

(ㄷ) 토지거래허가신청의 협력의무 불이행시 손해배상청구 토지거래허가의 허가신청 협력의무 불이행을 들어 손해배상을 청구할 수 있다(대판 1995.04.28. 93다26397).

(2) 협력의무 이행거절

(ㄱ) 허가를 받을 수 없을 것이라는 사유 관할관청으로부터 결국 허가를 받을 수 없을 것이라는 사유로 협력의무의 이행을 거절할 수도 없다(대판 1992.10.27. 92다34414).

(ㄴ) 매매대금의 이행제공이 없었다는 사유 협력의무의 이행을 청구함에 있어서 대금채무에 관하여 이행제공을 할 필요가 없고, 따라서 매매대금의 이행제공이 없었음을 이유로 협력의무의 이행을 거절할 수가 없다(대판 1996.10.25. 96다23825).

2. 토지계약 확정적 유효로 전환

(1) 허가
토지거래허가구역 내의 계약은 일단 허가를 받으면 그 계약은 소급해서 유효한 계약이 되므로 허가 후에 새로이 거래계약을 체결할 필요는 없다(대판 1991.12.24. 90다12243 전합).

(2) 허가구역 지정해제
(ㄱ) 지정해제 허가구역 안의 토지에 대하여 토지거래허가를 받지 아니하고 토지거래계약을 체결한 후 허가구역 지정해제 등이 된 때에는 더 이상 관할 행정청으로부터 토지거래허가를 받을 필요가 없이 확정적으로 유효로 된다(대판 1999.06.17. 98다40459 전합).

(ㄴ) 지정해제 후 다시 허가구역으로 지정 허가구역지정이 해제되면 기존의 계약이 확정적 유효가 되며, 따라서 그 후 다시 허가구역으로 지정되었다 하여 이미 확정적 유효로 된 계약에 허가를 받을 필요는 없다(대판 2002.05.14. 2002다12635).

(3) 허가구역 지정기간 만료
토지거래허가구역 허가구역 지정기간이 만료되었는데 허가구역 재지정을 하지 아니한 경우, 확정적으로 유효로 된다(대판 1996.06.17. 98다40459).

3. 토지계약 확정적 무효로 전환

(1) 불허가
토지거래허가구역 내의 토지매매계약은 관할 관청의 불허가처분이 있을 때 계약관계는 확정적으로 무효가 된다(대판 1997.07.25. 97다4357).

(2) 약정기간 내 허가를 받지 못함
매매계약 체결 당시 일정한 기간 안에 토지거래허가를 받기로 약정하였지만 그 약정된 기간 내에 토지거래허가를 받지 못하고 약정기간이 경과하였다는 사정만으로 곧바로 매매계약이 확정적으로 무효가 된다고 할 수 없다(대판 2009.04.23. 2008다50615).

(3) 처음부터 허가를 배제·잠탈할 목적
(ㄱ) 배제·잠탈할 목적 토지거래계약이 처음부터 허가를 배제하거나 잠탈하는 내용의 계약인 경우에는 허가 여부를 기다릴 것도 없이 확정적으로 무효이다(대판 1996.06.28. 96다3982).

(ㄴ) 배제·잠탈할 목적인데 계약체결 후 허가구역 지정이 해제 토지거래계약 허가구역 내 토지에 관하여 허가를 배제하거나 잠탈하는 내용으로 체결된 매매계약은 체결된 때부터 확정적으로 무효이다. 계약체결 후 허가구역 지정이 해제되거나 허가구역 지정기간 만료 이후 재지정을 하지 아니한 경우라 하더라도 이미 확정적으로 무효로 된 계약이 유효로 되는 것이 아니다(대판 2019.01.31. 2017다228618).

(ㄷ) **배제·잠탈할 목적**인데 계약체결 후 허가구역 지정이 해제되고 당사자들이 기존매매계약 무효임을 알면서 추인 토지거래계약 허가구역 내 토지에 관하여 허가를 배제하거나 잠탈하는 내용으로 체결된 매매계약은 체결된 때부터 확정적으로 무효이다. 그 후 해당 토지가 토지거래계약 허가구역의 지정에서 해제되고, 매매계약 당사자들이 기존 매매계약이 무효임을 알면서 이를 추인하였다면 무효였던 기존 매매계약은 추인한 때로부터 새로운 법률행위로서 유효하게 된다고 보아야 한다(대판 2024.10.31. 2024다255328).

(4) **이행거절 의사가 명백**

(ㄱ) **일방의 이행불능, 상대방이 계약존속을 바라지 않음** 거래계약상 일방의 채무가 이행불능임이 명백하고 나아가 그 상대방이 거래계약의 존속을 더 이상 바라지 않고 있는 경우에도 계약관계는 확정적으로 무효가 된다(대판 2010.08.19. 2010다31860,31877).

(ㄴ) **쌍방이 이행거절의 의사를 명백히 표시** 당사자 쌍방이 허가신청협력의무의 이행거절 의사를 명백히 표시한 경우에는 계약관계는 확정적으로 무효가 된다(대판 1997.07.25. 97다4357).

4. 별도의 규정

유동적 무효상태인 매매계약에 있어서도 당사자 사이의 매매계약은 매도인이 계약금의 배액을 상환하고 계약을 해제함으로써 적법하게 해제된다(대판 1997.06.27. 97다9369).

법률행위의 부관

「01」 조건

I. 서설

1. 의의

조건이란 법률행위 효력의 발생 또는 소멸을 장래에 발생할 것이 불확실한 사실에 의존하게 하는 부관이고, 법률행위에서 효과의사와 일체적인 내용을 이루는 의사표시 그 자체이다(대판 2020. 07. 09. 2020다202821).

2. 의사표시

(ㄱ) 표시되지 않은 조건은 동기에 불과 조건은 의사표시의 일반원칙에 따라 조건을 붙이고자 하는 의사 즉 조건의사와 그 표시가 필요하며, 조건의사가 있더라도 그것이 외부에 표시되지 않으면 법률행위의 동기에 불과할 뿐이고 그것만으로는 법률행위의 부관으로서의 조건이 되는 것은 아니다(대판 2003. 05. 13. 2003다10797).

(ㄴ) 의사표시 조건의사는 당사자의 의사표시로 임의로 정하는 법률행위의 내용이다(대판 2020. 07. 09. 2020다202821). 조건의사의 표시도 명시적·묵시적 방법을 묻지 않는다(대판 2018. 06. 28. 2016다221368).

(ㄷ) 법정조건 법정조건이란 법률규정으로 정한 조건으로 당사자가 의사에 의하여 정하지 않기에 조건이라 할 수 없다.

II. 종류

1. 일반 조건

가. 정지조건과 해제조건

정지조건 있는 법률행위는 조건이 성취한 때로부터 그 효력이 생긴다(제147조 제1항). 해제조건 있는 법률행위는 조건이 성취한 때로부터 그 효력을 잃는다(제147조 제2항).

나. 기성조건과 불능조건

기성조건이란 조건이 법률행위 당시부터 이미 성립되어 있는 상태를 말한다. 불능조건이란 조건이 법률행위 당시부터 이미 성취할 수 없는 상태를 말한다.

다. 기성조건과 정지조건·해제조건

조건이 법률행위의 당시 이미 성취한 것인 경우에는 그 조건이 정지조건이면 조건 없는 법률행위로 하고 해제조건이면 그 법률행위는 무효로 한다(제151조 제2항).

라. 불능조건과 정지조건·해제조건

조건이 법률행위의 당시에 이미 성취할 수 없는 것인 경우에는 그 조건이 해제조건이면 조건 없는 법률행위로 하고 정지조건이면 그 법률행위는 무효로 한다(제151조 제3항).

2. 불법조건

가. 의의
불법조건이란 선량한 풍속 기타 사회질서에 위반한 조건을 말한다. 불법조건의 불법은 불법행위의 불법이 아니다.

나. 무효
(ㄱ) 법률행위 전부가 무효 조건이 선량한 풍속 기타 사회질서에 위반한 것인 때에는 그 법률행위는 무효로 한다(제151조 제1항). 조건부 법률행위에 있어 조건의 내용 자체가 불법적인 것이어서 무효일 경우 그 조건만을 분리하여 무효로 할 수 없고 그 법률행위 전부가 무효로 된다(대판 2005.11.08. 2005마541).

(ㄴ) 부첩관계의 종료를 해제조건으로 하는 증여 부첩관계의 종료를 해제조건으로 하는 증여는 그 조건은 물론 증여계약 자체가 무효이다(대판 1966.06.21. 66다530).

Ⅲ. 조건과 친하지 않은 법률행위

1. 의의
법률행위는 원칙적으로 조건을 붙일 수 있다. 그러나 조건이 붙으면 불확실한 사실에 법률행위 효과가 의존하게 되므로 이를 감당할 수 없는 법률행위에는 조건을 붙일 수 없다.

2. 단독행위

가. 원칙적 조건을 붙일 수 없음
형성권에 조건을 붙이게 되면 상대방의 지위가 현저하게 불리하게 되므로 원칙적으로 조건을 붙일 수 없다. 조건을 붙이는 것이 허용되지 아니하는 법률행위에 조건을 붙인 경우 그 조건만을 분리하여 무효로 할 수 없고 그 법률행위 전부가 무효로 된다(대판 2005.11.08. 2005마541).

나. 예외적 조건을 붙일 수 있음
단독행위 중에서 상대방의 동의가 있거나 상대방에게 이익만 주거나(채무면제) 상대방에게 불이익이 되지 않는 행위(정지조건부 해제)에는 조건을 붙일 수 있다.

Ⅳ. 조건의 성취·불성취

1. 입증책임
(ㄱ) 조건 - 주장 법률행위에 어떤 조건이 붙어 있었는지 아닌지는 사실인정의 문제로서 그 조건의 존재를 주장하는 자가 이를 증명하여야 한다(대판 2006.11.24. 2006다35766).

(ㄴ) 정지 - 다툼 정지조건부 법률행위에 해당한다는 사실은 그 법률행위로 인한 법률효과의 발생을 저지하는 사유로서 그 법률효과의 발생을 다투려는 자에게 주장·입증책임이 있다(대판 1993.09.28. 93다20832).

(ㄷ) 성취 – 취득·발생 정지조건이 성취되었다는 사실은 법률행위의 효력이 발생되었음을 주장하는 자·권리를 취득하는 자가 입증해야 한다(대판 1983.04.12. 81다카692).

2. 반신의 행위
가. 규정
조건의 성취로 인하여 불이익을 받을 당사자가 신의성실에 반하여 조건의 성취를 방해한 때에는 상대방은 그 조건이 성취한 것으로 주장할 수 있다(제150조 제1항). 조건의 성취로 인하여 이익을 받을 당사자가 신의성실에 반하여 조건을 성취시킨 때에는 상대방은 그 조건이 성취하지 아니한 것으로 주장할 수 있다(제150조 제2항).

나. 판례
(ㄱ) 고의·과실 고의에 의한 경우만이 아니라 과실에 의한 경우에도 신의성실에 반하여 조건의 성취를 방해한 때에 해당한다(대판 1998.12.22. 98다42356).
(ㄴ) 조건이 성취된 것으로 의제되는 시점 조건의 성취로 인하여 불이익을 받을 당사자가 신의성실에 반하여 조건의 성취를 방해한 경우, 조건이 성취된 것으로 의제되는 시점은 이러한 신의성실에 반하는 행위가 없었더라면 조건이 성취되었으리라고 추산되는 시점이다(대판 1998.12.22. 98다42356).

V. 조건부 법률행위의 효력
1. 조건의 성취가 미정한 경우
가. 조건부권리의 처분 등
조건의 성취가 미정한 권리의무는 일반규정에 의하여 처분, 상속, 보존 또는 담보로 할 수 있다(제149조).

나. 조건부권리의 침해금지
조건 있는 법률행위의 당사자는 조건의 성부가 미정한 동안에 조건의 성취로 인하여 생길 상대방의 이익을 해하지 못한다(제148조).

2. 조건성취 후 효력
가. 비소급적 효력
정지조건 있는 법률행위는 조건성취 시부터 효력이 생기고(제147조 제1항), 해제조건 있는 법률행위는 조건성취 시부터 효력을 잃게 되므로(제147조 제2항) 조건성취의 효력은 소급하지 않는 것이 원칙이다.

나. 특약에 의한 소급적 효력
당사자가 조건성취의 효력을 그 성취 전에 소급하게 할 의사를 표시한 때에는 그 의사에 의한다(제147조 제3항).

「02」 기한

I. 서설

1. 의의
기한이란 법률행위 효력의 발생 또는 소멸을 장래에 발생할 것이 확실한 사실에 의존하게 하는 부관을 말한다.

2. 불확정기한과 조건의 비교

가. 불확정기한
부관에 표시된 사실이 발생한 때에는 물론이고 반대로 발생하지 않는 것이 확정된 때에도 채무를 이행하여야 한다고 보는 것이 합리적인 경우에는 표시된 사실의 발생 여부가 확정되는 것을 불확정기한으로 정한 것으로 보아야 한다(대판 2018.06.28. 2018다201702). '甲이 사망하면' 보험금을 지급한다는 것은 기한부 법률행위이다.

나. 조건
부관에 표시된 사실이 발생하지 않으면 채무를 이행하지 않아도 된다고 보는 것이 합리적인 경우에는 조건으로 보아야 한다(대판 2018.06.28. 2018다201702). '3년 안에 甲이 사망하면' 보험금을 지급한다는 것은 조건부 법률행위이다.

3. 불확정기한과 이행기
당사자가 불확정한 사실이 발생한 때를 이행기한으로 정한 경우, 즉 불확정기한의 경우에는 그 사실이 발생한 때는 물론 그 사실의 발생이 불가능하게 된 때에도 이행기한은 도래한 것으로 보아야 한다(대판 2002.03.29. 2001다41766).

II. 종류

1. 시기와 종기
시기 있는 법률행위는 기한이 도래한 때로부터 그 효력이 생긴다(제152조 제1항). 종기란 법률행위의 효력이 소멸하는 기한을 말한다. 종기 있는 법률행위는 기한이 도래한 때로부터 그 효력을 잃는다(제152조 제2항).

2. 확정기한과 불확정기한
확정기한이란 기한의 내용인 사실이 발생하는 시기가 확정되어 있는 것을 말한다. 불확정기한이란 기한의 내용인 사실이 발생하는 시기가 불확정 되어 있는 것을 말한다.

III. 기한과 친하지 않은 법률행위

1. 의의
법률행위는 원칙적으로 기한을 붙일 수 있다. 그러나 법률행위에 기한이 붙으면 효력이 즉시 나타나지 않게 되므로 이를 감당할 수 없는 법률행위에는 기한을 붙일 수 없다.

2. 단독행위
단독행위, 특히 형성권에 기한을 붙이게 되면 효력이 즉시 나타나지 않게 되므로 원칙적으로 기한을 붙일 수 없다.

IV. 기한부 법률행위의 효력

1. 기한이 도래하지 않은 경우

가. 기한부권리의 처분 등
기한의 도래가 미정한(=기한이 도래하기 전) 권리의무는 일반규정에 의하여 처분, 상속, 보존 또는 담보로 할 수 있다(제154조).

나. 기한부권리의 침해금지
기한 있는 법률행위의 당사자는 기한의 도래가 미정한 동안(=기한이 도래하기 전)에 기한의 도래로 인하여 생길 상대방의 이익을 해하지 못한다(제154조).

2. 기한도래 후 효력

가. 비소급적 효력
시기 있는 법률행위는 기한도래 시부터 효력이 생기고(제152조 제1항), 종기 있는 법률행위는 기한도래 시부터 효력을 잃게 되므로(제152조 제2항) 기한도래의 효력은 소급하지 않는 것이 원칙이다.

나. 특약에 의한 소급적 효력 부정
기한의 효력은 기한의 본질상 당사자의 특약으로도 소급효를 인정할 수 없다.

V. 기한의 이익

1. 의의
기한의 이익이란 기한이 도래하지 않음으로써 당사자가 받는 이익을 말한다. 당사자의 특약이나 법률행위의 성질상 분명하지 않은 경우에는 기한은 채무자의 이익을 위한 것으로 추정한다(제153조 제1항).

2. 기한이익의 포기
기한의 이익은 포기할 수 있다. 그러나 상대방의 이익을 해하지 못한다(=상대방에게 손해를 배상하여야 한다)(제153조 제2항).

3. 기한이익 상실의 특약

가. 의의
기한의 이익의 상실특약이란 할부거래의 경우 1회 미납시 잔금 전액을 일시에 청구하여도 즉 이행기 도래의 효과가 발생하여도 이의가 없다는 특약을 말한다.

나. 유형
(ㄱ) 정지조건부 기한이익상실의 특약 정지조건부 기한이익 상실의 특약이란 특약의 내용에 의하여 일정한 사유가 발생하면 채권자의 청구 등을 요함이 없이 당연히 기한의 이익이 상실되어 이행기가 도래하는 것을 말한다(대판 2002.09.04. 2002다28340).

(ㄴ) 형성권적 기한이익상실의 특약 형성권적 기한이익 상실의 특약이란 일정한 사유가 발생한 후 채권자의 통지나 청구 등 채권자의 의사행위를 기다려 비로소 이행기가 도래하는 것을 말한다(대판 2002.09.04. 2002다28340).

(ㄷ) 형성권적 기한이익상실의 특약으로 추정 기한이익상실의 특약이 양자 중 어느 것에 해당하는지에 대하여 정지조건부 기한이익 상실의 특약이라고 볼 만한 특별한 사정이 없는 이상 형성권적 기한이익 상실의 특약으로 추정하는 것이 타당하다(대판 2002.09.04. 2002다28340).

PART

2

물권법

Life Turning Point
WEPASS

**2026년 위패스 공인중개사
1차 민법 및 민사특별법**

Chapter 1. 총칙
Chapter 2. 점유와 점유권
Chapter 3. 법률행위에 의한 부동산물권 변동
Chapter 4. 법률행위에 의하지 않은 부동산물권 변동
Chapter 5. 물권적 청구권 일반
Chapter 6. 소유권에 기한 물권적 청구권
Chapter 7. 점유권에 기한 물권적 청구권
Chapter 8. 본권과 점유권과의 관계
Chapter 9. 물권의 소멸
Chapter 10. 법률규정상의 소유권 제한
Chapter 11. 법률규정상의 건물의 구분소유
Chapter 12. 취득시효에 의한 소유권 취득
Chapter 13. 기타에 의한 소유권 취득
Chapter 14. 법률규정상의 공동소유
Chapter 15. 법률규정상의 명의신탁
Chapter 16. 지상권
Chapter 17. 법정지상권 · 관습상 법정지상권
Chapter 18. 지역권
Chapter 19. 전세권
Chapter 20. 담보물권 일반
Chapter 21. 유치권
Chapter 22. 저당권
Chapter 23. 근저당권
Chapter 24. 가등기담보 등에 관한 법률

총칙

「01」 본권과 점유권

I. 서설

1. 물권
물권이란 특정의 물건이나 권리를 직접 지배해서 이익을 얻는 배타적인 권리를 말한다. 물권은 근본적인 형태인 본권에 기한 것과 예외적인 형태인 점유권에 기한 것으로 나뉜다.

2. 본권
본권이란 근본적인 형태의 권리로 물권에서 본권은 소유권을 중심으로 하는 제한물권을 말하지 점유권을 말하지 않는다. 채권에서 본권은 민법에 규정된 임차권 등을 말한다.

3. 특성

가. 대세효
물권은 누구에 대해서도 배타적인 권리를 주장할 수 있는 대세효를 가진다. 따라서 물권자는 물권을 침해한 누구에게도 권리내용의 실현을 청구할 수 있다.

나. 강행규정
물건이나 권리에 대한 배타적 지배관계를 규율하는 물권법은 원칙적으로 강행규정이다. 따라서 법률행위로 이에 반하는 내용을 정할 수 없다.

II. 본권

1. 완전물권
소유권은 물건의 사용·수익가치와 교환가치를 모두 가지고 있는 완전물권이다.

2. 제한물권
(ㄱ) 의의 제한물권이란 소유권이 가지는 완전물권 중에서 일부만을 지배할 수 있는 권리를 말한다.
(ㄴ) 용익물권 용익물권이란 물건의 사용·수익가치를 지배의 목적으로 하는 제한물권만을 말한다. 지상권, 지역권, 전세권이 민법의 용익물권이다.
(ㄷ) 담보물권 담보물권이란 물건의 교환가치를 지배의 목적으로 하는 제한물권을 말한다. 유치권, 질권, 저당권이 민법의 담보물권이다.

III. 점유권
점유권이란 사회관념상 사실상의 지배를 보호하기 위한 권리를 말한다. 점유라는 사실상의 지배를 취득하면 점유권이 발생하고, 사실상의 지배를 상실하면 점유권이 소멸한다.

「02」 물권의 객체

I. 의의

물권은 물건을 객체로 하는 것을 주된 내용으로 하지만 채권 기타의 권리도 물권의 객체가 된다. 지상권과 전세권은 저당권의 목적이 되기도 한다(제371조 제1항).

II. 부동산과 동산

1. 부동산

가. 의의

토지 및 그 정착물은 부동산이다(제99조 제1항). 토지에 정착물로는 건물, 수목, 미분리과실, 농작물이 있다. 이들이 토지에 정착되어 있으면 부동산이다.

나. 유형

(ㄱ) 토지 토지란 일정 범위의 지표면을 말한다. 토지의 개수는 지적공부상의 토지의 '필(筆)'수를 표준으로 결정된다(대판 1992. 12. 08. 92누7542).

(ㄴ) 건물 독립된 부동산으로서의 건물이라고 함은 최소한의 기둥과 지붕 그리고 주벽이 이루어져야 한다(대판 1996. 06. 14. 94다53006). 건물의 개수는 '동(棟)'수를 표준으로 결정된다.

(ㄷ) 수목 토지로부터 분리되지 않은 수목과 수목으로부터 분리되지 않은 미분리과실은 원칙적으로 토지의 일부로 취급된다.

2. 동산

부동산 이외의 물건은 동산이다(제99조 제2항).

III. 원물과 과실

1. 의의

어떤 물건으로부터 생기는 경제적 수익을 과실이라 하고 과실을 생기게 하는 물건을 원물이라고 한다. 민법은 과실로서 천연과실과 법정과실을 규정하고 있다.

2. 천연과실

물건의 용법에 의하여 수취하는 산출물은 천연과실이다(제101조 제1항). 돼지가 낳은 새끼돼지처럼 천연적으로 생산되는 것도 있고, 토석장의 토석채취처럼 인공적으로 수취되는 것도 있다.

3. 법정과실

물건의 사용대가로 받는 금전 기타의 물건은 법정과실로 한다(제101조 제2항). 법정과실은 토지의 사용대가인 지료, 금전의 사용대가인 이자, 임대목적물의 사용대가인 차임 등이 대표적이다. 사용이익이란 물건을 사용하거나 권리를 보유함으로써 얻는 이익으로 판례는 과실에 준하는 것으로(대판 1996. 01. 26. 95다44290) 취급한다.

4. 과실수취권자

과실수취권은 원칙적으로 원물을 사용·수익을 하는 소유자에게 인정된다. 소유자 이외의 자가 사용·수익을 하면 사용·수익을 하는 자에게 과실수취권이 인정된다. 사용·수익하는 자가 없는 경우에 누구에게 과실이 귀속하는지에 관하여는 별도의 규정을 두고 있다.

Ⅳ. 독립한 존재일 것

1. 일물일권주의의 원칙

일물일권주의(一物一權主義)란 하나의 독립된 물건에 하나의 물권이 성립하는 것을 말한다(대판 2013.01.17. 2010다71578 전합). 일물일권주의가 원칙이다.

2. 물건의 일부

가. 소유권

(ㄱ) 토지의 일부에 권리부정 1필의 토지의 일부에 대해서는 원칙적으로 등기를 할 수 없으므로 자기소유 토지의 일부에 대한 소유권의 양도를 할 수 없다.

(ㄴ) 건물의 일부에 권리인정 건물의 경우에는 1동의 건물의 일부가 구조상으로나 이용상으로 다른 부분과 구분되는 독립성을 갖추었다면 구분소유권의 객체가 될 수 있으나 공시방법을 갖추어야 한다(대판 1993.03.09. 92다41214).

나. 용익물권

(ㄱ) 토지의 일부에 권리인정 용익물권은 분필절차를 밟지 않아도 등기라는 공시방법을 갖출 수 있으므로 1필의 토지 일부 위에 지상권, 지역권, 전세권을 설정할 수 있다.

(ㄴ) 건물의 일부에 권리인정 건물의 일부가 구조상·이용상의 독립성이 인정된다면 용익물권은 건물 일부에 등기를 할 수 있다. 건물의 일부를 하나의 물건으로 보고 전세권을 설정할 수 있고 전세권은 그 목적물인 건물 부분에 한하여 그 효력을 미친다(대판 1997.08.22. 96다53628).

다. 담보물권

(ㄱ) 토지의 일부에 유치권 인정 타인이 임야의 일부를 개간하였고 거래상 개간부분과는 다른 부분과의 분할이 용이한 경우, 임야 중 일부인 개간부분에 대하여 유치권이 성립할 수 있다(대판 1968.03.05. 67다2786).

(ㄴ) 토지의 일부에 저당권 부정 1필지의 토지를 수필로 분할하여 분할의 절차를 밟아 지적공부에 각 필지마다 등록되어야 하고, 이러한 절차를 거치지 아니하는 한 1개의 토지로서 자기소유 토지의 일부에 대한 저당권의 설정행위를 할 수 없게 된다(대판 1992.12.08. 92누7542).

3. 다수의 물건의 집합

공장저당법이라는 특별법상 저당권등기에 의하여 공장에 속하는 토지 또는 건물에 설정한 저당권의 효력은 그 토지 또는 건물에 설치된 기계·기구 기타의 공장공용물에 미친다(대판 2000.04.14. 99마2273).

「03」 물권의 변동

I. 공시의 원칙

1. 의의
공시의 원칙이란 물권의 존재나 변동을 타인이 쉽게 인식할 수 있도록 하는 외부적인 공적 표시를 말한다.

2. 공시방법
공시의 원칙은 부동산과 동산에 모두 적용된다. 부동산의 경우 등기와 명인방법으로 공시를 하고, 동산의 경우에는 일반적으로는 점유 및 인도, 특별법의 적용을 받는 동산의 경우에는 등기·등록의 방법으로 공시를 하고 있다.

II. 공신의 원칙

1. 의의
공신의 원칙이란 물권의 존재를 추측하게 하는 외부적인 공적 표시가 존재하고, 그 공시방법을 믿고 거래한 자의 신뢰를 보호하여야 한다는 원칙을 말한다. 공시를 신뢰한 자에게 권리를 취득하게 하고 실제 권리자의 권리를 소멸시킨다.

2. 부동산은 인정 안됨
공신의 원칙은 부동산은 적용되지 않는다. 거래가 활발하지 않은 부동산의 경우에는 진정한 권리자의 보호를 중시하고 거래의 안전에 대한 희생을 감수하여 공시를 신뢰한 자에게 권리취득을 인정하지 않는다. 따라서 등기나 명인방법에는 공신력이 인정되지 않는다.

3. 동산은 인정
공신의 원칙은 동산에만 적용된다. 거래가 활발한 동산의 경우에는 거래의 안전보호를 중시하고 진정한 권리자의 희생을 감수하여 공시를 신뢰한 자에게 권리취득을 인정한다. 따라서 점유 및 인도에는 공신력이 인정된다.

04 물권법

I. 물권법정주의
물권은 법률 또는 관습법에 의하는 외에는 임의로 창설하지 못한다(제185조). 이를 물권법정주의라고 한다.

II. 법률
물권법정주의의 법률은 국회에서 제정되는 법률, 즉 형식적 의미의 법률만을 의미한다. 각종의 명령, 각종의 규칙 등으로 물권을 임의로 창설하지는 못한다. 물권법정주의는 위반한 당사자 간의 약정은 무효가 된다.

III. 관습법

1. 관습법상의 물권을 긍정한 판례
(ㄱ) 분묘기지권 타인 소유의 토지에 분묘를 설치한 경우에 20년간 평온, 공연하게 분묘의 기지를 점유하면 지상권과 유사한 관습상의 물권인 분묘기지권을 시효로 취득한다는 점은 오랜 세월 동안 지속되어 온 관습 또는 관행으로서 법적 규범으로 승인되어 왔고, 이러한 법적 규범이 「장사 등에 관한 법률」 시행일인 2001. 1. 13. 이전에 설치된 분묘에 관하여 현재까지 유지되고 있다고 보아야 한다(대판 2017.01.19. 2013다17292 전합).

(ㄴ) 명인방법 관습법에 의하여 명인방법은 입목소유권 변동에 관한 공시방법으로 인정되고 있다(대판 1967.02.28. 66다2442).

2. 관습법상의 물권을 부정한 판례
(ㄱ) 관습상의 사도통행권 타인의 토지에 대한 관습상의 사도통행권은 인정되지 않는다(대판 2002.02.26. 2001다64165).

(ㄴ) 온천에 관한 권리 온천에 관한 권리는 관습상의 물권이나 준물권이라 할 수 없다(대판 1972.08.29. 72다1243).

(ㄷ) 공원이용권 도시공원법상 근린공원으로 지정된 공원은 일반 주민들이 다른 사람의 공동 사용을 방해하지 않는 한 자유로이 이용할 수 있지만 그러한 사정만으로 인근 주민들이 누구에게나 주장할 수 있는 공원이용권이라는 배타적인 권리를 취득하였다고는 할 수 없다(대판 1995.05.23. 94마2218).

(ㄹ) 소유권에 준하는 관습사의 물권 미등기 무허가건물의 매수인은 소유권이전등기를 마치지 않는 한 건물의 소유권을 취득할 수 없고, 소유권에 준하는 관습상의 물권이 있다고도 할 수 없으며, 현행법상 사실상의 소유권이라고 하는 포괄적인 권리 또는 법률상의 지위를 인정하기도 어렵다(대판 2014.02.13. 2011다64782).

점유와 점유권

「01」 점유

Ⅰ. 사실상의 지배를 통한 점유

1. 의의

점유의 사실상의 지배가 있다고 하기 위하여는 반드시 물건을 물리적, 현실적으로 지배하는 것만을 의미하는 것이 아니고, 타인 지배의 배제 가능성 등을 고려하여 사회관념에 따라 합목적적으로 판단하여야 할 것이다(대판 1992.06.23. 91다38266).

2. 물리적, 현실적으로 지배

(ㄱ) 건물 부지의 점유자　건물의 부지가 된 토지는 그 건물의 소유자가 점유하는 것으로 볼 것이고, 건물의 소유자가 현실적으로 건물을 점거하고 있지 아니하고 있더라도 그 부지를 점유한다고 보아야 한다(대판 2010.01.28. 2009다61193).

(ㄴ) 건물의 종전 소유자　건물의 소유권이 양도된 경우에는 건물의 종전의 소유자는 그 부지에 대한 점유도 함께 상실하는 것으로 보아야 한다(대판 1993.10.26. 93다2483).

(ㄷ) 사실상의 처분권을 보유한 자　건물에 관한 사실상의 처분권을 보유하게 된 미등기건물의 양수인은 건물부지 역시 아울러 점유하고 있다고 볼 수 있다(대판 2010.01.28. 2009다61193).

Ⅱ. 점유의 추정

1. 자주점유·선의·평온·공연의 추정

점유자는 소유의 의사로 선의, 평온 및 공연하게 점유한 것으로 추정한다(제197조 제1항). 무과실에 대하여는 추정이 되지 않는다(대판 1983.10.11. 83다카531).

2. 점유계속의 추정

전후 양시에 점유한 사실이 있는 때에는 그 점유는 계속한 것으로 추정한다(제198조). 동일인이 전후 양 시점에 점유한 것으로 증명된 경우뿐만 아니라, 전후 양 시점의 점유자가 다른 경우에도 점유의 승계가 입증되면 점유의 계속이 추정된다(대판 1996.09.20. 96다24279).

3. 적법보유의 추정

점유자가 점유물에 대하여 행사하는 권리는 적법하게 보유한 것으로 추정한다(제200조).

Ⅲ. 점유의 유형
1. 자주점유, 타주점유
가. 서설
(ㄱ) **의의** 자주점유란 소유의 의사를 가지고 하는 점유를 말하고, 타주점유란 소유의 의사를 가지지 않은 점유를 말한다.

(ㄴ) **판단기준** 점유자의 점유가 소유의 의사 있는 자주점유인지 아니면 소유의 의사 없는 타주점유인지의 여부는 점유자의 내심의 의사에 의하여 결정되는 것이 아니라 점유 취득의 원인이 된 권원의 성질이나 점유와 관계가 있는 모든 사정에 의하여 외형적·객관적으로 결정되어야 한다(대판 2002.02.26. 99다72743).

나. 매매·경매의 점유
(1) **매도인의 점유**
부동산을 타인에게 매도하여 그 인도의무를 지고 있는 매도인의 점유는 특별한 사정이 없는 한 타주점유로 된다(대판 1997.04.11. 97다5824).

(2) **인접 토지의 점유**
(ㄱ) **인접토지의 일부를 매수한 토지로 믿고 한 점유** 착오로 인접 토지의 일부를 그가 매수 취득한 대지에 속하는 것으로 믿고 점유하여 왔다면 특별한 사정이 없는 한 자주점유라고 보아야 한다(대판 1999.06.25. 99다5866).

(ㄴ) **상당히 초과하는 인접토지를 매수한 토지로 믿고 한 점유** 매매 대상 건물 부지의 면적이 등기부상의 면적을 상당히 초과하는 경우에는 특별한 사정이 없는 한 그 점유는 타주점유에 해당한다(대판 1999.06.25. 99다5866).

(3) **악의의 무단점유**
점유자가 점유개시 당시에 소유권 취득의 원인이 될 수 있는 법률행위 기타 법률요건이 없다는 사실을 잘 알면서 타인 소유의 부동산을 무단점유한 것임이 입증된 경우, 타주점유이다(대판 1997.08.21. 95다28625 전합).

(4) **점유매개관계의 점유**
(ㄱ) **점유매개설정자의 점유** 지상권설정자, 전세권설정자, 질권설정자, 임대인의 점유는 점유매개관계의 간접점유자로써 자주점유이다.

(ㄴ) **점유매개자의 점유** 지상권자, 전세권자, 질권자, 임차인의 점유는 점유매개관계의 직접점유자로 점유매개자의 점유는 타주점유이다.

(5) **명의신탁의 점유**
(ㄱ) **양자간 명의신탁의 명의수탁자의 점유** 양자간 명의신탁에 의하여 부동산의 소유자로 등기된 명의수탁자의 점유는 그 권원의 성질상 자주점유라 할 수 없다(대판 1991.12.10. 91다27655).

(ㄴ) **계약명의신탁의 명의신탁자의 점유** 계약명의신탁에서 명의신탁자가 부동산을 점유한다면 부동산의 소유자가 명의신탁약정을 알았는지 여부와 관계없이 타주점유이다(대판 2022.05.12. 2019다249428).

2. 선의점유, 악의점유

선의의 점유란 점유할 수 있는 권리인 본권이 없음에도 불구하고 있다고 오신하면서 하는 점유를 말한다. 반면에 악의의 점유란 본권이 없음을 알면서 또는 본권의 유무에 관하여 의심을 가지면서 하는 점유를 말한다.

3. 과실 있는 점유, 과실 없는 점유

본권이 없음에도 본권이 있다고 믿은데 과실이 있으면 과실 있는 점유이고, 과실이 없으면 과실 없는 점유이다.

4. 평온·공연한 점유, 폭력·은비의 점유

평온한 점유란 폭력에 의하지 않은 점유를 말하고, 공연한 점유란 은밀하고 비밀리에 하는 은비가 아니라 존재를 인식할 수 있는 점유를 말한다.

Ⅳ. 추정에 따른 입증

1. 입증의 주체

추정의 경우에는 이를 다투려는 자가 입증책임을 진다. 물건의 점유자는 소유의 의사로 점유한 것으로 추정되므로 점유자가 취득시효를 주장하는 경우에 있어서 스스로 소유의 의사를 입증할 책임은 없다(대판 1997.12.09. 97다18547).

2. 입증이 없거나 실패

점유자가 스스로 매매 또는 증여와 같이 자주점유의 권원을 주장하였으나 이것이 인정되지 않는 경우에도, 자주점유의 추정이 번복된다거나 또는 점유권원의 성질상 타주점유라고 볼 수는 없다(대판 2008.07.10. 2006다82540).

3. 입증에 성공

가. 일반적으로 증명이후부터 추정이 깨어짐

진정한 소유자가 자신의 소유권을 주장하여 점유자를 상대로 소유권이전등기의 말소등기청구 소송을 제기하여 점유자의 패소(=소유자의 승소)로 확정된 경우, 패소판결 확정 후부터는 점유자의 점유가 타주점유로 전환된다(대판 1996.10.11. 96다19857).

나. 예외적으로 소급해서 추정이 깨어짐

선의의 점유자라도 본권에 관한 소에 패소한 때에는 그 소가 제기된 때로부터 악의의 점유자로 본다(제197조 제2항).

「02」 점유권

Ⅰ. 점유권의 취득

1. 직접점유자

가. 본인이 직접 점유
물건을 사실상 지배하는 자는 점유권이 있다(제192조 제1항).

나. 점유보조자를 통한 직접 점유
가사상, 영업상 기타 유사한 관계에 의하여 타인의 지시를 받아 물건에 대한 사실상의 지배를 하는 때에는 그 타인만을 점유자로 한다(제195조). 상점의 점원이나 은행의 은행원은 점유보조자로서 물건에 대한 직접적인 실력을 행사하면서도 점유권 자체가 인정되지 않으며 상점주인, 은행이 점유자이다.

2. 간접점유자

가. 의의
지상권, 전세권, 질권, 사용대차, 임대차, 임치 기타의 관계로 타인으로 하여금 물건을 점유하게 한 자는 간접으로 점유권이 있다(제194조). 간접점유라는 것은 점유가 관념화된 형태이다.

나. 지상권, 전세권, 질권, 사용대차, 임대차, 임치 기타의 관계로

(1) 점유매개관계

(ㄱ) 의의 간접점유를 인정하기 위해서는 간접점유자와 직접점유를 하는 자 사이에 일정한 법률관계, 즉 점유매개관계가 필요하다.

(ㄴ) 성질 점유매개관계는 직접점유자가 자신의 점유를 간접점유자의 반환청구권을 승인하면서 행사하는 경우에 인정된다(대판 2012.02.23. 2011다61424,61431). 이러한 특성 때문에 점유매개자인 직접점유자는 선량한 관리자의 주의의무를 부담하게 된다.[1]

(2) 점유매개관계의 유효성

간접점유자와 직접점유자 사이에 유효한 법률관계가 있어야 하는 것도 아니다. 점유매개관계를 이루는 임대차계약 등이 해지 등의 사유로 종료되더라도 직접점유자가 목적물을 반환하기 전까지는 간접점유자의 반환청구권이 소멸한 것이 아니므로 간접점유의 점유매개관계가 단절된다고 할 수 없다(대판 2019.08.14. 2019다205329).

---

01) 전세권자는 전세물인 가옥을 선량한 관리자의 주의로써 보관할 의무가 있다(대판 1967.12.05. 67다2251). 유치권자는 선량한 관리자의 주의로 유치물을 점유하여야 한다(대판 2013.04.11. 2011다107009). 임차인은 임차건물의 보존에 관하여 선량한 관리자의 주의의무를 다하여야 한다(대판 2006.01.13. 2005다51013).

다. 타인으로 하여금 물건을 점유하게 한 자는 간접으로 점유권이 있다.

지상권에서의 지상권설정자, 전세권에서의 전세권설정자, 질권에서의 질권설정자, 사용대차에서의 대주, 임대차에서의 임대인, 임차물의 전대에서 임차인, 임치에서의 임치인이 타인으로 하여금 물건을 점유하게 한 자로 간접점유권이 있다(제194조).

II. 점유권의 승계

1. 점유권의 특정승계

가. 규정

점유권의 양도는 점유물의 인도로 그 효력이 생긴다(제196조 제1항). 점유권의 양도에는 간이인도, 점유개정, 목적물반환청구권의 양도가 있다(제196조 제2항).

나. 유형

(ㄱ) 현실인도 현실인도란 점유물을 인도하여 물건에 대한 사실상의 지배를 양수인에게 이전하는 것을 말한다.

(ㄴ) 간이인도 간이인도란 양수인이 이미 물건에 대한 사실상의 지배를 하고 있고 의사의 합치만으로 점유권이 이전되는 것을 말한다.

(ㄷ) 점유개정 점유개정이란 점유물을 인도함과 동시에 점유매개관계를 설정하여 양수인은 간접점유를, 양도인은 물건에 대한 직접점유를 하는 것을 말한다.

(ㄹ) 목적물반환청구권의 양도 양도인이 제3자를 통해 점유물을 간접점유 하고 있는 상태에서 제3자에 대한 반환청구권을 양수인에게 양도하는 것을 말한다.

2. 점유권의 포괄승계

점유권은 상속인에 이전한다(제193조). 상속인은 상속개시사실이나 자신이 상속인임을 알 필요가 없다.

법률행위에 의한 부동산물권 변동

「01」 등기부

Ⅰ. 등기

등기란 국가기관인 등기관이 법정절차에 따라서 등기부에 부동산의 표시 또는 권리를 기재하는 것 또는 기재 그 자체를 말한다.

Ⅱ. 등기부

1. 등기부의 구성

(ㄱ) 표제부 표제부에는 표시번호, 접수연월일, 소재, 지번, 건물번호, 지목, 면적, 건물의 종류나 구조 및 면적 등의 사실적 사항을 기재한다(부동산등기법 제34조, 제40조 제1항).

(ㄴ) 갑구 갑구(甲區)에는 소유권에 관한 사항을 기재한다(부동산등기법 제15조 제2항).

(ㄷ) 을구 을구(乙區)에는 소유권 이외의 권리에 관한 사항을 기재한다(부동산등기법 제15조 제2항).

2. 1부동산 1등기 용지

등기부를 편성할 때에는 1필의 토지 또는 1개의 건물에 대하여 1개의 등기기록을 둔다. 다만, 1동의 건물을 구분한 건물에 있어서는 1동의 건물에 속하는 전부에 대하여 1개의 등기기록을 사용한다(부동산등기법 제15조 제1항).

02 등기의 종류

Ⅰ. 종국등기

1. 의의
종국등기란 직접 물권변동을 일으키는 등기를 말하며 본등기라고도 한다. 보통의 등기는 모두 종국등기이다.

2. 형식적 분류

가. 주등기
주등기란 표제부에 있는 표시번호란 또는 갑구나 을구에 있는 순위번호란에 독립된 번호가 부여된 등기를 말한다.

나. 부기등기
부기등기란 주등기의 번호를 그대로 사용하면서 가지번호를 붙여서 하는 등기를 말한다. 부기등기의 순위는 주등기의 순위에 따른다(부동산등기법 제5조).

3. 내용적 분류

가. 보존등기
보존등기란 미등기 부동산에 관하여 소유권의 보존을 위하여 하는 최초의 등기를 말한다.

나. 경정등기와 변경등기

(1) 의의
㈀ 경정등기 경정등기란 원시적으로 등기와 실체관계가 불일치하는 경우에 이를 시정하기 위한 등기를 말한다(부동산등기법 제32조).
㈁ 변경등기 변경등기란 등기가 행하여진 후에 등기된 사항에 변경이 생겨 후발적으로 등기와 실체관계가 불일치하는 경우에 이를 시정하기 위한 등기를 말한다(부동산등기법 제35조, 제41조 등).

(2) 판례
구분소유의 목적이 되는 하나의 부동산에 대한 등기부상 표시 중 전유부분의 면적 표시가 잘못된 경우, 이는 경정등기의 방법으로 바로 잡아야 하는 것이고 그 잘못 표시된 면적 만큼의 소유권보존등기의 말소를 구하는 소는 법률상 허용되지 아니한다(대판 2000.10.27. 2000다39582).

다. 말소회복등기

(1) 의의
회복등기란 기존의 등기가 부당하게 말소된 경우에 말소된 등기를 회복하여 말소 당시에 소급하여 말소가 없었던 것과 같은 효과를 생기게 하는 등기를 말한다(대판 1993.03.09. 92다39877).

(2) 근거

등기는 물권의 효력발생요건이고 효력존속요건이 아니므로 물권에 관한 등기가 원인 없이 말소(=불법말소)된 경우에 그 물권의 효력에는 아무런 영향을 미치지 않는다. 따라서 불법으로 말소된 등기는 회복되어야 한다(대판 1982.09.14. 81다카923).

(3) 판례

(ㄱ) 경정등기 부동산에 관하여 근저당권설정등기가 마쳐졌다가 등기가 위조된 관계서류에 기하여 아무런 원인 없이 말소되었다는 사정만으로는 곧바로 근저당권이 소멸하는 것은 아니다(대판 2014.12.11. 2013다28025).

(ㄴ) 변경등기 근저당권설정등기가 원인 없이 말소된 이후에 근저당목적물인 부동산에 관하여 다른 근저당권자 등 권리자의 신청에 따라 경매절차가 진행되어 매각허가결정이 확정되고 매수인이 매각대금을 완납하였다면, 원인 없이 말소된 근저당권도 소멸하므로 더 이상 근저당권설정등기는 회복될 수 없다(대판 2014.12.11. 2013다28025).

II. 가등기

1. 유형

가. 분류

가등기는 부동산등기법에서 정하는 청구권의 순위보전을 위한 가등기와 가등기담보 등에 관한 법률이 적용되는 담보가등기가 있다. 담보가등기는 가등기담보에 관한 법률에서 후술한다.

나. 구분

가등기가 담보가등기인지 여부는 외형만으로 구분하기 어려워 그 등기부상 표시나 등기시에 주고 받은 서류의 종류에 의하여 형식적으로 결정될 것이 아니고 거래의 실질과 당사자의 의사해석에 따라 결정될 문제라고 할 것이다(대판 1992.02.11. 91다36932).

다. 효력

가등기는 그 성질상 본등기의 순위보전에 효력만이 있을 뿐이다(대판 2001.03.23. 2000다51285).

2. 대상

(ㄱ) 채권적 청구권 보전을 위한 가등기 부동산등기법상 가등기는 소유권이전등기청구권·저당권설정등기청구권 등과 같은 채권적 청구권을 보전하기 위하여서만 할 수 있다(대판 1982.11.23. 81다카1110). 그 청구권이 시기부 또는 정지조건부일 경우나 그 밖에 장래에 확정될 것인 경우에도 같다(부동산등기법 제88조).

(ㄴ) 물권적 청구권 보전을 위한 가등기 물권적 청구권을 보전하기 위해서 가등기는 할 수 없다(대판 1982.11.23. 81다카1110).

3. 가등기된 권리의 양도

가등기에 의하여 순위 보전의 대상이 되어 있는 물권변동청구권이 양도된 경우, 그 가등기상의 권리의 이전등기를 가등기에 대한 부기등기의 형식으로 경료 할 수 있다(대판 1998.11.19. 98다24105 전합).

4. 본등기 청구

가등기에 기한 본등기청구권은 특정한 사람에게만 권리를 행사할 수 있는 채권적 청구권이다. 부동산소유권이전 가등기후에 등기의무자가 제3자에게 그 부동산소유권이전의 본등기를 한 경우에 가등기권리자는 가등기의무자인 전소유자를 상대로 본등기청구권을 행사할 것이고, 현등기명의인을 상대로 할 것이 아니다(대판 1962.12.24. 4294민재항675).

5. 본등기 후

가. 순위

(ㄱ) 본등기의 순위는 가등기 순위에 따름 가등기에 의한 본등기를 한 경우 본등기의 순위는 가등기의 순위에 따른다(부동산등기법 제91조).

(ㄴ) 다른 등기는 무효가 되거나 후순위로 된다 가등기 후에 다른 등기가 행해진 경우, 후에 가등기에 기해 본등기를 하게 되면 다른 등기는 가등기에 의해 보전되는 청구권과 양립되지 않는 범위 내에서 무효로 되거나 후순위로 된다(대판 1994.04.26. 92다34100).

(ㄷ) 등기관의 후순위 등기 직권말소 등기관은 가등기에 의한 본등기를 하였을 때에는 대법원규칙으로 정하는 바에 따라 가등기 이후에 된 등기로서 가등기에 의하여 보전되는 권리를 침해하는 등기를 직권으로 말소하여야 한다(부동산등기법 제92조 제1항).

나. 효력

가등기에 의한 본등기를 한 경우 본등기에 의한 물권변동의 효력이 가등기한 때로 소급하여 발생하는 것은 아니다(대판 1992.09.25. 92다21258).

6. 혼동

가등기에 기한 본등기청구와 단순한 소유권이전등기청구는 비록 그 등기원인이 동일하다고 하더라도 이는 서로 다른 청구로 보아야 한다(대판 1994.04.26. 92다34100). 따라서 가등기권자가 본등기절차에 의하지 않고 가등기설정자로부터 별도의 소유권이전등기를 받은 경우에 가등기에 기한 본등기청구권이 혼동으로 소멸하는 것은 아니다(대판 2007.02.22. 2004다59546).

03 등기의 절차

Ⅰ. 등기청구권

1. 의의
등기청구권이란 등기권리자가 등기의무자에 대하여 등기신청에 협력할 것을 요구할 수 있는 실체법상의 권리를 말한다. 등기청구권은 등기의무자인 일반인에 대하여 등기를 요구할 수 있는 권리인 반면, 등기신청권은 등기관에 대하여 등기를 신청할 수 있는 권리라는 점에서 양자는 전혀 다른 별개의 권리이다.

2. 법률행위에 의한 소유권이전등기청구권

가. 매매에 의한 소유권이전등기청구권

목적물의 소유권을 이전하기로 하는 매매·증여·교환 기타의 채권계약상의 소유권이전등기청구권은 채권적 청구권이다. 매매에 의한 소유권이전등기청구권은 채권적 청구권으로서 10년의 소멸시효에 걸림이 원칙이다(대판 1976.11.06. 76다148 전합).

나. 소유권이전등기청구권을 인도 받아 점유

(ㄱ) 점유 부동산을 매수한 자가 목적 부동산을 인도받아 계속 점유하는 경우에는 그 소유권이전등기청구권은 소멸시효가 진행하지 않고(대판 1999.03.18. 98다32175 전합), 소멸시효에 걸리지 않는다(대판 1976.11.06. 76다148 전합).

(ㄴ) 점유상실 매수인이 점유를 하다가 점유를 침탈당하여 그 목적물의 점유를 상실하면, 그 점유상실시점으로부터 매도인에 대한 소유권이전등기청구권은 소멸시효가 진행한다(대판 1992.07.24. 91다40924).

(ㄷ) 점유승계 부동산의 매수인이 그 부동산을 인도받은 이상 이를 사용·수익하다가 그 부동산에 대한 보다 적극적인 권리 행사의 일환으로 다른 사람에게 그 부동산을 처분하고 그 점유를 승계하여 준 경우 소유권이전등기청구권은 소멸시효가 진행되지 않는다(대판 1999.03.18. 98다32175).

3. 점유취득시효완성에 의한 소유권이전등기청구권

(ㄱ) 점유 취득시효 완성으로 인한 소유권이전등기청구권은 채권적 청구권으로 그 토지에 대한 점유가 계속되는 한 시효로 소멸하지 않는다(대판 1996.03.08. 95다34866).

(ㄴ) 점유상실 취득시효를 완성한 점유자가 점유를 상실한 경우 취득시효완성으로 인한 소유권이전등기청구권은 점유자가 점유를 상실한 때로부터 소멸시효가 진행하며 그 기간은 10년이다(대판 1996.03.08. 95다34866). 이미 취득한 이전등기청구권은 즉시 소멸되지 아니한다(대판 1995.02.24. 94다18195).

II. 판단기준

1. 경계나 범위

어떤 특정한 토지가 지적공부에 1필의 토지로 등록되었다면 그 토지의 소재, 지번, 지목, 지적 및 경계는 다른 특별한 사정이 없는 한 이 등록으로써 특정되었다고 할 것이므로 그 토지의 소유권의 범위는 지적공부상의 경계에 의하여 확정되어야 한다(대판 1986.10.14. 84다카490).

2. 기술적인 착오 유무

(ㄱ) 기술적인 착오가 없는 경우 지적도상의 경계표시가 분할측량의 잘못 등으로 사실상의 경계와 다르게 표시되었다 하더라도 그 토지의 소유권의 범위는 지적공부상의 경계에 의하여 확정하여야 할 것이다(대판 1990.12.26. 88다카19712).

(ㄴ) 기술적인 착오가 있는 경우 지적도를 작성함에 있어서 기술적인 착오로 인하여 지적도상의 경계선이 진실한 경계선과 다르게 작성되었기 때문에 경계와 지적이 실제의 것과 일치하지 않게 되었다는 등의 특별한 사정이 있는 경우에는 실제의 경계에 의하여야 할 것이다(대판 1998.06.26. 97다42823).

「04」 등기의 효력

I. 본등기 효력

1. 원칙적 대항적 효력
등기의 대항적 효력, 즉 일반적 효력이란 이미 효력이 발생한 등기사항을 등기함으로써 선의·악의의 제3자에게 대항할 수 있는 것을 말한다.

2. 예외적 권리변동적 효력
부동산에 관한 법률행위로 인한 물권의 득실변경은 등기하여야 그 효력이 생긴다(제186조).

II. 추정적 효력

1. 의의
등기의 추정력은 등기되어 있다는 그 자체로 등기된 바와 같은 '권리관계'가 존재할 것이라는 추정을 불러내는 힘으로 등기명의자에게 불이익한 경우에도 인정된다. 부동산의 표시에 관한 사항은 등기의 추정력이 인정되지 않는다.

2. 추정력간의 관계
(ㄱ) 부동산은 등기의 추정력 부동산에 있어서는 점유를 하고 있는 자에게 권리가 있다고 추정되는 것이 아니라 등기명의인이 권리자로 추정된다(대판 1982.04.13. 81다780). 즉 등기된 부동산에는 점유의 추정이 적용되지 않고, 등기의 추정력이 적용된다.

(ㄴ) 동산은 점유의 추정력 점유의 권리추정력은 원칙적으로 동산에 한하여 적용된다(대판 1982.04.13. 81다780).

3. 추정의 범위

가. 등기 연월일
전세권 존속기간이 시작되기 전에 마친 전세권설정등기도 특별한 사정이 없는 한 유효한 것으로 추정된다(대판 2018.01.25. 2017마1093).

나. 등기원인
부동산에 관하여 등기가 경료되어 있는 경우 특별한 사정이 없는 한 그 원인과 절차에 있어서 적법하게 경료된 것으로 추정된다(대판 2002.02.05. 2001다72029). 소유권이전등기가 되어 있는 경우에는 등기의 기재와 같이 매매에 의하여 본건 토지의 소유권을 취득한 것이라고 추정된다(대판 1967.10.23. 67다1778).

다. 권리자
소유권이전등기가 경료 되어 있는 경우에는 그 등기명의자는 제3자에 대하여서 뿐 아니라 그 전소유자에 대하여도 적법한 등기원인에 의하여 소유권을 취득한 것으로 추정된다(대판 1992.04.24. 91다26379,26386).

라. 권리자의 대리인

전등기명의인의 직접적인 처분행위에 의한 것이 아니라 제3자가 그 처분행위에 개입된 경우, 현등기명의인의 등기가 대리인에 의하여 적법히 이루어진 것으로 추정된다(대판 1995.05.09. 94다41010).

마. 환매특약

환매기간을 제한하는 환매특약이 등기부에 기재되어 있는 때에는 반증이 없는 한 등기부 기재와 같은 환매특약이 진정하게 성립된 것으로 추정함이 상당하다(대판 1991.10.11. 91다13700).

바. 저당권의 채권액

(ㄱ) 저당권과 피담보채권의 존재 근저당권설정등기가 경료되어 있으면 근저당권의 존재 자체뿐만 아니라 이에 상응하는 피담보채권의 존재도 추정된다(대판 1969.02.18. 68다2329).

(ㄴ) 피담보채권의 성립을 위한 법률행위의 존재 피담보채권의 성립을 위한 기본계약의 존재는 추정되지 않는다.

사. 가등기

(ㄱ) 법률관계 추정 소유권이전청구권 보전을 위한 가등기가 있다 하여 소유권이전등기를 청구할 어떤 법률관계가 있다고 추정되지 않는다(대판 1979.05.22. 79다239).

(ㄴ) 등기말소 청구할 권리 가등기만으로는 아무런 실체법상 효력을 갖지 아니하므로 중복된 소유권보존등기가 무효이더라도 가등기권리자는 그 말소를 청구할 권리가 없다(대판 2001.03.23. 2000다51285).

아. 원인 없이 말소

소유권이전등기의 말소등기가 경료된 경우 원인 없이 말소되었다면 그 회복등기가 경료되기 전이라도 말소된 소유권이전등기의 최종명의인은 적법한 권리자로 추정된다(대판 1982.12.28. 81다카870).

자. 사망

(ㄱ) 사망 후에 사망자의 신청에 의한 소유권이전등기 전소유자가 사망한 후에 그 명의의 신청에 의하여 이루어진 소유권이전등기는 원칙적으로 원인무효의 등기로서 등기의 추정력을 인정할 여지가 없다(대판 1977.09.13. 77다916).

(ㄴ) 사망 후에 사망자의 신청에 의한 소유권이전등기 + 사망 전에 등기원인이 이미 존재 전소유자가 사망한 후에 이루어진 소유권이전등기라고 하더라도 사망 전에 그 등기원인이 이미 존재하는 등의 사정이 있는 경우에는 그 등기는 위와 같은 절차에 따라 적법하게 경료된 것으로 추정된다(대판 1997.11.28. 95다51991).

4. 추정에 따른 입증

가. 입증의 주체

추정의 경우에는 이를 다투려는 자가 입증책임을 진다. 소유권이전등기가 있는 경우에는 적법한 등기원인에 의하여 소유권을 취득한 것으로 추정되므로 이를 다투는 측에서 그 무효사유를 주장·입증하여야 한다(대판 1997.06.24. 97다2993).

나. 입증이 없거나 실패

등기명의자가 등기원인 행위의 태양이나 과정을 다소 다르게 주장한다고 하여 이러한 주장만 가지고 그 등기의 추정력이 깨진다고 할 수 없다(대판 2000.03.10. 99다65462).

다. 입증에 성공

(1) 특별법

이전등기에 관한 특별조치법에 의한 소유권이전등기의 경우에는 소유권이전등기의 경료일자가 전소유자의 사망 이후라는 이유로 등기의 추정력이 깨지지 않는다(대판 1983.12.13. 83다카1083).

(2) 이전등기

㈀ 허무인 등기 허무인으로부터 등기를 이어 받은 소유권이전등기는 원인무효라고 할 것이어서 그 등기명의자에 대한 소유권 추정은 깨진다(대판 1985.11.12. 84다카2494).

㈁ 계약서가 진정하지 않은 것으로 증명 소유권이전등기의 원인으로 주장된 계약서가 진정하지 않은 것으로 증명된 이상 그 등기의 적법추정은 복멸되는 것이고 계속 다른 적법한 등기원인이 있을 것으로 추정할 수는 없다(대판 1998.09.22. 98다29568).

(3) 보존등기

㈀ 보존등기명의인 이외의 자가 건물 신축 건물보존등기는 그 등기명의자가 신축한 것이 아니라면 그 등기의 권리추정력은 깨어진 것이고 그 명의자가 스스로 적법하게 그 소유권을 양도받게 된 사실을 입증할 책임이 있는 것이다(대판 1966.03.22. 66다64,65).

㈁ 보존등기명의인이 전소유자로부터 양수 주장 보존등기명의인이 전소유자로부터 매수하였다고 주장하고, 전소유자가 보존등기 명의자에게 양도한 사실을 부인하는 경우에는 추정력이 깨진다(대판 1982.09.14. 82다카707).

㈂ 보존등기명의인 이외의 자가 토지를 사정받은 사실인정 보존등기명의인 이외의 자가 토지를 사정받은 사실이 인정되는 경우에는 추정력이 깨진다(대판 1980.08.26. 79다434).

Ⅲ. 실체관계에 부합하는 등기

1. 서설

가. 의의

실체관계에 부합하는 등기란 등기절차에 하자가 있더라도 진실한 권리상태와 합치되어 유효한 등기가 되는 경우를 말한다.

나. 유형

(ㄱ) **보존등기** 신축건물의 보존등기를 건물 완성 전에 하였더라도 그 후 건물이 완성된 이상 등기를 무효라고 볼 수 없다(대판 2016.01.28. 2013다59876).

(ㄴ) **이전등기** 실제 증여를 할 의사였지만 매매를 이유로 소유권이전등기가 된 경우에 이전등기는 실체관계에 부합한 등기로 유효하다.

(ㄷ) **위조등기** 위조된 서류에 의한 등기라 할지라도 그것이 진실한 권리상태에 부합하거나 적법한 물권행위가 있었을 경우에는 그 등기는 유효하다(대판 1982.12.14. 80다459).

2. 중간생략등기

가. 의의

중간생략등기란 부동산 물권이 최초의 양도인으로부터 중간취득자를 거쳐 최후의 양수인에게 이전되는 경우에 중간취득자를 생략한 채로 최초의 양도인이 최후의 양수인에게 등기를 경료하는 것을 말한다.

나. 보존등기 형태의 중간생략등기

(1) 의의

미등기건물을 등기할 때에는 소유권을 원시취득한 자 앞으로 소유권보존등기를 한 다음 이를 양수한 자 앞으로 이전등기를 함이 원칙이라 할 것이나, 미등기부동산의 양수인에 대해서 바로 보존등기를 경료 하는 것도 중간생략등기가 된다(대판 1995.12.26. 94다44675).

(2) 효과

원시취득자와 승계취득자 사이의 합치된 의사에 따라 미등기건물을 승계취득자 앞으로 직접 소유권보존등기를 경료하게 되었다면, 그 소유권보존등기는 실체적 권리관계에 부합되어 적법한 등기로서의 효력을 가진다(대판 1995.12.26. 94다44675).

다. 부동산 전매형태의 중간생략등기

(1) 의의

부동산 전매형이란 미등기 부동산에 대해서 다시 매매계약을 체결한 후에 중간취득자를 생략한 채 등기를 하는 경우를 말한다.

(2) 중간생략등기의 합의가 있는 경우

1) 합의 방식

(ㄱ) **관계 당사자 전원의 의사합치** 중간생략등기의 합의는 관계 당사자 전원의 의사합치, 즉 중간생략등기에 대한 최초 양도인과 중간자의 동의가 있는 외에 최초 양도인과 최종 양수인 사이에도 그 중간등기 생략의 합의가 있었음이 요구된다(대판 1995.08.22. 95다15575).

(ㄴ) **관계 당사자 순차적 의사합치** 중간생략등기의 합의는 묵시적 및 순차적 합의를 인정한다(대판 1982.07.13. 81다254).

2) 합의 내용

(ㄱ) **최초 매도인과 최종 매수인 사이에 새로운 매매계약 체결 아님** 중간생략등기의 합의가 있다고 해서 최초 매도인과 최종 매수인 사이에 매매계약이 체결되었다고 볼 수 없다(대판 1997.03.14. 96다22464).

(ㄴ) **기존 매매계약상의 권리가 소멸하지 않음** 중간생략등기의 합의가 있었다 하여 중간매수인의 소유권이전등기청구권이 소멸된다거나 첫 매도인의 그 매수인에 대한 소유권이전등기의무가 소멸되는 것은 아니라 할 것이다(대판 1991.12.13. 91다18316).

(ㄷ) **기존 매매계약에 따른 권리행사가 제한되지 않음** 중간생략등기의 합의가 있었다 하더라도 최초 매도인의 중간자에 대한 매매대금 행사가 제한되는 것은 아니다. 따라서 중간생략등기의 합의 후 최초 매도인과 중간자 사이에 매매대금 인상의 합의가 있는 경우엔 최초 매도인은 인상된 매매대금이 지급되지 않았음을 이유로 소유권이전등기의무 이행을 거절할 수 있다(대판 2005.04.29. 2003다66431).

3) 행사 방식

(ㄱ) **직접 소유권이전등기청구권** 최종 양수인이 중간생략등기의 합의를 이유로 최초 양도인에게 직접 그 소유권이전등기 청구권을 행사할 수 있다(대판 1995.08.22. 95다15575).

(ㄴ) **토지거래허가구역 내의 직접 소유권이전등기청구권** 토지거래허가구역 내의 토지가 관할 관청의 허가 없이 중간생략등기의 합의가 있는 경우, 최종 매수인은 최초 매도인에 대하여 직접 그 토지에 관한 토지거래허가 신청절차의 협력의무 이행청구권을 가지고 있다고 할 수 없다(대판 1996.06.28. 96다3982).

4) 효과

(ㄱ) **중간생략등기 합의에 따른 이전등기** 부동산등기특별조치법상 순차매도한 당사자 사이의 중간생략등기합의에 관한 사법상 효력까지 무효로 한다는 취지는 아니다(대판 1993.01.26. 92다39112).

(ㄴ) **토지거래허가구역 내의 중간생략등기 합의에 따른 이전등기** 토지거래허가구역 내의 토지가 토지거래허가 없이 최종 매수인이 최초 매도인과 자신을 매매 당사자로 하는 토지거래허가를 받아 소유권이전등기를 경료했다 하더라도 이는 무효이다(대판 1997.11.11. 97다33218).

(3) 중간생략등기의 합의가 없는 경우

1) 행사 방식

중간생략등기의 합의가 없는 한 최종 양수인은 최초 양도인에 대하여 직접 자기 명의로의 소유권이전등기를 청구할 수 없다(대판 2021.06.03. 2018다280316).

2) 효과

일단 중간생략등기가 이루어진 이상 중간생략등기에 관한 합의가 없었다는 이유만으로는 중간생략등기가 무효라고 할 수는 없다(대판 2005.09.29. 2003다40651)

라. 소이청 양수형태의 중간생략등기

(1) 의의

소유권이전등기청구권의 양도형이란 미등기 부동산에 대해서 소유권이전등기청구권을 양도한 후에 중간취득자를 생략한 채 등기를 하는 경우를 말한다.

(2) 매매로 인한 소유권이전등기청구권

(ㄱ) 채무자의 동의 필요 통상의 채권양도와 달리 양도인의 채무자에 대한 통지만으로는 채무자에 대한 대항력이 생기지 않으며 반드시 채무자의 동의나 승낙을 받아야 대항력이 생기고, 채권양도를 원인으로 하여 소유권이전등기절차의 이행을 청구할 수 있다(대판 2001.10.09. 2000다51216).

(ㄴ) 매도인의 동의 없이 소이청의 가등기의 부기등기 및 가등기의 본등기 소유권이전등기청구권을 매수인으로부터 양도받은 양수인이 소유권이전청구권 가등기 이전의 부기등기를 마치고 가등기에 기한 본등기까지 마쳤으나 당초의 소유자 겸 매도인이 그 양도에 대하여 동의하거나 승낙하지 않고 있다면 원인무효의 등기가 된다(대판 2025.04.24. 2024다248290).

(3) 취득시효완성으로 인한 소유권이전등기청구권

부동산매매계약에서와 달리 신뢰관계가 없어서 취득시효완성으로 인한 소유권이전등기청구권의 양도의 경우에는 매매로 인한 소유권이전등기청구권에 관한 양도제한의 법리가 적용되지 않아(대판 2018.07.12. 2015다36167) 통상의 채권양도의 법리에 따른다. 따라서 양도인의 원소유자에 대한 통지나 원소유자의 동의나 승낙으로 대항력이 생기고 양수인이 직접 소유권이전등기절차의 이행을 청구할 수 있다.

3. 무효등기의 유용

가. 표제부 무효등기의 유용

멸실된 건물의 보존등기를 멸실 후에 신축한 건물의 보존등기로 표시변경 등기를 한 경우, 멸실된 건물의 보존등기를 신축한 건물의 보존등기로 유용하는 것으로 그 등기는 무효가 되어 유용이 허용되지 않는다(대판 1980.11.11. 80다441).[2]

나. 사항란 무효등기의 유용

(1) 유용의 합의

의사를 외부로 표시하는 방법에는 제한이 없는 것이 원칙이다. 무효등기의 유용에 관한 합의 내지 추인은 묵시적으로도 이루어질 수 있다(대판 2007.01.11. 2006다50055).

(2) 이해관계가 있는 제3자

(ㄱ) 이해관계 있는 제3자가 없는 경우 무효로 된 등기의 유용은 그 등기를 유용하기로 하는 합의기 이루어지기 전에 등기부상 새로운 이해관계를 가지게 된 제3자가 없는 경우에는 허용된다(대판 2002.12.06. 2001다2846).

---

02) 신축된 건물과 멸실된 건물이 그 재료, 위치, 구조 기타 면에 있어서 상호 유사한 면이 있다고 하더라도 그로써 신축된 건물과 동일한 건물이라 할 수 없기 때문이다(대판 1976.10.26. 75다2211).

(ㄴ) 이해관계 있는 제3자가 있는 경우 근저당권설정등기의 유용합의 이전에 등기상의 이해관계가 있는 제3자가 있는 경우에는 근저당권설정등기 유용에 관한 합의는 이해관계 있는 제3자(=지상권자, 전세권자, 후순위저당권자)에 대한 관계에 있어서 그 효력이 없으며 그 범위 내에서 위 등기는 실체관계에 부합치 아니하는 무효의 등기다(대판 1974.09.10. 74다482).

(3) 유용의 효력발생시점

무효인 법률행위의 추인의 경우 소급효가 없는 것이므로 무효인 가등기를 유효한 등기로 전용키로 한 약정은 그때부터 유효하고 이로써 위 가등기가 소급하여 유효한 등기로 전환될 수 없다(대판 1992.05.12. 91다26546).

Ⅳ. 중복된 등기

1. 동일인 명의의 중복보존등기

동일부동산에 관하여 동일인 명의로 중복보존등기가 경료된 경우, 뒤에 경료된 등기는 무효이고 이 무효인 등기에 터잡아 타인명의로 소유권이전등기가 경료되었다고 하더라도 실체관계에 부합하는 여부를 가릴 것 없이 이 등기 역시 무효이다(대판 1983.12.13. 83다카743).

2. 명의자가 다른 중복보존등기

동일 부동산에 관하여 등기명의인을 달리하여 중복된 소유권보존등기가 경료된 경우에는 먼저 이루어진 소유권보존등기가 원인무효가 되지 않는 한 뒤에 된 소유권보존등기는 비록 그 부동산의 매수인에 의해서 이루어진 경우에도 무효이다(대판 1990.11.27. 87다카2961 전합).

법률행위에 의하지 않은 부동산물권 변동

Ⅰ. 의의
상속, 공용징수, 판결, 경매, 기타 법률의 규정에 의한 부동산 물권의 취득은 등기를 요하지 아니한다. 그러나 등기를 하지 아니하면 이를 처분하지 못한다(제187조).

Ⅱ. 적용범위
1. 상속
상속은 피상속인의 사망으로 인하여 개시된다(제997조). 상속에 의한 부동산 물권의 취득은 등기를 요하지 아니한다(제187조).

2. 공용징수
가. 의의
공용징수는 국가나 지방자치단체 등이 특정의 공익사업을 위해 개인의 재산권을 수용이라는 형식을 통해서 강제로 취득하는 것을 말한다. 공용징수에 의한 부동산 물권의 취득은 등기를 요하지 아니한다(제187조).

나. 수용재결에 의한 취득
협의가 이루어지지 않을 때 재결에 의하여 해결하는 수용재결은 민법 제187조의 공용징수에 해당하여 등기 없이도 수용 개시일에 소유권을 취득한다.

다. 협의에 의한 취득
협의에 의한 취득과 수용에 의한 협의에 의한 취득은 민법 제187조의 공용징수에 해당하지 않는다. 따라서 등기가 경료된 때에 소유권 취득의 효력이 생긴다.

3. 판결
가. 형성판결
(ㄱ) 의의 판결에 의한 부동산 물권의 취득은 등기를 요하지 아니한다(제187조). 여기서의 판결은 형성판결만을 의미할 뿐이다(대판 1970. 06. 30. 70다568).

(ㄴ) 공유물분할판결 공유물분할판결과 같은 형성판결의 경우에는 판결이 확정된 때 등기 없이도 물권변동의 효력이 발생한다(대판 2020. 08. 13. 2019다249312).

(ㄷ) 공유토지 현물분할의 협의가 성립하여 조정조서 작성 공유토지에 관한 현물분할의 협의가 성립하여 그 합의사항을 조서에 기재함으로써 조정이 성립하였다면, 다른 공유자의 공유지분을 이전받아 등기를 마침으로써 소유권을 취득하게 된다(대판 2013. 11. 21. 2011두1917 전합).

나. 이행판결·확인판결

(ㄱ) 의의 소유권이전등기절차를 이행하라는 이행판결 또는 소유권자를 확인하는 확인판결의 경우에는 등기가 경료 된 때에 소유권이전 및 취득의 효력이 생긴다.

(ㄴ) 화해조서 소유권 이전의 약정을 내용으로 하는 화해조서의 경우 등기가 경료 된 때에 소유권 이전 및 취득의 효력이 생긴다(대판 1965.08.17. 64다1721).

4. 경매

경매에 의한 부동산 물권의 취득은 등기를 요하지 아니한다(제187조). 여기서의 경매는 국가기관이 하는 공경매를 말한다. 집행권원에 기한 강제경매[3]나 담보권에 기한 임의경매[4]는 경락대금만 완납되면 등기 없이도 물권변동의 효력이 발생한다(민사집행법 제135조, 제268조).

5. 기타 법률의 규정

가. 물권의 취득

(1) 법정물권 취득

법정지상권, 관습법상의 법정지상권이나 전세권의 법정갱신, 분묘기지권, 법정저당권, 법정질권 등의 취득이나 성립에는 등기를 요하지 아니한다(제187조).

(2) 신축건물의 소유권 취득

자기의 비용과 노력으로 건물을 신축한 자는 그 건축허가가 타인의 명의로 된 여부에 관계없이 (등기 없이도) 그 소유권을 원시취득하게 된다(대판 2006.05.12. 2005다68783).

나. 물권의 소멸

(ㄱ) 목적물의 멸실·혼동 소멸 목적물이 멸실되거나 혼동에 의하여 소멸하게 되면 말소등기 없이도 권리가 소멸한다.

(ㄴ) 용익물권의 존속기간 만료 소멸 용익물권의 존속기간이 만료되면 말소등기 없이도 용익물권이 소멸한다.

(ㄷ) 피담보채권의 소멸로 담보물권의 소멸 피담보채권이 소멸하게 되면 말소등기 없이도 담보물권이 소멸한다.

---

3) 강제경매란 채무자 소유의 부동산을 압류, 환가하여 그 매각대금을 가지고 채권자 금전채권의 만족을 얻음을 목적으로 하는 강제집행절차 중의 하나이다. 강제집행을 하려면 먼저 집행력을 갖춘 집행권원(확정판결, 가집행선고부판결, 화해조서, 인낙조서, 조정조서, 확정된 지급명령, 공정증서 등)이 있어야 한다.

4) 임의경매란 경매신청에 집행권원을 요하지 아니하는 경매를 말한다. 예전에 경매의 권리를 가진 사람이 집행관에게 신청하여 하던 경매로 현재는 경매법이 폐지되고 민사소송법의 담보권(질권, 저당권, 전세권)의 실행등을 위한 경매로 추가되었다.

Ⅲ. 효과

1. 물권의 변경은 등기를 요하지 아니한다.
법률행위에 의하지 않는 부동산 물권변동에는 등기를 필요로 하지 않는다. 다만 부동산 점유취득시효(제245조 제1항)는 법률행위에 의하지 않은 부동산물권 변동이기는 하지만 등기를 해야 소유권을 취득하는 예외규정이다.

2. 등기를 하지 아니하면 이를 처분하지 못한다.
취득한 부동산 물권에 등기를 하지 아니하면 처분하지 못한다(제187조 후문).

물권적 청구권 일반

Ⅰ. 서설
1. 의의
물권적 청구권이란 물권이 어떤 사정으로 인해 침해를 받고 있거나 침해받을 염려가 있는 경우에, 물권자가 이에 대하여 일정한 행위를 청구할 수 있는 권리를 말한다. 물권은 본권에 기한 것과 점유권에 기한 것으로 나뉘기 때문에 물권적 청구권도 본권에 기한 물권적 청구권과 점유권에 기한 물권적 청구권으로 나뉜다.

2. 유형
가. 침해를 받고 있는 경우
(ㄱ) 반환청구권 반환청구권이란 물권자의 점유가 침해를 당해 물권의 실현을 방해받았을 때 그 점유의 반환을 청구하는 권리를 말한다.
(ㄴ) 방해제거(배제)청구권 방해제거(배제)청구권이란 물권자가 점유에 대한 침해 외의 형태로 물권의 실현을 방해받았을 때 방해의 제거 및 방해의 배제를 청구하는 권리를 말한다.

나. 침해를 받을 염려가 있는 경우
방해예방청구권이란 물권자가 물권의 실현을 방해받지는 않았지만, 장래에 방해가 생길 염려가 있는 경우에 그 예방을 청구하는 권리를 말한다.

Ⅱ. 요건
1. 물권자
가. 전소유자
(ㄱ) 소유권을 상실한 양도인 소유권을 상실한 전소유자인 양도인은 제3자인 불법점유자에 대하여 물권적 청구권에 기한 방해배제를 청구할 수 없다(대판 1969.05.27. 68다725 전합).
(ㄱ) 소유권을 상실한 명의신탁자 양자간 등기명의신탁에서 명의수탁자가 신탁부동산을 처분하여 제3취득자가 유효하게 소유권을 취득하고 이로써 명의신탁자가 신탁부동산에 대한 소유권을 상실하였다면, 그 후 명의수탁자가 우연히 신탁부동산의 소유권을 다시 취득하였다고 하더라도 여전히 물권적 청구권은 그 존재 자체가 인정되지 않는다(대판 2013.02.28. 2010다89814).

나. 임차인
등기를 하지 않은 임차인은 임대인의 제3자에 대한 물권적 청구권을 대위해서 행사할 수 있을 뿐이다.

2. 침해를 받고 있거나 침해받을 염려

물권적 청구권은 불법행위 손해배상과 달리 물권자의 물권이 침해를 받고 있거나 침해받을 염려만이 있으면 된다. 침해자나 침해할 염려 있는 상대방에게 고의·과실이 있어야 하는 것은 아니고, 물권자에게 반드시 손해가 발생해야 하는 것도 아니다.

III. 권리와의 관계

1. 물권과 물권적 청구권 분리양도 불가

소유권을 양도함에 있어 소유권에 기한 물권적 청구권을 소유권과 분리하여 전 소유자에게 유보하여 행사케 한다는 것은 허용될 수 없으므로, 소유권을 상실한 전 소유자는 물권적 청구권을 행사할 수 없다(대판 1969.05.27. 68다725). 따라서 물권적 청구권은 물권과 분리하여 양도할 수 없다.

2. 계약상의 권리와의 관계

근저당권이 설정된 후에 그 부동산의 소유권이 제3자에게 이전된 경우에는 현재의 소유자가 피담보채무의 소멸을 원인으로(소유권에 기하여) 근저당권설정등기의 말소를 청구할 수 있음은 물론이지만, 종전의 소유자도 계약상 권리에 기하여 근저당권설정등기의 말소를 청구할 수 있다(대판 1994.01.25. 93다16338).

chapter **06**

소유권에 기한 물권적 청구권

「01」 본권에 기한 물권적 청구권

Ⅰ. 소유권에 기한 물권적 청구권

본권에 기한 물권적 청구권은 소유권을 중심으로 하여 소유물반환청구권(제213조), 소유물방해제거(배제)청구권(제214조), 소유물방해예방청구권(제214조), 즉 소유권에 기한 물권적 청구권을 우선적으로 규정하고 있다.

Ⅱ. 준용 규정이 있는 본권

1. 지상권, 전세권

(ㄱ) 의의 소유권에 기한 물권적 청구권은 목적물을 점유하고 있는 지상권(제290조), 전세권(제319조)에 준용하고 있다.
(ㄴ) 지상권 지상권은 지상물반환청구권, 지상물방해제거(배제)청구권, 지상물방해예방청구권이 인정된다.
(ㄷ) 전세권 전세권은 전세물반환청구권, 전세물방해제거(배제)청구권, 전세물방해예방청구권이 인정된다.

2. 지역권, 저당권

(ㄱ) 의의 소유권에 기한 물권적 청구권은 목적물을 점유하지 않는 지역권(제301조), 저당권(제370조)에 준용하고 있다.
(ㄴ) 지역권 지역권은 목적물을 점유하지 않기 때문에 승역지반환청구권은 인정되지 않고, 승역지방해제거(배제)청구권, 승역지방해예방청구권이 인정된다.
(ㄷ) 저당권 저당권은 목적물을 점유하지 않기 때문에 저당물반환청구권은 인정되지 않고, 저당물방해제거(배제)청구권, 저당물방해예방청구권이 인정된다.

Ⅲ. 준용 규정이 없는 본권

점유의 성질이 강한 유치권은 점유권에 기한 물권적 청구권만이 인정되고, 소유권에 기한 물권적 청구권은 준용하지 않는다. 점유회수의 소를 제기하여 승소판결을 받아 점유를 회복하여야 유치권이 되살아나고, 점유회수의 소를 제기하여 점유를 회복할 수 있다는 사정만으로는 유치권이 되살아나지 않는다(대판 2012.02.09. 2011다72189).

「02」 소유자의 물권적 청구권

I. 소유물반환청구권

1. 의의
소유자는 그 소유에 속한 물건을 점유한 자에 대하여 반환을 청구할 수 있다. 그러나 점유자가 그 물건을 점유할 권리가 있는 때에는 반환을 거부할 수 있다(제213조).

2. 요건

가. 소유자
(ㄱ) 소유자 지상권을 설정한 토지소유권자는 불법점유자에 대하여 물권적청구권을 행사할 수 있다(대판 1974.11.12. 74다1150).

(ㄴ) 미등기 매수인 건물을 매수하였으나 아직 소유권이전등기를 갖추지 못한 자는 그 건물의 불법점유자에 대하여 직접 자신의 소유권 등에 기하여 명도를 청구할 수는 없다(대판 2007.06.15. 2007다11347).

나. 점유한 자에 대하여
소유물반환청구권의 상대방은 현실적으로 그 목적물을 점유하고 있는 자를 상대로 하여야 하고, 그 물건을 다른 사람에게 인도하여 현실적으로 점유를 하고 있지 않은 이상, 그 자를 상대로 반환청구를 할 수 없다(대판 1999.07.09. 98다9045).

3. 효과

가. 점유자가 그 물건을 점유할 권리가 없는 때

(1) 물건의 반환청구
소유자는 점유자에게 그 물건의 반환을 청구할 수 있다. 점유자가 소유자에 대한 관계에서 그 물건을 점유할 권리가 없는 때에는 상대방은 점유하는 물건을 반환하여야 한다. 토지 소유자로서는 무단건물의 대지 부분의 인도를 청구할 수 있다(대판 1999.07.09. 98다57457,57464).

(2) 부당이득반환청구
소유자는 점유할 권리가 없는 점유자에게 부당이득반환청구를 할 수 있다. 타인 소유의 토지 위에 권원 없이 건물을 소유하는 자는 그 자체로써 건물 부지가 된 토지를 점유하고 있는 것이므로 특별한 사정이 없는 한 차임 상당의 부당이득반환의무가 있다(대판 2023.08.18. 2021다249810). 무단건물을 점유하고 있는 건물임차인이 토지소유자에게 부지점유자로서 부당이득반환의무를 진다고 볼 수 없다(대판 2012.05.10. 2012다4633).

(3) 판례
미등기건물에 관한 사실상의 처분권자도 건물 부지의 점유·사용에 따른 부당이득반환의무를 부담한다(대판 2022.09.29. 2018다243133,243140).

나. 점유자가 그 물건을 점유할 권리가 있는 때

(1) 물건의 반환청구
소유자는 점유자에게 그 물건의 반환을 청구할 수 있지만 점유할 권리가 있는 점유자는 반환을 거부할 수 있다(제213조). 이러한 경우에 대하여 소유자가 점유자에게 그 물건의 반환을 청구할 수 없다고 표현하기도 한다.

(2) 부당이득반환청구
소유자는 점유할 권리가 있는 점유자에게 부당이득반환청구를 할 수 없다.

(3) 물건을 점유할 권리 중 물권
점유자가 소유자에 대한 관계에서 반환을 거부할 수 있는 권리에는 지상권, 전세권의 용익물권이나 유치권, 질권의 담보물권이 포함된다. 유치물의 점유 내지 보관을 위탁받은 자도 소유자의 소유물반환청구를 거부할 수 있다(대판 2014.12.24. 2011다62618).

(4) 물건을 점유할 권리 중 채권
(ㄱ) 점유를 수반하는 채권 점유자가 소유자에 대한 관계에서 반환을 거부할 수 있는 권리에는 임차권, 임치, 도급 등과 같이 점유를 수반하는 채권도 포함될 뿐 아니라 채권자로부터 점유 내지 보관을 위탁받은 자도 소유자의 소유물반환청구를 거부할 수 있다(대판 2020.05.28. 2020다211085).

(ㄴ) 점유취득시효를 완성한 점유자 소유명의자는 취득시효가 완성된 점유자에 대하여 그 대지에 대한 불법점유임을 이유로 대지의 인도를 청구할 수 없다(대판 1988.05.10. 87다카1979).

(ㄷ) 미등기 매수인, 미등기 매수인으로부터 전매한 자 부동산의 매수인은 등기를 하지 않았다고 하더라도 인도받은 목적물을 점유할 권리가 있으므로 매도인은 매수인에게 소유권에 기한 반환청구권을 행사할 수 없다. 이는 매수인으로부터 다시 전매한 자에게도 같다(대판 2001.12.11. 2001다45355).

4. 행사기간
점유물반환청구권의 경우와 달리 그 행사기간에 제한이 없다.

II. 소유물방해제거(배제)청구권

1. 의의
소유자는 소유권을 방해하는 자에 대하여 방해의 제거를 청구할 수 있다(제214조).

2. 요건
가. 소유자
(ㄱ) 소유자 소유권을 취득한 자가 현재의 등기명의인을 상대로 그 등기의 말소를 구하여야 한다(대판 2003.03.28. 2000다24856).

(ㄴ) 미등기 매수인 미등기 무허가건물의 양수인이라도 소유권이전등기를 마치지 않는 한 소유권에 기한 방해제거청구를 할 수 없다(대판 2016.07.29. 2016다214483, 214490).

나. 방해하는 자
소유권에 기한 방해배제청구권에 있어서 '방해'라 함은 현재에도 지속되고 있는 침해를 의미하고, 법익 침해가 과거에 일어나서 이미 종결된 경우에 해당하는 '손해'의 개념과는 다르다(대판 2003.03.28. 2003다5917).

3. 방해의 제거를 청구할 수 있다.
가. 철거와 퇴거
(ㄱ) 건물소유자에게 무단건물의 철거, 무단건물의 퇴거 토지 소유자로서는 무단건물의 철거와 그 대지 부분의 인도를 청구할 수 있을 뿐, 자기 소유의 건물을 점유하고 있는 자에 대하여 그 건물에서 퇴거할 것을 청구할 수는 없다(대판 1999.07.09. 98다57457,57464).
(ㄴ) 건물소유자가 아닌 자에게 무단건물의 퇴거 토지소유자가 무단건물의 소유자가 아닌 사람이 건물을 점유하고 있는 경우, 토지소유자가 건물점유자에 대하여 퇴거청구를 할 수 있다(대판 2010.08.19. 2010다43801).
(ㄷ) 사실상의 처분권을 보유한 미등기 매수인 토지소유자가 무단건물의 소유자에게만 그 철거처분권이 있다고 할 것이나 그 건물을 매수하여 점유하고 있는 자에게도 그 철거를 구할 수 있다(대판 1986.12.23. 86다카1751).

나. 등기의 말소
등기명의인이 허무인 또는 실체가 없는 단체인 때에는 소유자는 그와 같은 허무인 또는 실체가 없는 단체 명의로 실제 등기행위를 한 자에 대하여 소유권에 기한 방해배제로서 등기행위자를 표상하는 허무인 또는 실체가 없는 단체명의 등기의 말소를 구할 수 있다(대판 2019.05.30. 2015다47105).

다. 방해제거비용 청구
민법 제214조의 규정에 의하면, 소유자가 침해자에 대하여 방해제거 행위 또는 방해예방 행위를 하는 데 드는 비용을 청구할 수 있는 권리는 위 규정에 포함되어 있지 않으므로, 소유자가 민법 제214조에 기하여 방해배제 비용 또는 방해예방 비용을 청구할 수는 없다(대판 2014.11.27. 2014다52612).

4. 행사기간
점유물방해제거청구권의 경우와 달리 그 행사기간에 제한이 없다.

5. 진정명의회복을 위한 소유권이전등기청구권
가. 의의
진정명의회복을 위한 소유권이전등기청구권이란 등기명의 회복을 위해 등기말소가 아닌 소유권이전등기절차의 이행을 구하는 것을 말한다. 등기명의인들을 상대로 차례로 등기의 말소를 청구할 수 있지만, 상당한 시간이 걸리고 패소의 위험도 있기 때문에 최종 등기명의인을 상대로 하여 직접 이전등기를 구하는 것도 허용된다.

나. 소유자

이미 자기 앞으로 소유권을 표상하는 등기가 되어 있었거나 법률에 의하여 소유권을 취득한 자 즉 소유자만이 진정한 등기명의의 회복을 원인으로 한 소유권이전등기절차의 이행을 직접 구할 수 있다(대판 1990.11.27. 89다카12398전합).

다. 방해하는 자

진정한 등기명의의 회복을 위한 소유권이전등기청구는 현재의 등기명의인을 상대로 하여야 하고 현재의 등기명의인이 아닌 자는 피고적격이 없다(대판 2017.12.05. 2015다240645).

라. 방해의 제거를 청구할 수 있다.

소유자가 자신의 소유권에 기하여 실체관계에 부합하지 아니하는 등기의 명의인을 상대로 그 등기말소나 진정명의회복 등을 청구하는 경우에, 그 권리는 물권적 청구권으로서의 방해배제청구권의 성질을 가진다(대판 2012.05.17. 2010다28604 전합).

Ⅲ. 소유물방해예방청구권

(ㄱ) 의의 소유자는 소유권을 방해할 염려있는 행위를 하는 자에 대하여 그 예방이나 손해배상의 담보를 청구 할 수 있다(제214조).

(ㄴ) 판례 건물의 소유자 또는 점유자가 인근의 소음이 사회통념상 수인한도를 넘어서는 경우에 건물의 소유자 또는 점유자는 그 소유권 또는 점유권에 기하여 소음피해의 제거나 예방을 위한 유지청구를 할 수 있다(대판 2007.06.15. 2004다37904,37911).

Ⅳ. 소유권에 기한 물권적 청구권과 소멸시효

1. 소유권

소유권 등 물권은 원칙적으로 소멸시효에 걸리지 않는다. 다만 물권 중에서 지상권, 지역권은 예외적으로 소멸시효에 걸린다.

2. 소유권에 기한 물권적 청구권

(ㄱ) 일반 소유권이 소멸시효에 걸리지 않으므로, 소유권에 기한 물권적 청구권도 소멸시효에 걸리지 않는다.

(ㄴ) 진정명의회복을 위한 소유권이전등기청구권 소유자가 자신의 소유권에 기하여 실체관계에 부합하지 아니하는 등기의 명의인을 상대로 그 등기말소나 진정명의회복 등을 청구하는 경우에, 그 권리는 물권적 청구권으로서의 방해배제청구권의 성질을 가진다, 그 권리는 소유권에 기한 물권적 청구권의 성질을 가지므로 소멸시효의 대상이 아니다(대판 2012.05.17. 2010다28604 전합, 대판 1993.08.24. 92다43975).

(ㄷ) 명의신탁의 해지로 인한 신탁자의 소유권이전등기말소청구권 명의신탁의 해지로 인해 신탁자가 수탁자에 대해서 가지는 소유권이전등기말소청구권은 소유권에 기한 물권적 청구권으로서 소멸시효의 대상이 아니다(대판 1976.06.22. 75다124).

점유권에 기한 물권적 청구권

「01」 총설

점유권에 기한 물권적 청구권은 점유물반환청구권(제204조), 점유물방해제거(배제)청구권(제205조), 점유물방해예방청구권을 규정하고 있다(제206조). 점유권에 기한 물권적 청구권을 점유보호청구권, 점유물반환청구권은 점유회수청구권, 점유물방해제거(배제)청구권은 점유보유청구권, 점유물방해예방청구권은 점유보전청구권이라고 별도로 부르기도 한다.

「02」 점유자의 물권적 청구권 (=점유보호청구권)

Ⅰ. 점유물반환청구권 (=점유회수청구권)

1. 의의
점유자가 점유의 침탈을 당한 때에는 그 물건의 반환 및 손해의 배상을 청구할 수 있다(제204조 제1항).

2. 요건
가. 점유자
(ㄱ) 직접·간접점유자 직접점유자가 점유의 침탈을 당했다면 직접점유자는 그 물건의 반환을 청구할 수 있고(제204조 제1항), 간접점유자도 이를 행사할 수 있다(제207조 제1항).

(ㄴ) 점유보조자 점유보조자는 점유권이 없어서 점유보호청구권을 행사할 수 없다(대판 1976.09.28. 76다1588).

나. 점유의 침탈을 한 자에 대하여
(1) 침탈

점유의 침탈이란 점유자의 의사에 의하지 않고 사실상의 지배를 빼앗긴 경우를 말한다. 절도나 강도를 당한 것이 침탈이다. 유실물을 습득하거나 사기·강박·착오의 의사표시에 의해 건물을 명도해 준 것이라면 건물의 점유를 침탈당한 것이 아니므로 피해자는 점유물반환청구권을 가진다고 할 수 없다(대판 1992.02.28. 91다17443).

(2) 침탈의 기준

점유매개관계가 있는 경우에는 침탈 여부는 직접점유자를 기준으로 판단해야 하므로, 직접점유자가 임의로 점유를 타인에게 양도한 경우는 그 점유이전이 간접점유자의 의사에 어긋나더라도 간접점유자의 점유가 침탈된 경우에 해당하지 아니한다(대판 1993.03.09. 92다5300).

3. 물건의 반환 및 손해배상을 청구할 수 있다.
가. 침탈자에게
(1) 직접점유자

점유자가 점유의 침탈을 당한 때에는 그 물건의 반환 및 손해의 배상을 청구할 수 있다(제204조 제1항). 점유보호청구권의 상대방은 현재 점유를 방해하고 있는 자이다.

(2) 간접점유자

점유자가 점유의 침탈을 당한 경우에 간접점유자는 그 물건을 점유자에게 반환할 것을 청구할 수 있고 점유자가 그 물건의 반환을 받을 수 없거나 이를 원하지 아니하는 때에는 자기에게 반환할 것을 청구할 수 있다(제207조 제2항).

(3) 상호침탈

상대방으로부터 점유를 위법하게 침탈당한 점유자가 상대방으로부터 점유를 탈환하였을 경우(이른바 '점유의 상호침탈'), 상대방은 자신의 점유가 침탈당하였음을 이유로 점유자를 상대로 점유의 회수를 청구할 수 없다(대판 2023.08.18. 2022다269675).

나. 침탈자의 특별승계인에게

점유자의 물건의 반환 및 손해배상의 청구권은 침탈자의 선의의 특별승계인에 대하여는 행사하지 못하지만 침탈자의 악의의 특별승계인에게는 행사할 수 있다(제204조 제2항).

4. 행사기간

점유물의 반환 및 손해배상청구권은 침탈을 당한 날로부터 1년 내에 행사하여야 한다(제204조 제3항). 점유보호청구권의 행사기간은 반드시 그 기간 내에 소를 제기하여야 하는 이른바 출소기간이다(대판 2002.04.26. 2001다8097,8103).

II. 점유물방해제거(배제)청구권 (=점유보유청구권)

1. 의의

점유자가 점유의 방해를 받은 때에는 그 방해의 제거 및 손해의 배상을 청구할 수 있다(제205조 제1항).

2. 요건

가. 점유자

점유물반환청구권의 점유자와 내용이 동일하다.

나. 방해하는 자

점유권에 의한 방해제거(배제)청구권(=점유보유청구권)은 물건 자체에 대한 사실상의 지배상태를 점유침탈 이외의 방법으로 침해하는 방해행위가 있을 때 성립된다(대판 1987.06.09. 86다카2942).

3. 방해의 제거를 청구할 수 있다.

점유자가 점유의 침탈을 당한 때에는 그 물건의 반환 및 손해의 배상을 청구할 수 있다(제204조 제1항).

4. 행사기간

가. 일반

점유물의 방해의 제거 및 손해배상청구권은 방해가 종료한 날로부터 1년 내에 행사하여야 한다(제205조 제2항). 점유보호청구권의 행사기간은 반드시 그 기간 내에 소를 제기하여야 하는 이른바 출소기간이다(대판 2002.04.26. 2001다8097,8103).

나. 공사관련 특칙

공사로 인하여 점유의 방해를 받은 경우에는 공사착수 후 1년을 경과하거나 그 공사가 완성한 때에는 방해의 제거를 청구하지 못한다(제205조 제3항).

Ⅲ. 점유물방해예방청구권 (=점유보전청구권)

점유자가 점유의 방해를 받을 염려가 있는 때에는 그 방해의 예방 또는 손해배상의 담보를 청구할 수 있다(제206조 제1항).

본권과 점유권과의 관계

01 본권의 소와 점유의 소의 관계

I. 본권과 점유권
점유권과 본권은 서로 다르기 때문에 동일물 위에 병존할 수 있다.

II. 본권의 소와 점유의 소와의 관계

1. 제208조 제1항
점유권에 기인한 소와 본권에 기인한 소는 서로 영향을 미치지 아니한다(제208조 제1항). 점유를 침탈당한 본권자는 본권의 소와 점유의 소를 동시에 제기할 수도 있고 경합할 수도 있다.

2. 제208조 제2항
점유권에 기인한 소는 본권에 관한 이유로 재판하지 못한다(제208조 제2항).

02 점유자와 회복자의 관계

I. 서설

1. 의의
점유자와 회복자의 관계란 거래행위가 없거나 거래행위가 있었으나 무효·취소가 되어 선의취득이 성립하지 않아 적법한 점유의 권원이 없는 경우에 점유자를 필요한 범위에서 보호하기 위한 특칙규정을 말한다.

2. 적법한 점유 권원을 가진 경우
(ㄱ) **점유자의 비용상환청구권** 점유자가 유익비를 지출할 당시 계약관계 등 적법한 점유의 권원을 가진 경우에 그 지출비용의 상환에 관하여는 해당 법조항이나 법리에 따른 비용상환청구권을 상대방에 대하여 행사할 수 있을 뿐, 점유자와 회복자의 관계에 따른 비용상환청구권을 구할 수는 없다(대판 2003.07.25. 2001다64752).

(ㄴ) **점유자의 과실취득 여부** 계약해제의 효과시에는 제548조 제1항의 규정에 의하여 이익 반환의 범위는 이익의 현존 여부나 선의, 악의에 불문하고 특단의 사유가 없는 한 받은 이익의 전부라고 할 것이다(대판 1998.12.23. 98다43175). 해제시 선의의 점유자라도 과실을 취득하지 못한다.

3. 점유자가 점유를 잃은 경우
점유자가 점유자 지위를 잃어 소유자가 그를 상대로 물권적 청구권을 행사할 수 없게 되었다면, 더 이상 점유자와 회복자의 관계에 있지 않으므로, 점유자는 비용상환청구권을 행사할 수 없다(대판 2022.06.30. 2020다209815).

II. 점유자의 과실취득 여부

1. 의의

가. 점유자의 선의·악의 판단기준
점유자가 선의인지·악의인지 여부에 대한 판단은 과실(果實)에 대하여 독립한 소유권이 성립하는 시기, 즉 원물로부터 분리되는 때를 기준으로 한다.

나. 과실취득권
과실에는 천연과실과 법정과실뿐만 아니라 과실에 준하는 사용이익도 포함된다(대판 1996.01.26. 95다44290).

2. 선의의 점유자의 과실취득권

가. 선의의 점유자
선의의 점유자란 과실취득권을 포함하는 소유권, 지상권, 임차권 등 권원이 있다고 오신한 점유자를 말하고, 그와 같은 오신을 함에는 오신할 만한 정당한 근거가 있어야 한다(대판 1988.12.20. 88다카6709, 대판 1995.08.25. 94다27069).

나. 과실취득권

(ㄱ) **선의 점유자의 과실** 선의의 점유자는 점유물의 과실을 취득한다(제201조 제1항). 선의의 점유자는 과실을 취득함으로 인하여 타인에게 손해를 입혔다 할지라도 그 과실취득으로 인한 이득을 그 타인에게 반환할 의무는 없다(대판 1978.05.23. 77다2169).

(ㄴ) **선의 점유자의 사용이익** 선의의 점유자가 건물을 사용함으로써 얻는 이득은 그 건물의 과실에 준하는 것이므로, 선의의 점유자는 비록 법률상 원인 없이 타인의 건물을 점유·사용하고 이로 말미암아 그에게 손해를 입혔다고 하더라도 그 점유·사용으로 인한 이득을 반환할 의무는 없다(대판 1996.01.26. 95다44290).

3. 악의의 점유자의 과실반환의무

가. 악의의 점유자

악의의 점유자란 선의의 점유자에 해당하지 않는 점유자를 말한다. 폭력 또는 은비에 의한 점유자도 악의의 점유자로 간주된다(제201조 제3항).

나. 과실반환의무

(ㄱ) **악의의 점유자** 악의의 점유자는 수취한 과실을 반환하여야 하며 소비하였거나 과실로 인하여 훼손 또는 수취하지 못한 경우에는 그 과실의 대가를 보상하여야 한다(제201조 제2항).

(ㄴ) **폭력·은비의 점유자** 폭력 또는 은비에 의한 점유자도 악의의 점유자로 간주되어 수취한 과실을 반환하거나 소비나 과실로 인하여 훼손 또는 수취하지 못한 경우에는 그 과실의 대가를 보상하여야 한다(제201조 제3항).

(ㄷ) **반환범위의 확대** 악의의 수익자는 받은 이익에 이자를 붙여 반환하여야 하며, 위 이자의 이행지체로 인한 지연손해금도 지급하여야 한다(대판 2003.11.14. 2001다61869).

III. 점유물의 멸실·훼손에 대한 점유자의 책임

1. 악의의 점유자 또는 타주점유

점유물이 점유자의 책임 있는 사유로 인하여 멸실 또는 훼손된 때에는 악의의 점유자가 자주점유이거나 선의의 점유자가 타주점유인 경우 손해의 전부를 배상하여야 한다(제202조 전문).

2. 선의의 자주점유자

점유물이 점유자의 책임 있는 사유로 인하여 멸실 또는 훼손된 때에는 선의의 자주점유자는 이익이 현존하는 한도에서 배상하여야 한다(제202조 후문).

IV. 점유자의 비용상환청구권

1. 의의

점유자는 그 비용을 지출할 당시의 소유자가 누구이었는지 관계없이 점유회복 당시의 소유자 즉 회복자에 대하여 비용상환청구권을 행사할 수 있는 것이다(대판 2003.07.25. 2001다64752).

2. 필요비상환청구권

가. 필요비

㈀ 의의 필요비란 물건의 보존과 관리를 위하여 지출되는 비용을 말한다. 필요비에는 통상의 필요비와 특별한 필요비가 있다.

㈁ 통상필요비 통상필요비란 통상적인 보존비용·관리비용을 말한다. 가옥이 오래됨으로 인해 발생한 지붕수리비용 등이 이에 속한다.

㈂ 특별필요비 특별필요비란 특별한 경우의 보존비용·관리비용을 말한다. 태풍으로 인한 지붕수리비용 등이 이에 속한다.

나. 상환청구권

점유자가 점유물을 반환할 때에는 회복자에 대하여 점유물을 보존하기 위하여 지출한 금액 기타 필요비의 상환을 청구할 수 있다(제203조 제1항 본문).

다. 과실취득과 필요비

점유자가 과실을 취득한 경우에는 통상의 필요비는 청구하지 못한다(제203조 제1항). 선의의 점유자가 과실을 취득하면 통상 필요비는 청구하지 못하지만 특별필요비는 청구할 수 있다. 악의의 점유자는 과실을 취득하지 못하므로 통상·특별필요비 전액을 청구할 수 있다.

3. 유익비상환청구권

가. 유익비

유익비란 물건의 객관적 가치를 증대시키기 위하여 지출한 비용을 말한다. 오래된 부엌을 신식으로 개조하는 비용 등이 이에 속한다.

나. 상환청구권

점유자가 점유물을 개량하기 위하여 지출한 금액 기타 유익비에 관하여는 그 가액의 증가가 현존한 경우에 한하여 회복자의 선택에 좇아 그 지출금액이나 증가액의 상환을 청구할 수 있다(제203조 제2항).

다. 상환기간의 허여

유익비상환청구에 한하여 법원은 회복자의 청구에 의하여 상당한 상환기간을 허여할 수 있다(제203조 제3항). 따라서 회복자가 법원이 지정한 기간 내에 유익비를 상환하는 조건으로 점유자가 점유하고 있는 목적물을 먼저 돌려주게 되므로 유치권을 행사하지 못하게 된다.

4. 행사시기

점유자의 필요비 또는 유익비상환청구권은 점유자가 회복자로부터 점유물의 반환을 청구받거나 회복자에게 점유물을 반환한 때에 비로소 회복자에 대하여 행사할 수 있다(대판 1994. 09. 09. 94다4592).

물권의 소멸

I. 포락

포락이라 함은 토지가 바닷물이나 적용하천의 물에 개먹어 무너져 바다나 적용하천에 떨어져 포락 당시를 기준으로 그 원상복구가 불가능한 상태에 이르렀을 때 토지소유권은 상실된다(대판 1995.11.07. 93다25585). 그 후 포락된 토지가 다시 성토화되었다고 할지라도 종전의 사권이 다시 되살아나 종전의 소유권자가 다시 소유권을 취득할 수는 없는 것이다(대판 1983.12.27. 83다카1561).

II. 혼동

1. 본권과 점유권의 혼동

동일한 물건에 대한 본권과 점유권이 동일한 사람에게 귀속한 때에는 점유권은 소멸하지 아니한다(제191조 제3항). 점유권은 본권과 그 성질을 달리하는 것이기에 혼동으로 소멸하지 않는다.

2. 본권 내의 혼동

가. 규정

동일한 물건에 대한 소유권과 다른 물권(=제한물권)이 동일한 사람에게 귀속한 때에는 다른 물권(=제한물권)은 소멸한다. 그러나 그 물권(=제한물권)이 제3자의 권리의 목적이 된 때에는 소멸하지 아니한다(제191조 제1항).

나. 사례

甲의 토지에 지상권자·전세권자 乙이 있고, 그 지상권·전세권에 저당권자 丙이 있는 경우
㉠ 乙이 토지소유권을 취득 – 지상권·전세권은 소멸하지 않는다.
㉡ 丙이 토지소유권을 취득 – 저당권은 소멸한다.
甲의 토지에 지상권자·전세권자 乙, 저당권자 丙이 있는 경우
㉢ 乙이 토지소유권을 취득 – 지상권·전세권은 소멸하지 않는다.
㉣ 丙이 토지소유권을 취득 – 저당권은 소멸한다.
甲의 토지에 1번 저당권자 乙, 2번 저당권자 丙이 있는 경우
㉤ 乙이 토지소유권을 취득 – 乙의 저당권은 소멸하지 않는다.
㉥ 丙이 토지소유권을 취득 – 丙의 저당권은 소멸한다.
甲의 건물에 1번 대항력 있는 임차인 乙, 저당권자 丙이 있는 경우
㉦ 乙이 건물소유권을 취득 – 임차권은 소멸하지 않는다.

다. 혼동의 효과

혼동에 의한 물권소멸의 효과는 절대적이므로 일단 소멸한 권리는 되살아나지 않는다. 혼동을 가져온 원인이 존재하지 않거나 또는 무효·취소·해제 등의 사유가 있는 때에는 혼동으로 소멸하였던 권리가 당연히 부활한다(대판 1971.08.31. 71다1386).

법률규정상의 소유권 제한

「01」 소유권 일반

Ⅰ. 소유권의 내용

소유자는 법률의 범위 내에서 그 소유물을 사용, 수익, 처분할 권리가 있다(제211조). 소유자에게 소유권의 핵심적 내용에 속하는 처분권능이 없다고 하면 이는 결국 민법이 알지 못하는 새로운 유형의 소유권 내지 물권을 창출하는 것이 된다(대판 2014.03.13. 2009다105215).

Ⅱ. 소유권의 범위

토지의 소유권은 정당한 이익 있는 범위 내에서 토지의 상하에 미친다(제212조).

02 상린관계

I. 서설

1. 의의

상린관계는 서로 인접하거나 이웃하고 있는 부동산소유권을 대상으로 하여 그 상호간의 이용을 조절하는 내용을 규정하고 있다.

2. 적용범위

지상권자간 또는 지상권자와 인지소유자간에 상린관계의 법리가 준용된다(제290조, 제216조 내지 제244조). 전세권자간 또는 전세권자와 인지소유자 및 지상권자간에 상린관계의 법리가 준용된다(제319조, 제216조 내지 제244조).

II. 주위토지통행권 및 무상주위토지통행권

1. 주위토지통행권

가. 인정사유

(ㄱ) 통로가 없거나 과다한 비용이 필요 어느 토지와 공로사이에 그 토지의 용도에 필요한 통로가 없는 경우에 그 토지소유자는 주위의 토지를 통행 또는 통로로 하지 아니하면 공로에 출입할 수 없거나 과다한 비용을 요하는 때에는 그 주위의 토지를 통행할 수 있고 필요한 경우에는 통로를 개설할 수 있다(제219조 제1항).

(ㄴ) 기존 통로가 통로로서의 기능을 못함 이미 기존의 통로가 있더라도 그것이 당해 토지의 이용에 부적합하여 실제로 통로로서의 충분한 기능을 하지 못하고 있는 경우에는 주위토지통행권이 인정된다(대판 2003.08.19. 2002다53469).

(ㄷ) 기존 통로보다 더 편리함 이미 그 소유 토지의 용도에 필요한 통로가 있는 경우에는 그 통로를 사용하는 것보다 더 편리하다는 이유만으로 주위토지통행권을 인정할 수는 없다(대판 1995.06.13. 95다1088).

(ㄹ) 불법점유자 토지의 불법점유자는 그 주위의 통지를 통행할 수 없다(대판 1976.10.29. 76다1694).

나. 소멸사유

일단 주위토지통행권이 발생하였다고 하더라도 나중에 그 토지에 접하는 공로가 개설됨으로써 주위토지통행권을 인정할 필요성이 없어진 때에는 그 통행권은 소멸한다(대판 1998.03.10. 97다47118).

다. 통행권의 범위

(1) 통행권

(ㄱ) 장차의 이용상황까지 미리 대비 주위토지통행권은 현재의 토지의 용법에 따른 이용의 범위에서 인정되는 것이지 더 나아가 장차의 이용상황까지 미리 대비하여 통행권의 범위를 정할 것은 아니다(대판 1996.11.29. 96다33433).

(ㄴ) 건축법의 도로 폭의 확보 주건축법에 건축물의 대지가 접하여야 할 도로의 폭 등에 관한 제한규정이 있다고 하더라도이에 따라야 하는 것은 아니다(대판 2003.03.11. 2002다35928).

(ㄷ) 자동차 통과 통로 개설 주위토지통행권은 토지의 이용방법에 따라서는 자동차 등이 통과할 수 있는 통로의 개설도 허용된다(대판 2006.06.02. 2005다70144).

(ㄹ) 통행권자가 배타적으로 점유 통행권자가 통행지를 통행함에 그치지 아니하고 이를 배타적으로 점유하고 있다면, 통행지 소유자는 통행권자에 대하여 그 인도를 청구할 수 있다(대판 1993.08.24. 93다25479).

(2) 통로개설
주위토지통행권자가 통로를 개설하는 경우 통행지 소유자는 원칙적으로 통행권자의 통행을 수인할 소극적 의무를 부담할 뿐 통로개설 등 적극적인 작위의무를 부담하는 것은 아니다.

(3) 축조물 철거
통행지 소유자가 주위토지통행권에 기한 통행에 방해가 되는 담장 등 축조물을 설치한 경우에는 주위토지통행권의 본래적 기능발휘를 위하여 통행지 소유자가 그 철거의무를 부담한다(대판 2006.10.26. 2005다30993).

(4) 손해보상
(ㄱ) 통행권자 주위토지통행권자는 통행지소유자의 손해를 보상하여야 한다(제219조 제2항).

(ㄴ) 통행권자의 허락을 얻어 사실상 통행하고 있는 자 통행권자로 하여금 통행지 소유자의 손해를 보상하도록 규정하고 있는 것이므로 통행권자의 허락을 얻어 사실상 통행하고 있는 자에게는 그 손해의 보상을 청구할 수 없다(대판 1991.09.10. 91다19623).

2. 무상주위토지통행권

가. 규정
분할이나 토지의 일부를 양도로 인하여 공로에 통하지 못하는 토지가 있는 때에는 그 토지소유자는 공로에 출입하기 위하여 다른 분할자의 토지를 통행할 수 있다. 이 경우에는 보상의 의무가 없다(제220조).

나. 판례
(ㄱ) 특정승계인 분할자 또는 일부 양도의 당사자가 무상주위통행권에 기하여 이미 통로를 개설해 놓은 후의 포위된 토지 또는 피통행지의 특정승계인에게는 무상주위통행권이 인정되지 않는다(대판 2002.05.31. 2002다9202).

(ㄴ) 포괄승계인 토지를 무상으로 통행할 수 있는 권한이 부여되고 그러한 인용의무를 부담하고 있는 토지를 상속으로 인하여 포괄승계한 자는 그 인용의무를 승계한다(1973.08.21. 73다401).

III. 기타 상린관계

1. 물에 대한 상린관계
(ㄱ) 규정 토지소유자는 이웃 토지로부터 자연히 흘러오는 물을 막지 못한다(제221조 제1항).

(ㄴ) 판례 자연유수의 승수의무란 토지소유자는 다만 소극적으로 이웃 토지로부터 자연히 흘러오는 물을 막지 못한다는 것 뿐이지 적극적으로 그 자연유수의 소통을 유지할 의무까지 토지소유자로 하여금 부담케 하려는 것은 아니다(대판 1977.11.22. 77다1588).

2. 경계에 대한 상린관계
가. 경계표
(ㄱ) 경계표, 담의 설치권 인접하여 토지를 소유한 자는 공동비용으로 통상의 경계표나 담을 설치할 수 있다(제237조 제1항).

(ㄴ) 경계표 등의 공유추정 경계표나 담의 설치 비용은 쌍방이 절반하여 부담한다(제237조 제2항). 경계에 설치된 경계표, 담, 구거 등은 상린자의 공유로 추정한다. 그러나 경계표, 담, 구거 등이 상린자일방의 단독비용으로 설치되었거나 담이 건물의 일부인 경우에는 그러하지 아니하다(제239조).

(ㄷ) 담의 특수시설권 인지소유자는 자기의 비용으로 담의 재료를 통상보다 양호한 것으로 할 수 있으며 그 높이를 통상보다 높게 할 수 있고 또는 방화벽 기타 특수시설을 할 수 있다.

(ㄹ) 판례 어느 한쪽 토지의 소유자는 인접한 토지의 소유자에 대하여 공동비용으로 통상의 경계표나 담을 설치하는 데에 협력할 것을 요구할 수 있고, 인접 토지 소유자는 그에 협력할 의무가 있다고 보아야 한다(대판 1997.08.26. 97다6063).

나. 측량비용
측량비용은 토지의 면적에 비례하여 부담한다(제237조 제2항).

3. 공작물설치에 관한 상린관계
가. 경계선 부근의 건축
(ㄱ) 규정 건물을 축조함에는 특별한 관습이 없으면 경계로부터 반미터 이상의 거리를 두어야 한다(제242조 제1항). 이를 위반한 자에 대하여 건물의 변경이나 철거를 청구할 수 있다. 그러나 건축에 착수한 후 1년을 경과하거나 건물이 완성된 후에는 손해배상만을 청구할 수 있다.

(ㄴ) 판례 당사자간의 합의가 있었다면 그것이 명시 또는 묵시라 하더라도 인접지에 건물을 축조하는 자에 대하여 법정거리를 두지 않았다고 하여 그 건축을 폐지시키거나 변경시킬 수 없다고 할 것이다(대판 1962.11.01. 62다567).

나. 지하시설 등에 대한 제한
(ㄱ) 규정 우물을 파거나 용수, 하수 또는 오물 등을 저치할 지하시설을 하는 때에는 경계로부터 2미터 이상의 거리를 두어야 하며 저수지, 구거 또는 지하실공사에는 경계로부터 그 깊이의 반 이상의 거리를 두어야 한다(제244조 제1항).

(ㄴ) 판례 지하시설을 하는 경우에 있어서 경계로부터 경계로부터 2미터 이상의 거리를 두도록 한 민법 제244조는 강행규정이라고는 볼 수 없으므로 이와 다른 내용의 당사자간의 특약을 무효라고 할 수 없다(대판 1982.10.26. 80다1634).

법률규정상의 건물의 구분소유

「01」 구분건물

I. 구분소유

1. 의의
구분소유란 1동의 건물을 구분하여 그 부분을 각각 별개로 소유하는 것을 말한다. 구분소유가 성립하기 위해서는 건물이 구분건물이어야 한다.

2. 요건

가. 의의

1동의 건물에 대하여 구분소유가 성립하기 위해서는 객관적·물리적인 측면에서 1동의 건물이 존재하고 구분된 건물부분이 구조상·이용상 독립성을 갖추어야 할 뿐 아니라 1동의 건물 중 물리적으로 구획된 건물부분을 각각 구분소유권의 객체로 하려는 구분행위가 있어야 한다(대판 2019.11.15. 2019두46763).

나. 구분행위

구분건물이 물리적으로 완성되기 전에도 건축허가신청이나 분양계약 등을 통하여 장래 신축되는 건물을 구분건물로 하겠다는 구분의사가 객관적으로 표시되면 구분행위의 존재를 인정할 수 있고, 건물이 집합건축물대장에 등록되거나 구분건물로서 등기부에 등기되지 않았더라도 그 시점에서 구분소유가 성립한다(대판 2013.01.17. 2010다71578 전합).

II. 전유부분과 공용부분

1. 전유부분

(ㄱ) **의의** 전유부분이란 구조상 및 이용상의 독립성을 갖춘 구분소유권의 목적인 건물부분을 말한다(집합건물법 제2조 제3호). 이러한 전유부분은 집합건물법이 정하는 바에 따라 각각 소유권의 목적으로 할 수 있다(집합건물법 제1조).

(ㄴ) **물권의 득실변경시 등기 필요** 전유부분은 구분소유자의 배타적 지배의 대상으로 일반 소유권과 다르지 않다. 따라서 물권의 득실변경시 등기가 필요하다.

(ㄷ) **건물의 설치·보존상의 흠 추정** 전유부분이 속하는 1동의 건물의 설치 또는 보존의 흠으로 인하여 다른 자에게 손해를 입힌 경우에는 그 흠은 공용부분에 존재하는 것으로 추정한다(집합건물법 제6조).

2. 공용부분

가. 서설
(ㄱ) **의의** 공용부분이란 다수의 구분소유자가 공동으로 이용하는 부분으로 구조상 당연히 공용부분으로 되는 것과 규약에 의하여 공용부분으로 되는 것의 2가지로 나뉜다.
(ㄴ) **물권의 득실변경시 등기 불필요** 공용부분에 관한 물권의 득실변경은 등기가 필요하지 아니하다(집합건물법 제13조 제3항).

나. 구조상의 공용부분
(1) 의의
여러 개의 전유부분으로 통하는 복도, 계단, 그 밖에 구조상 구분소유자 전원 또는 일부의 공용에 제공되는 건물부분은 구분소유권의 목적으로 할 수 없다(집합건물법 제3조 제1항). 아파트의 지하실 부분은 지상 공동주택의 구분소유자 전원의 공용에 제공되는 공용 부분에 불과하다(대판 1998.02.10. 97다41202).

(2) 전부에 대한 공용부분
공용부분은 구분소유자 전원의 공유에 속한다(집합건물법 제10조 제1항 본문).

(3) 일부에 대한 공용부분
(ㄱ) **원칙** 일부 구분소유자만의 공용에 제공되는 것이 명백한 공용부분은 그들 구분소유자의 공유에 속한다(집합건물법 제10조 제1항 단서).
(ㄴ) **전원에게 이행관계가 있는 사항** 일부공용부분의 관리에 관한 사항 중 구분소유자 전원에게 이해관계가 있는 사항은 구분소유자 전원의 집회결의로써 결정하고, 그 밖의 사항은 그것을 공용하는 구분소유자만의 집회결의로써 결정한다(집합건물법 제14조).

다. 규약상의 공용부분
노인회관 등과 같이 구분건물로 규정된 건물부분과 부속의 건물은 규약으로써 공용부분을 정할 수 있다(집합건물법 제3조 제2항).

라. 관리행위
(1) 규정
(ㄱ) **공용부분의 보존행위** 공용부분의 관리에 관한 사항 중 보존행위는 각 공유자가 할 수 있다(집합건물법 제16조 제1항 단서).
(ㄴ) **공용부분의 관리사항 결정** 공용부분의 관리에 관한 사항은 공용부분의 변경에 관한 사항(제15조 제1항)과 권리변동 있는 공용부분의 변경(제15조의2 제1항)을 제외하고는 통상의 집회결의로써 결정한다(집합건물법 제16조 제1항 본문).

(2) 판례
집합건물의 구분소유자가 집합건물법의 관련 규정에 따라 관리단집회 결의나 다른 구분소유자의 동의 없이 공용부분의 전부 또는 일부를 독점적으로 점유·사용하고 있는 경우 다른 구분소유자는 공용부분의 보존행위로서 그 인도를 청구할 수는 없고, 공용부분에 대한 방해 상태를 제거하거나 공동 점유를 방해하는 행위의 금지 등을 청구할 수 있다(대판 2020.10.15. 2019다245822).

마. 사용권
(1) 규정
(ㄱ) 공용부분의 보존행위 각 공유자는 공용부분을 그 용도에 따라 사용할 수 있다(집합건물법 제11조).
(ㄴ) 다른 구분소유자의 전유부분이나 자기의 공유에 속하지 않는 공용부분의 사용 구분소유자는 그 전유부분이나 공용부분을 보존하거나 개량하기 위하여 필요한 범위에서 다른 구분소유자의 전유부분 또는 자기의 공유에 속하지 아니하는 공용부분의 사용을 청구할 수 있다. 이 경우 다른 구분소유자가 손해를 입었을 때에는 보상하여야 한다(집합건물법 제5조).

(2) 판례
정당한 권원 없이 집합건물의 복도, 계단 등과 같은 공용부분을 배타적으로 점유·사용함으로써 이익을 얻고, 다른 구분소유자들이 해당 공용부분을 사용·수익할 권리가 침해되었다면 공용부분을 무단점유한 구분소유자는 특별한 사정이 없는 한 해당 공용부분을 점유·사용함으로써 얻은 이익을 부당이득으로 반환할 의무가 있다(대판 2020.05.21. 2017다220744 전합).

바. 공유자의 지분권
(1) 공용부분에 대한 공유자의 지분의 비율
공용부분에 대한 각 공유자의 지분은 그가 가지는 전유부분의 면적 비율에 따른다(집합건물법 제12조 제1항).

(2) 공용부분에 대한 지분의 처분
공용부분에 대한 공유자의 지분은 그가 가지는 전유부분의 처분에 따른다(집합건물법 제13조 제1항).

사. 공용부분의 부담·수익
각 공유자는 규약에 달리 정한 바가 없으면 그 지분의 비율에 따라 공용부분의 관리비용과 그 밖의 의무를 부담하며 공용부분에서 생기는 이익을 취득한다(집합건물법 제17조).

Ⅲ. 대지사용권
1. 서설
가. 의의
(ㄱ) 대지 구분건물의 대지란 전유부분이 속하는 1동의 건물이 소재하는 토지 및 규약에 따른 건물의 대지로 된 토지를 말한다(집합건물법 제2조 5호).
(ㄴ) 대지사용권 대지사용권이란 구분소유자가 전유부분을 소유하기 위하여 건물의 대지에 대하여 갖는 권리를 말한다(집합건물법 제2조 제6호).

나. 적용범위
대지사용권은 기존 전유부분과 일체불가분성을 가지게 되어 토지소유권의 공유지분인 것이 보통이나 지상권·임차권일 수도 있다.

2. 대지 사용권 처분
가. 규정
(ㄱ) 전유부분 처분에 따름 구분소유자의 대지사용권은 그가 가지는 전유부분의 처분에 따른다(집합건물법 제20조 제1항).

(ㄴ) 전유부분과 분리하여 처분 구분소유자는 그가 가지는 전유부분과 분리하여 대지사용권을 처분할 수 없다. 다만, 규약으로써 달리 정한 경우에는 전유부분과 분리하여 대지사용권을 처분할 수 있다(집합건물법 제20조 제2항 단서).

나. 판례
(ㄱ) 전유부분의 저당권은 대지사용권까지 미침 구분건물의 전유부분만에 관하여 설정된 저당권의 효력은 사후에라도 대지사용권을 취득함으로써 전유부분과 대지권이 동일소유자의 소유에 속하게 되었다면 그 대지사용권에까지 미친다(대판 2001.02.09. 2000다62179). 저당권에 터잡아 진행된 경매절차에서 전유부분을 경락받은 자는 그 대지사용권도 함께 취득한다(대판 2008.03.13. 2005다15048).

(ㄴ) 경매절차에서 대지사용권을 전유부분과 분리하여 처분 경매절차에서 대지사용권을 전유부분과 분리하여 처분할 수는 없으며, 이를 위반한 대지사용권의 처분은 법원의 강제경매절차에 의한 것이라 하더라도 무효이다(대판 2009.06.23. 2009다26145).

3. 대지분할청구 금지
대지 위에 구분소유권의 목적인 건물이 속하는 1동의 건물이 있을 때에는 그 대지의 공유자는 그 건물의 사용에 필요한 범위 내의 대지에 대하여는 분할을 청구하지 못한다(집합건물법 제8조).

Ⅳ. 담보책임
1. 내용
분양자와 시공자는 구분소유자에 대하여 담보책임을 진다(집합건물법 제9조 제1항).

2. 기산점
(ㄱ) 전유부분의 분양자에 대한 담보책임 전유부분에 대한 분양자와 시공사의 담보책임은 구분소유자에게 인도한 날로부터 기산한다(집합건물법 제9조의2 제2항 제1호). 여기서의 '인도'는 인도의 원인관계를 불문하고 '건축 후 최초 인도'를 의미한다(대판 2012.05.10. 2011다66610).

(ㄴ) 임대 후 분양 전환시 담보책임 임대 후 분양전환된 집합건물의 경우에도 분양전환 시점이 아닌 임대에 의하여 집합건물을 인도받은 시점부터 하자담보책임의 제척기간이 진행한다고 할 것이다(대판 2012.05.10. 2011다66610).

「02」 관리단과 관리단 집회

Ⅰ. 관리단

1. 관리단의 설립

건물에 대하여 구분소유 관계가 성립되면 구분소유자 전원을 구성원으로 하여 건물과 그 대지 및 부속시설의 관리에 관한 사업의 시행을 목적으로 하는 관리단이 설립된다(집합건물법 제23조 제1항). 관리단은 구분소유관계가 성립하는 건물이 있는 경우, 특별한 조직행위가 없어도 당연히 성립하는 단체이다(대판 2005.11.10. 2003다45496).

2. 관리단의 관리인

가. 선임 및 해임

(ㄱ) 선임기준   구분소유자가 10인 이상일 때에는 관리단을 대표하고 관리단의 사무를 집행할 관리인을 선임하여야 한다(집합건물법 제24조 제1항).

(ㄴ) 선임 및 해임방법   관리인은 관리단집회의 결의로 선임되거나 해임된다. 다만 규약으로 관리위원회의 결의로 선임되거나 해임되도록 정한 경우에는 그에 따른다(집합건물법 제24조 제3항).

(ㄷ) 법원에 해임청구   관리인에게 부정한 행위나 그 밖에 그 직무를 수행하기에 적합하지 아니한 사정이 있을 때에는 각 구분소유자는 관리인의 해임을 법원에 청구할 수 있다(집합건물법 제24조 제5항).

나. 자격 및 임기

관리인은 구분소유자일 필요가 없으며, 그 임기는 2년의 범위에서 규약으로 정한다(집합건물법 제24조 제2항).

다. 대표권 제한

관리인의 대표권은 제한할 수 있다. 다만, 이로써 선의의 제3자에게 대항할 수 없다(집합건물법 제25조 제2항).

3. 관리단의 관리위원회

가. 임의적 기관

관리단에는 규약으로 정하는 바에 따라 관리위원회를 둘 수 있다(집합건물법 제26조의3 제1항). 관리위원회의 위원은 구분소유자 중에서 관리단집회의 결의에 의하여 선출한다. 다만, 규약으로 관리단집회의 결의에 관하여 달리 정한 경우에는 그에 따른다(집합건물법 제26조의4 제1항).

나. 자격 및 임기

관리인은 규약에 달리 정한 바가 없으면 관리위원회의 위원이 될 수 없다(집합건물법 제26조의4 제2항). 관리위원회 위원의 임기는 2년의 범위에서 규약으로 정한다(집합건물법 제26조의4 제3항).

다. 관리인 감독

관리위원회는 이 법 또는 규약으로 정한 관리인의 사무 집행을 감독한다(집합건물법 제26조의3 제2항). 관리위원회를 둔 경우 관리인은 공용부분의 보존행위의 행위를 하려면 관리위원회의 결의를 거쳐야 한다. 다만, 규약으로 달리 정한 사항은 그러하지 아니하다(집합건물법 제26조의3 제3항).

라. 의결 정족수

관리위원회의 의사(議事)는 규약에 달리 정한 바가 없으면 관리위원회 재적위원 과반수의 찬성으로 의결한다(집합건물법 제10조 제1항).

마. 의결 방법

관리위원회 위원은 질병, 해외체류 등 부득이한 사유가 있는 경우 외에는 서면이나 대리인을 통하여 의결권을 행사할 수 없다(집합건물법 제10조 제2항).

II. 관리단 집회

1. 소집
가. 집회

(ㄱ) 정기집회 관리인은 매년 회계연도 종료 후 3개월 이내에 정기 관리단집회를 소집하여야 한다(집합건물법 제32조).

(ㄴ) 임시집회 관리인은 필요하다고 인정할 때에는 관리단집회를 소집할 수 있다(집합건물법 제33조 제1항). 구분소유자의 5분의 1 이상이 회의의 목적 사항을 구체적으로 밝혀 관리단집회의 소집을 청구하면 관리인은 관리단집회를 소집하여야 한다(집합건물법 제33조 제2항).

2. 소집절차

관리단집회를 소집하려면 관리단집회일 1주일 전에 회의의 목적사항을 구체적으로 밝혀 각 구분소유자에게 통지하여야 한다(집합건물법 제34조 제1항). 관리단집회는 구분소유자 전원이 동의하면 소집절차를 거치지 아니하고 소집할 수 있다(집합건물법 제35조).

3. 의결방법
가. 결의 내용

관리단집회는 통지한 사항에 관하여만 결의할 수 있다(집합건물법 제36조 제1항). 구분소유자 전원의 동의하에 소집절차를 거치지 아니하고 열린 관리단집회에서는 통지되지 않은 사항에 대하여도 결의할 수 있다(집합건물법 제36조 제3항).

나. 공유자 의결권

전유부분을 여럿이 공유하는 경우에는 공유자는 관리단집회에서 의결권을 행사할 1인을 정한다(집합건물법 제37조 제2항).

다. 의결 정족수

(1) 통상결의
관리단집회의 의사는 이 법 또는 규약에 특별한 규정이 없으면 구분소유자의 과반수 및 의결권의 과반수로써 의결한다(집합건물법 제38조 제1항).

(2) 3232 결의
공용부분의 변경에 관한 사항은 관리단집회에서 구분소유자의 3분의 2 이상 및 의결권의 3분의 2 이상의 결의로써 결정한다. 다만 휴양 콘도미니엄의 공용부분 변경에 관한 사항은 구분소유자의 과반수 및 의결권의 과반수 결의에 따른다(집합건물법 제15조 제1항).

(3) 4343 결의
규약의 설정·변경 및 폐지는 관리단집회에서 구분소유자의 4분의 3 이상 및 의결권의 4분의 3 이상의 찬성을 얻어서 한다(집합건물법 제29조 제1항).

(4) 5454 결의
(ㄱ) 구분소유권 및 대지사용권의 범위나 내용에 변동을 일으키는 공용부분의 변경 구분소유권 및 대지사용권의 범위나 내용에 변동을 일으키는 공용부분의 변경에 관한 사항은 관리단집회에서 구분소유자의 5분의 4 이상 및 의결권의 5분의 4 이상의 결의에 따른다(집합건물법 제15조의2 제1항).

(ㄴ) 재건축 결의 재건축 결의는 구분소유자의 5분의 4 이상 및 의결권의 5분의 4 이상의 결의에 따른다. 다만, 휴양 콘도미니엄의 재건축 결의는 구분소유자의 3분의 2 이상 및 의결권의 3분의 2 이상의 결의에 따른다(집합건물법 제47조 제2항).

라. 의결 방법
관리단집회에서 결의할 것으로 정한 사항에 관하여 구분소유자의 4분의 3 이상 및 의결권의 4분의 3 이상이 합의하면 서면 또는 전자적 방법에 의한 결의가 가능하다(집합건물법 제41조 제1항).

마. 재건축 결의특칙
재건축의 결의가 있으면 집회를 소집한 자는 지체 없이 그 결의에 찬성하지 아니한 구분소유자(그의 승계인을 포함한다)에 대하여 그 결의 내용에 따른 재건축에 참가할 것인지 여부를 회답할 것을 서면으로 촉구하여야 한다(집합건물법 제48조 제1항). 기간 내에 회답하지 아니한 경우 그 구분소유자는 재건축에 참가하지 아니하겠다는 뜻을 회답한 것으로 본다(집합건물법 제48조 제3항).

바. 효과
규약 및 관리단집회의 결의는 구분소유자의 특별승계인에 대하여도 효력이 있다(집합건물법 제42조 제1항).

4. 관리비 징수

가. 관리비 징수에 규약이 없는 경우

집합건물법상 관리단은 관리비징수에 관한 유효한 규약이 없더라도 구 집합건물법 등에 따라 적어도 공용부분에 대한 관리비에 대하여는 이를 그 부담의무자인 구분소유자에 대하여 청구할 수 있다(대판 2021.09.16. 2016다260882).

나. 관리비 징수에 규약이 있는 경우

(1) 규정

공유자가 공용부분에 관하여 다른 공유자에 대하여 가지는 채권은 그 특별승계인에 대하여도 행사할 수 있다(집합건물법 제18조).

(2) 판례

구분소유자의 특별승계인이 체납된 공용부분의 관리비를 승계한다고 하여, 공용부분의 관리비에 대한 연체료는 특별승계인에게 승계되는 공용부분의 관리비에 포함되지 않는다(대판 2006.06.29. 2004다3598).

취득시효에 의한 소유권 취득

「01」 취득시효 총설

I. 서설

1. 의의

취득시효란 물건에 대하여 일정기간 점유 또는 준점유하는 자에게 그 물건의 소유권 또는 다른 재산권을 취득하게 하는 제도를 말한다.

2. 유형

	종류	요건	시효기간
부동산	점유취득시효	자주 · 평온 · 공연의 점유	20년
	등기부취득시효	자주 · 평온 · 공연 · 선의 · 무과실의 점유	10년
동산	일반취득시효	자주 · 평온 · 공연의 점유	10년
	단기취득시효	자주 · 평온 · 공연 · 선의 · 무과실의 점유	5년

「02」 부동산의 점유취득시효

I. 의의
20년간 소유의 의사로 평온, 공연하게 부동산을 점유하는 자는 등기함으로써 그 소유권을 취득한다(제245조 제1항).

II. 요건
1. 부동산
가. 특정된 타인의 부동산 여부
(1) 타인 소유물
성명불상자의 소유물에 대하여 시효취득을 인정할 수 있다(대판 1992.02.25. 91다9312).

(2) 자기 소유물
(ㄱ) 자기소유의 부동산 시효취득의 목적물은 타인의 부동산임을 요하지 않고 자기 소유의 부동산이라도 시효취득의 목적물이 될 수 있다(대판 2001.07.13. 2001다17572).
(ㄴ) 사실상태를 권리관계로 높여 보호할 필요 부동산에 관하여 적법·유효한 등기를 마치고 소유권을 취득한 사람이 자기 소유의 부동산을 점유하는 경우에는 특별한 사정이 없는 한 사실상태를 권리관계로 높여 보호할 필요가 없어 취득시효의 기초가 되는 점유라고 할 수 없지만 다른 사람 명의로 소유권이전등기가 되는 등으로 소유권의 변동이 있는 때는 취득시효의 요건인 점유가 개시된다고 볼 수 있다(대판 2016.10.27. 2016다224596).

나. 국유재산
(ㄱ) 국유재산 중 행정재산 국유재산 중 행정재산은 공용폐지가 되지 않는 한 원칙적으로 취득시효의 대상이 되지 않는다(대판 1994.03.22. 93다56220).
(ㄴ) 국유재산 중 일반재산 국유재산에 대한 취득시효가 완성되기 위해서는 그 국유재산이 취득시효기간 동안 계속하여 일반재산이어야 한다(대판 2010.11.25. 2010다58957).

다. 토지의 일부
1필의 토지의 일부부분이 다른 부분과 구분되어 시효취득자의 점유에 속한다는 것을 인식하기에 족한 객관적인 징표가 계속하여 존재하는 경우에는 그 일부부분에 대한 시효취득을 인정할 수 있다(대판 1996.01.26. 95다24654).

라. 공용부분
(ㄱ) 집합건물의 공용부분 집합건물의 공용부분 취득시효에 의한 소유권 취득의 대상이 될 수 없다고 봄이 타당하다(대판 2013.12.12. 2011다78200. 78217).
(ㄴ) 집합건물의 건물 대지 전체에 대한 공동의 점유 1동의 건물의 구분소유자들은 전유부분을 구분소유하면서 공용부분을 공유하므로 특별한 사정이 없는 한 건물의 대지 전체를 공동으로 점유한다. 이는 집합건물의 대지에 관한 점유취득시효에서 말하는 '점유'에도 적용되므로, 20년

간 소유의 의사로 평온, 공연하게 집합건물을 구분소유한 사람은 등기함으로써 대지의 소유권을 취득할 수 있다(대판 2017.01.25. 2012다72469).

2. 20년간 소유의 의사로 평온·공연하게 점유
가. 20년간 점유
(1) 점유기간의 분리

점유자의 승계인은 자기의 점유만을 주장할 수 있다(제199조 제1항).

(2) 점유기간의 병합

점유자의 승계인은 자기의 점유와 전점유자의 점유를 아울러 주장할 수 있다(제199조 제1항). 전점유자의 점유를 아울러 주장하는 경우에는 그 하자도 계승한다(제199조 제2항). 전(前)점유자의 점유가 타주점유인 경우 전점유자의 하자인 타주점유를 계승하므로 현점유자의 점유는 타주점유가 된다.

(3) 점유의 계산의 시점
- (ㄱ) 원칙 취득시효기간의 계산에 있어 점유기간 중에 당해 부동산의 소유권자의 변동이 있는 경우에는 취득시효를 주장하는 자가 임의로 기산점을 선택하거나 소급하여 20년 이상 점유한 사실만 내세워 시효완성을 주장할 수 없다(대판 1995.05.23. 94다39987).
- (ㄴ) 예외 취득시효기간 중 계속해서 등기명의자가 동일한 경우에는 전 점유자가 점유를 개시한 이후의 임의의 시점을 그 기산점으로 삼을 수 있다(대판 1998.05.12. 97다8496).

나. 소유의 의사로 점유
점유취득시효의 요건의 점유는 직접점유뿐만 아니라 간접점유의 점유도 포함된다. 간접점유일 때 점유취득시효가 인정되는 점유자는 타주점유자인 직접점유자이지 자주점유자인 간접점유자이가 아니다. 점유를 수반하지 않는 저당권은 애초에 취득시효의 대상이 되지 못한다.

다. 평온·공연하게 점유
점유취득시효에서는 등기부취득시효와 달리 선의·무과실은 요건이 아니다(제245조 제1항).

III. 등기함으로써 소유권을 취득
1. 소유권이전등기청구권의 취득
가. 취득시효완성의 점유자
부동산 점유취득시효의 경우 취득시효기간의 완성으로 점유자에게 소유권이전등기청구권이 발생할 뿐이고, 등기 없이도 점유자가 소유권을 취득한다고 볼 수 없다(대판 2006.09.28. 2006다22074,22081).

나. 소유권이전등기청구권의 상대방
점유취득시효완성을 원인으로 한 소유권이전등기청구는 시효완성 당시의 소유자를 상대로 하여야 한다. 시효완성 당시의 소유권보존등기 또는 이전등기가 무효라면 원칙적으로 그 등기명의인은 진정한 소유자가 아니므로 시효취득을 원인으로 한 소유권이전등기청구의 상대방이 될 수 없다(대판 2005.05.26. 2002다43417).

2. 소유권이전등기시 소유권 취득

가. 소급효

부동산 점유취득시효 완성으로 인한 소유권취득의 효력은 점유를 개시한 때에 소급한다(제247조 제1항). 소급효가 인정되므로 점유자가 취득시효기간 중에 취득한 과실은 정당한 권원에 의한 것으로 되어 소유자에게 반환할 필요가 없게 된다.

나. 원시취득

부동산점유취득시효는 원시취득에 해당하므로 완전한 내용의 소유권을 취득하게 된다(대판 2015.02.26. 2014다21649). 따라서 시효취득자가 원소유자에 의하여 그 토지에 설정된 근저당권의 피담보채무를 변제하는 것은 그 자신의 이익을 위한 행위라 할 것이니, 위 변제액 상당에 대하여 원소유자에게 구상권을 행사하거나 부당이득을 이유로 그 반환청구권을 행사할 수는 없다(대판 2006.05.12. 2005다75910).

Ⅳ. 유형

1. 제1유형 (소유자 변경 없이 점유취득시효기간의 경과)

점유자는 점유취득시효완성 당시의 소유자를 상대로 취득시효완성을 주장할 수 있다.

시효완성자 → 시효완성 당시의 소유자	시효완성 당시의 소유자 → 시효완성자
㉠ 소유권이전등기청구권O ㉡ 소유권에 기한 방해제거(배제)청구권× ㉢ 점유권에 기한 방해제거(배제)청구권O ㉣ 취득시효가 완성된 토지가 수용된 경우 토지소유자가 그 토지의 대가로서 지급받은 수용보상금의 반환을 청구O	㉤ 소유권에 기한 물권적 청구권× ㉥ 임료상당의 부당이득반환청구권× ㉦ 불법행위 손해배상청구권×

2. 제2유형 (점유취득시효기간의 경과 전 소유자 변경)

취득시효기간 만료 전에 등기명의를 넘겨받은 경우에는 시효취득자는 그 취득시효기간 완성당시의 등기명의자에 대하여 시효취득, 즉 소유권취득을 위한 등기청구권을 주장할 수 있다(대판 1989.04.11. 88다카5843, 88다카5850).

시효완성자 → 시효완성 당시의 소유자	시효완성 당시의 소유자 → 시효완성자
㉠ 소유권이전등기청구권 O ㉡ 소유권에 기한 방해제거(배제)청구권 × ㉢ 점유권에 기한 방해제거(배제)청구권 O ㉣ 취득시효가 완성된 토지가 수용된 경우 토지소유자가 그 토지의 대가로서 지급받은 수용보상금의 반환을 청구 O	㉤ 소유권에 기한 물권적 청구권 × ㉥ 임료상당의 부당이득반환청구권 × ㉦ 불법행위 손해배상청구권 ×

3. 제3유형 (점유취득시효기간의 경과 후 소유자 변경)

가. 법률관계

점유취득시효기간만료 후 소유자가 변경된 경우 점유자는 점유취득시효완성 당시의 소유자인 전(前)소유자를 상대로 취득시효완성을 주장할 수 있을 뿐이지, 변경된 현재의 신(新)소유자를 상대로 취득시효완성을 주장할 수 없다.

시효완성자 → 시효완성 당시의 전(前)소유자	시효완성자 → 시효완성 후 신(新)소유자
㉠ 채무불이행 손해배상책임 × ㉡ 시효완성사실을 모르고 소유자가 제3자에게 등기이전시 불법행위 손해배상책임 × ㉢ 시효완성사실을 알면서 소유자가 제3자에게 등기이전시 불법행위 손해배상책임 O	㉣ 시효완성 후 등기를 취득한 제3자에게 취득시효완성 주장 × ㉤ 시효완성 후 시효완성을 알고 등기를 취득한 제3자는 소유권이전등기의무 승계 × ㉥ 배임행위에 적극가담으로 취득한 제3자의 등기는 무효

나. 제3자

(1) 의의

점유취득시효기간만료 후 등기가 경료된 자가 제3자에 해당한다면 점유취득시효완성을 주장할 수 없어 소유권이전등기를 청구할 수 없지만, 등기가 경료된 자가 제3자에 해당하지 않는다면 점유취득시효완성을 주장해서 소유권이전등기를 청구할 수 있다.

(2) 소유권 취득

제3자에 해당 O, 취득시효완성을 주장 × 소유권이전등기청구권을 행사 ×	제3자에 해당 ×, 취득시효완성을 주장 O 소유권이전등기청구권을 행사 O
㉠ 시효완성 후 타인의 부동산 소유권·제한물권 등을 취득한 자 ㉡ 시효완성 후 기존 가등기의 본등기를 경료받은 자	

(3) 명의신탁

제3자에 해당O, 취득시효완성을 주장× 소유권이전등기청구권을 행사×	제3자에 해당×, 취득시효완성을 주장O 소유권이전등기청구권을 행사O
㉠ 시효완성 후 명의신탁이 해지된 경우 명의신탁자	㉡ 시효완성 후 명의신탁에 따른 명의수탁자 ㉢ 시효완성 후 명의신탁자로부터 신탁부동산을 매수한 명의수탁자

(4) 행정재산 중 일반재산

제3자에 해당O, 취득시효완성을 주장× 소유권이전등기청구권을 행사×	제3자에 해당×, 취득시효완성을 주장O 소유권이전등기청구권을 행사O
㉠ 시효완성 후 기존의 일반재산이 행정재산으로 변경	㉡ 시효완성 후 구역변경이나 폐지·분합으로 인하여 재산을 취득한 지방자치단체

4. 제4유형 (3유형 + 1유형)

취득시효완성 후 소유자가 변경된 후부터를 새로운 취득시효기간의 기산점으로 삼아 다시 취득시효가 완성되었다면 점유자는 점유취득시효완성 당시의 소유자를 상대로 취득시효완성을 주장할 수 있다(대판 2009.07.16. 2007다15172,15189 전합).

시효완성자 → 시효완성 당시의 소유자	시효완성 당시의 소유자 → 시효완성자
㉠ 소유권이전등기청구권O ㉡ 소유권에 기한 방해제거(배제)청구권× ㉢ 점유권에 기한 방해제거(배제)청구권O ㉣ 취득시효가 완성된 토지가 수용된 경우 토지소유자가 그 토지의 대가로서 지급받은 수용보상금의 반환을 청구O	㉤ 소유권에 기한 물권적 청구권× ㉥ 임료상당의 부당이득반환청구권× ㉦ 불법행위 손해배상청구권×

5. 제5유형 (3유형 + 2유형)

취득시효완성 후 소유자가 변경된 후부터를 새로운 취득시효기간의 기산점으로 삼아 다시 취득시효가 완성되었다면 점유자는 점유취득시효완성 당시의 소유자를 상대로 취득시효완성을 주장할 수 있다.

시효완성자 → 시효완성 당시의 소유자	시효완성 당시의 소유자 → 시효완성자
㉠ 소유권이전등기청구권O ㉡ 소유권에 기한 방해제거(배제)청구권× ㉢ 점유권에 기한 방해제거(배제)청구권O ㉣ 취득시효가 완성된 토지가 수용된 경우 토지소유자가 그 토지의 대가로서 지급받은 수용보상금의 반환을 청구O	㉤ 소유권에 기한 물권적 청구권× ㉥ 임료상당의 부당이득반환청구권× ㉦ 불법행위 손해배상청구권×

「03」 부동산의 등기부취득시효

Ⅰ. 의의
부동산의 소유자로 등기한 자가 10년간 소유의 의사로 평온, 공연하게 선의이며 과실 없이 그 부동산을 점유한 때에는 소유권을 취득한다(제245조 제2항).

Ⅱ. 요건

1. 부동산
부동산 점유취득시효의 부동산과 내용이 동일하다.

2. 10년간 소유의 의사로 평온·공연·선의·무과실로 점유

가. 10년간 점유
부동산 점유취득시효의 20년간 점유와 내용이 동일하다.

나. 소유의 의사로 점유
부동산 점유취득시효의 소유의 의사로 점유와 내용이 동일하다.

다. 평온·공연·선의·무과실로 점유

(1) 선의·무과실
등기부취득시효에서는 점유취득시효와 달리 선의·무과실이 요건이다(제245조 제2항). 등기부취득시효에 있어서 선의·무과실은 등기에 관한 것이 아니고 점유취득에 관한 것이다(대판 1995.02.10. 94다22651).

(2) 매도인이 등기부상 소유명의자와 동일
무과실에 관한 입증책임은 시효취득을 주장하는 쪽에 있다(대판 1997.08.22. 97다2665). 매도인이 등기부상의 소유명의자와 동일인인 경우에는 일반적으로는 등기부의 기재가 유효한 것으로 믿고 매수한 사람에게 과실이 있다고 할 수 없을 것이다(대판 2017.12.13. 2016다248424).

3. 10년간 등기한 자

가. 10년간의 등기
등기기간도 점유기간과 동일하게 10년이어야 한다.

나. 등기의 유형

(1) 등기부취득시효가 인정되는 등기
등기부취득시효를 하기 위해서는 시효취득자 명의로 등기가 경료 되어 있어야 한다. 적법 유효한 등기를 마친 자일 필요는 없고 무효의 등기를 마친 자라도 상관없다(대판 1994.02.08. 93다23367).

(2) 등기부취득시효가 인정되지 않는 등기
㈀ 무효인 중복보존등기 중복보존등기로 인해 무효로 된 소유권보존등기나 이에 터잡은 소유권이전등기를 근거로 하여서는 등기부취득시효의 완성을 주장할 수 없다(대판 1996.10.17. 96다12511).
㈁ 분필절차 없는 등기 어떤 토지의 일부가 「공간정보의 구축 및 관리 등에 관한 법률」상 분할절차를 거친 바가 없다면 그가 점유하는 부분에 대하여 등기부취득시효를 할 수는 없다(대판 1995.06.16. 94다4615).

Ⅲ. 소유권을 취득

소유권취득의 효력은 점유를 개시한 때에 소급한다(제247조 제1항). 등기부취득시효의 경우 이미 시효완성자 명의로 등기가 경료 되어 있으므로, 취득시효기간의 완성으로 바로 소유권을 취득한다.

「04」 취득시효의 중단

Ⅰ. 의의

점유로 인한 부동산소유권의 시효취득에 있어 취득시효의 중단사유는 종래의 점유상태의 계속을 파괴하는 것으로 인정될 수 있는 사유이어야 한다. (대판 2019.04.03. 2018다296878).

Ⅱ. 사유

1. 재판상의 청구

소유권이전등기를 명한 확정판결의 피고가 재심의 소를 제기하여 토지에 대한 소유권이 여전히 자신에게 있다고 주장한 것은 취득시효의 중단사유가 되는 재판상의 청구에 준하는 것이라고 볼 것이다(대판 1998.06.12. 96다26961).

2. 압류·가압류·가처분

압류나 가압류의 경우에는 종래의 점유상태의 계속이 파괴되었다고는 할 수 없으므로 이는 취득시효의 중단사유가 될 수 없다(대판 2019.04.03. 2018다296878).

기타에 의한 소유권 취득

「01」 선점·습득·발견

Ⅰ. 무주물의 선점

무주의 동산을 소유의 의사로 점유한 자는 그 소유권을 취득한다(제252조 제1항). 무주의 부동산은 국유로 한다(제252조 제2항).

Ⅱ. 유실물의 습득

유실물은 법률에 정한 바에 의하여 공고한 후 6개월 내에 그 소유자가 권리를 주장하지 아니하면 습득자가 그 소유권을 취득한다(제253조).

Ⅲ. 매장물의 발견

매장물은 법률에 정한 바에 의하여 공고한 후 1년내에 그 소유자가 권리를 주장하지 아니하면 발견자가 그 소유권을 취득한다. 그러나 타인의 토지 기타 물건으로부터 발견한 매장물은 그 토지 기타 물건의 소유자와 발견자가 절반하여 취득한다(제254조).

「02」 부합

I. 부동산에의 부합

1. 의의
부동산의 소유자는 그 부동산에 부합한 물건의 소유권을 취득한다. 그러나 타인의 권원에 의하여 부속된 것은 부동산의 소유자가 부속된 물건의 소유권을 취득하지 못한다(제256조).

2. 용어
(ㄱ) **부동산에의 부합** 부합이란 소유자를 달리 하는 수개의 물건이 결합하여 사회관념상 한 개의 물건으로 되는 것을 말한다. 부합의 원인은 인위적이든 자연적이든 불문한다. 여기서의 부합은 '부속'과 '부합'의 내용을 합한 의미로 사용된다.

(ㄴ) **부합의 의미** 부합이란 부착된 물건이 독립성을 상실하여 분리시 본래의 성질을 상실할 정도로 결합된 것을 말한다. 부착된 물건의 구성요소가 되었다고도 한다.

(ㄷ) **부속의 의미** 부속이란 부착된 물건이 독립성을 상실하지 않아 분리시 본래의 성질이 유지될 정도로 결합된 것을 말한다.

II. 부동산에 동산의 부합

1. 소유권 귀속
부동산의 소유자는 그 원칙적으로 부동산에 부합한 물건의 소유권을 취득한다. 부동산과 부합한 동산의 가격이 부동산의 가격을 초과한 경우에도 동산소유자는 부동산의 소유권을 취득한다 할 수 없는 것이다(대판 1957.02.08. 4289행상117,118).

2. 토지에 심은 수목

가. 수목의 성질
수목은 토지에 심은 후에 뽑으면 수목의 성질이 유지되기 때문에 '부속'의 성질이다.

나. 권원을 가진 자가 수목을 식재
(ㄱ) **지상권·전세권·임차권** 토지의 지상권, 전세권, 임차권 등에 기하여 그 토지상에 식재된 수목은 이를 식재한 자에게 그 소유권이 있고 그 토지에 부합하지 않는다(대판 2018.03.15. 2015다69907).

(ㄴ) **사용대차권** 토지의 사용대차권에 기하여 그 토지상에 식재된 수목은 이를 식재한 자에게 그 소유권이 있고 그 토지에 부합하지 않는다(대판 1990.01.23. 89다카21095).

다. 권원을 가지지 않은 자가 수목을 식재
(ㄱ) **일반** 타인의 토지에 권한 없이 심은 입목의 소유권은 토지에 부합하여 토지의 소유자에게 속하고(대판 1970.11.30. 68다1995) 독립한 물권의 객체가 될 수 없다.

- (ㄴ) **토지소유자의 승낙 없이 임차인의 승낙만으로 수목을 식재한 경우** 부동산을 이용할 수 있는 권원이 없는 자가 토지소유자의 승낙을 받음이 없이 그 임차인의 승낙만을 받아 그 부동산 위에 나무를 심었다면 특별한 사정이 없는 한 토지소유자에 대하여 그 나무의 소유권을 주장할 수 없다(대판 1989.07.11. 88다카9067).
- (ㄷ) **입목등기와 명인방법** 입목에 관한 법률에 의하여 소유권보존등기를 한 수목의 집단과 명인방법을 갖춘 수목은 토지와 독립한 부동산으로서 거래의 객체로 된다(대결 1998.10.28. 98마1817).
- (ㄹ) **미분리과실** 관습법상의 명인방법을 갖추었을 때 미분리의 과실은 수목 또는 토지와는 별개로 독립한 물건이 된다(대판 1972.02.29. 71다2573).

3. 토지에 심은 농작물
농작물은 부동산에 부합하지 않는다. 정당한 권원에 관계없이 타인 소유지에서 경작·재배한 농작물이 성숙하여 독립한 물건으로서의 존재를 갖추었다면 농작물의 소유권은 명인방법을 갖추지 않고서도 언제나 경작자에게 귀속한다(대판 1963.02.21. 62다913).

III. 부동산에 부동산을 부합

1. 의의
판례는 부동산에의 부합의 입법취지상 부동산에 부합되는 것은 동산에만 한정되는 것은 아니고 기존건물에 대한 증축처럼 부동산도 포함된다고 한다(대판 1962.01.31 4294민상445).

2. 토지에 건물 신축
건물은 토지에 부합하지 않는다. 권한 없이 또는 위법하게 타인의 토지에 건물을 신축하여도 그 건물의 소유권은 언제나 신축한 자에게 귀속한다.

3. 건물에 대한 증축

가. 증축의 성질
증축은 기존 건물과 독립한 경제적 효용을 가지고 별개의 소유권 객체가 되는 부속의 성질도 가지고 있고, 기존 건물에 구성부분이 되어 부합되는 성질도 가지고 있다.

나. 부속된 증축
임차인이 임차한 건물에 그 권원에 의하여 증축을 한 경우에 증축된 부분이 구조상으로나 이용상으로 기존 건물과 구분되는 독립성이 있는 때에는 구분소유권이 성립하여 증축된 부분은 독립한 소유권의 객체가 된다(대판 1999.07.27. 99다14518).

다. 부합된 증축
- (ㄱ) **일반** 기존건물에 붙여서 증축된 건물부분이 자체로서는 구조상 독립성이 없고 종전의 건물과 일체로서만 거래의 대상이 되는 상태에 있으면 부합이 성립한다(대판 1981.12.08. 80다2821).

(ㄴ) 임차인이 증축한 부분이 기존 건물의 구성부분   임차인이 임차한 건물에 그 권원에 의하여 증축을 한 경우에 증축된 부분이 부합으로 인하여 기존 건물의 구성 부분이 된 때에는 증축된 부분에 별개의 소유권이 성립할 수 없다(대판 1999.07.27. 99다14518).

(ㄷ) 건물의 증축부분이 별개의 독립물의 효용이 없는 경우   건물이 증축된 경우에 증축부분이 본래의 건물에 부합되어 본래의 건물과 분리하여서는 전혀 별개의 독립물로서의 효용을 갖지 않는다면, 건물에 대한 경매절차에서 경매목적물로 평가되지 아니하였다고 할지라도 경락인은 그 부합된 증축부분의 소유권을 취득한다(대판 1981.11.10. 80다2757, 2758).

Ⅳ. 첨부의 효과

부합 · 혼화 · 가공에 의하여 손해를 받은 자는 부당이득에 관한 규정에 의하여 보상을 청구할 수 있다(제261조).

「03」 주물과 종물

I. 서설

1. 의의
물건의 소유자가 그 물건의 상용에 공하기 위하여 자기소유인 다른 물건을 이에 부속하게 한 때에는 그 부속물은 종물이다(제100조 제1항). 배와 노, 자물쇠와 열쇠, 주택과 창고 등이 주물과 종물의 관계이다.

2. 부합과의 차이점
종물은 물건의 소유자가 그 물건의 상용에 공하기 위하여 자기 소유인 다른 물건을 이에 부속하게 한 것을 말하므로, 주물과 다른 사람의 소유에 속하는 물건은 종물이 될 수 없다(대판 2008.05.08. 2007다36933).

II. 효과

1. 처분에 따른다.
(ㄱ) 주물과 종물 규정 종물은 주물의 처분에 따른다(제100조 제2항)는 규정에서의 처분은 처분행위에 의한 권리변동을 말한다. 압류와 같은 공법상의 처분 등에 의하여 생긴 경우에도 적용된다(대판 2006.10.26. 2006다29020).

(ㄴ) 주된 권리와 종된 권리 유추적용 종물과 주물의 관계에 관한 법리는 물건 상호간의 관계뿐 아니라 권리 상호간에도 적용된다(대판 2006.10.26. 2006다29020).

2. 저당권의 효력

가. 주물에 설정된 저당권
주물에 설정된 저당권은 그 목적 부동산의 종물에 대하여도 그 효력이 미친다(대판 1993.08.13. 92다43142).

나. 주된 권리에 설정된 저당권
건물에 대한 저당권의 효력은 그 건물의 소유를 목적으로 하는 지상권이나 임차권에도 미친다(대판 1992.07.14. 92다527, 대판 1993.04.13. 92다24950).

법률규정상의 공동소유

「01」 서설

I. 의의

공동소유란 하나의 물건을 2인 이상의 다수인이 공동으로 소유하는 것을 말한다. 현재 민법은 공동소유의 유형으로 공유, 합유, 총유의 3가지를 인정한다. 이러한 공동소유의 유형은 하나의 물건을 다수인이 공동으로 소유할 때, 그 다수인 사이의 인적 결합관계의 정도에 따라 물건의 귀속관계가 달라지는 것을 기준으로 한 분류이다.

II. 비교

		공유	합유	총유
지분의 처분		자유롭게 처분	전원의 동의	지분자체가 없음
공유물·합유물·총유물	보존행위	각자가 단독	각자가 단독	사원총회의 결의
	관리행위	지분 과반수		사원총회의 결의
	처분행위	전원의 동의	전원의 동의	사원총회의 결의
	사용수익	지분비율	지분비율과 조합계약	정관 기타 규약
	분할청구	자유롭게 분할청구	합유관계가 존속하는 동안 분할청구 못함	분할청구권 없음

「02」 공유

I. 의의

공유란 공동목적을 위한 인적 결합관계가 없는 수인이 물건을 공동으로 소유하는 것을 말한다. 물건이 지분에 의하여 수인의 소유로 된 때에는 공유로 한다(제262조 제1항).

II. 공유의 지분

1. 지분

(ㄱ) 개념 지분이란 1개의 소유권을 수인의 소유자에게 분할하는 비율, 즉 목적물 전체에 대하여 가지는 소유의 비율을 의미한다. 따라서 지분은 성질상 공유물 전부에 미치게 된다.

(ㄴ) 판례 공유자의 한 사람의 지분위에 설정된 근저당권 등 담보물권은 공유물분할이 된 뒤에도 종전의 지분비율대로 공유물 전부의 위에 그대로 존속하는 것이고 근저당권설정자 앞으로 분할된 부분에 당연히 집중되는 것은 아니다(대판 1989.08.08. 88다카24868).

2. 지분의 비율

가. 균등 추정

공유자의 지분은 균등한 것으로 추정한다(제262조 제2항).

나. 지분 포기

(1) 의의

공유자가 그 지분을 포기하거나 상속인 없이 사망한 때에는 그 지분은 다른 공유자에게 각 지분의 비율로 귀속한다(제267조).

(2) 법률행위에 의한 물권변동

부동산에 대한 공유지분의 포기는 법률행위에 의한 물권변동이므로 등기하여야 효력이 있다. 공유자의 공유지분 포기의 의사표시가 다른 공유자에게 도달하더라도 이로써 곧바로 공유지분 포기에 따른 물권변동의 효력이 발생하는 것은 아니다(대판 1997.09.09. 96다16896).

다. 의무 부담

공유자는 그 지분의 비율로 공유물의 관리비용 기타 의무를 부담한다(제266조 제1항). 공유자가 1년 이상 전항의 의무이행을 지체한 때에는 다른 공유자는 상당한 가액으로 지분을 매수할 수 있다(제266조 제2항).

3. 지분의 처분

공유자는 그 지분을 처분할 수 있다(제263조). 각 공유자는 지분권을 다른 공유자의 동의가 없는 경우라도 제3자에게 양도하거나 지분에 담보를 설정할 수도 있다. 공유자끼리 그 지분을 교환하는 것도 지분권의 처분에 해당하므로 다른 공유자의 동의를 요하지 않는다(대판 1972.05.23. 71다2760).

Ⅲ. 공유물

1. 공유물의 보존행위

가. 규정

공유물의 보존행위는 각자가 할 수 있다(제265조).

나. 판례

공유자가 다른 공유자의 지분권을 대외적으로 주장하는 것을 공유물의 보존행위에 속한다고 할 수 없다(대판 1994.11.11. 94다35008).

2. 공유물의 관리행위

가. 관리에 관한 결정

(1) 규정

공유물의 관리에 관한 사항은 공유자의 지분의 과반수로써 결정한다(제265조). 따라서 부동산에 관하여 과반수 공유지분을 가진 자는 공유자 사이에 협의가 없어도 공유물의 관리에 관한 사항을 단독으로 결정할 수 있다(대판 1991.09.24. 88다카33855).

(2) 판례

(ㄱ) 과반수 지분권자의 배타적 사용·수익 공유토지에 관하여 과반수지분권을 가진 자가 그 공유토지의 특정된 한 부분을 배타적으로 사용·수익할 것을 정하는 것은 공유물의 관리방법으로서 적법하다(대판 1991.09.24. 88다카33855).

(ㄴ) 과반수 지분권자의 임대행위·임대해지 행위 공유자가 공유물을 타인에게 임대하는 행위 및 그 임대차 계약을 해지하는 행위는 공유물의 관리행위에 해당하므로 공유자의 지분의 과반수로써 결정하여야 한다(대판 2010.09.09. 2010다37905).

나. 공유물의 사용·수익행위

공유자는 공유물 전부를 지분의 비율로 사용, 수익할 수 있다(제263조).

다. 특약의 승계

(ㄱ) 사용·수익·관리에 관한 특약 공유자간의 공유물에 대한 사용·수익·관리에 관한 특약은 공유자의 특정승계인에 대하여도 당연히 승계된다(대판 2009.12.10. 2009다54294).

(ㄴ) 사용·수익·관리에 관한 특약이 본질적 부분을 침해 공유물에 관한 특약이 지분권자로서의 사용수익권을 사실상 포기하는 등으로 공유지분권의 본질적 부분을 침해한다고 볼 수 있는 경우에는 특별한 사정이 없는 한 특정승계인에게 당연히 승계되는 것으로 볼 수는 없다(대판 2009.12.10. 2009다54294).

3. 공유물의 처분행위

가. 규정

공유자는 다른 공유자의 동의 없이 공유물을 처분하거나 변경하지 못한다(제264조).

나. 판례

공유 토지에 용익물권을 설정하거나 건물을 신축하는 것에 대해서 관리행위의 범위를 넘는 처분행위로 본다(대판 2001.11.27. 2000다33638). 따라서 다른 공유자 동의 없이는 나대지에 건물은 신축할 수 없고, 공유자 일부가 건축한 건물은 다른 공유자가 철거를 청구할 수 있다.

IV. 사례

1. 과반수 지분의 공유자가 공유물을 배타적으로 점유·임대

가. 손해배상청구

과반수지분권을 가진 자가 그 공유물을 배타적으로 사용·수익할 것을 정하는 것은 공유물의 관리방법으로서 적법하다(대판 1991.09.24. 88다카33855). 따라서 불법행위에 기한 손해배상은 청구할 수 없다.

나. 부당이득반환

(1) 공유자가 사용하는 경우

과반수 지분의 공유자는 다른 공유자들 중 사용·수익은 전혀 하고 있지 아니함으로써 손해를 입고 있는 자에 대하여는 그 자의 지분에 상응하는 부당이득을 하고 있다(대판 1991.09.24. 88다카33855).

(2) 제3자에게 임대한 경우

(ㄱ) 반환청구의 상대방 공유물을 제3자에게 임대한 경우 과반수 지분의 공유자는 소수지분권자의 지분에 상응하는 임료 상당의 부당이득을 하고 있으므로 이를 반환할 의무가 있다 할 것이나, 그 제3자는 적법한 점유이므로 소수지분권자에 대하여 부당이득반환의무가 없다(대판 2002.05.14. 2002다9738).

(ㄴ) 반환범위 반환해야 할 범위는 임대차로 인한 차임 상당액이라 할 것으로서 임대보증금 자체에 대한 지분비율 상당액의 반환을 구할 수는 없다(대판 1991.09.24. 91다23639).

다. 공유물의 반환청구·방해배제청구

(ㄱ) 공유물의 반환청구 소수지분권자가 공유물을 배타적 점유하고 있는 경우에 공유 지분 과반수 소유자의 공유물인도청구는 보존행위에 따라 공유물의 관리를 위하여 구하는 것으로서 그 상대방인 소수지분권자는 공유물의 사용수익권으로 이를 거부할 수 없다(대판 2022.11.17. 2022다253243).

(ㄴ) 공유물의 방해배제청구 과반수 지분의 공유자로부터 사용·수익을 허락받은 점유자에 대하여 소수 지분의 공유자는 점유배제를 구할 수 없다(대판 2002.05.14. 2002다9738).

2. 과반수 지분이 아닌 공유자가 공유물을 배타적으로 점유·임대

가. 손해배상청구

소수지분권자가 타 공유자의 동의 없이 그 공유물을 무단임대한 행위는 공유물의 관리방법으로 불법행위가 성립되어 그 손해를 배상할 의무가 있다(대판 1991.09.24. 91다23639). 각 공유자는 그 지분에 대응하는 비율의 한도 내에서만 손해배상을 행사할 수 있다(대판 1970.04.14. 70다171).

나. 부당이득반환

(1) 공유자가 사용하는 경우

지분 과반수의 합의가 없이 소수지분권자의 단독사용시 다른 공유자들 중 사용·수익을 전혀 하지 않고 있지 아니함으로써 손해를 입고 있는 자에 대하여는 그 자의 지분에 상응하는 부당이득을 하고 있다(대판 2002.10.11. 2000다17803).

(2) 제3자에게 임대한 경우

(ㄱ) 반환청구의 상대방 공유물을 제3자에게 임대한 경우 소수지분권자는 다른 공유자의 지분에 상응하는 임료 상당의 부당이득을 하고 있으므로 이를 반환할 의무가 있다할 것이고(대판 1991.09.24. 91다23639), 제3자도 불법한 점유이므로 소수지분권자에 대하여 부당이득반환의무가 있다.

(ㄴ) 반환범위 반환해야 할 범위는 임대차로 인한 차임 상당액이라 할 것으로서 임대보증금 자체에 대한 지분비율 상당액의 반환을 구할 수는 없다(대판 1991.09.24. 91다23639).

다. 공유물의 반환청구·방해배제청구

(ㄱ) 공유물의 반환청구 소수지분권자가 다른 공유자와 협의하지 않고 공유물의 전부 또는 일부를 독점적으로 점유하는 경우 다른 소수지분권자는 공유물의 보존행위로서 공유물의 인도를 청구할 수는 없다고 보아야 한다(대판 2020.05.21. 2018다287522 전합). 공유물에 대한 인도결과 인도 전의 위법한 상태와 다르지 않기 때문이다.

(ㄴ) 공유물의 방해배제청구 소수지분권자가 다른 공유자와 협의하지 않고 공유물의 전부 또는 일부를 독점적으로 점유하는 경우 다른 소수지분권자는 공유물의 보존행위로서 공유물의 방해배제청구권을 행사할 수 있다(대판 2020.05.21. 2018다287522 전합).

3. 공유자 일방이 단독명의로 등기·타인명의로 이전등기

가. 손해배상청구

이에 관련된 판례가 없다.

나. 부당이득반환

이에 관련된 판례가 없다.

다. 공유물의 방해배제청구

(ㄱ) 처분공유자 자신의 지분 범위 내의 등기는 유효 공유자 중 1인이 다른 공유자의 동의 없이 그 공유 토지의 특정부분을 매도하여 타인 명의로 소유권이전등기가 마쳐졌다면, 그 매도 부분 토지에 관한 소유권이전등기는 처분공유자의 공유지분 범위 내에서는 실체관계에 부합하는 유효한 등기이다(대판 1994.12.02. 93다1596).

(ㄴ) 처분 공유자 외의 다른 지분 범위 내의 등기는 무효 공유자 중 1인이 다른 공유자의 동의 없이 그 공유 토지의 특정부분을 매도하여 타인 명의로 소유권이전등기가 마쳐졌다면 그 공유자의 지분범위를 넘는 부분만 무효인 등기이다(대판 1965.04.22. 65다268). 따라서 공유자 중의 1인은 공유물의 보존행위로서 위 단독명의로 등기를 경료하고 있는 공유자에 대하여 그 공유자의 공유지분을 제외한 나머지 공유지분 전부에 관하여 소유권이전등기말소등기절차의 이행을 구할 수 있다(대판 1988.02.23. 87다카961).

4. 제3자의 불법점유 · 원인무효의 소유권이전등기

가. 손해배상청구
제3자가 공유물을 불법점유하거나 제3자 앞으로 원인무효의 소유권이전등기가 된 경우에 다른 공유자는 단독으로 자기 지분의 범위 안에서 손해배상을 청구할 수 있다.

나. 부당이득반환
제3자가 공유물을 불법점유하거나 제3자 앞으로 원인무효의 소유권이전등기가 된 경우에 다른 공유자는 단독으로 자기 지분의 범위 안에서 부당이득반환을 청구할 수 있다.

다. 공유물의 반환청구 · 방해배제청구
(ㄱ) 공유물의 반환청구 제3자가 공유물을 불법점유하는 경우 토지의 공유자는 보존행위로서 단독으로 그 토지의 불법점유자에 대하여 전부의 명도를 구할 수 있다(대판 1969.03.04. 69다21).

(ㄴ) 공유물의 방해배제청구 부동산의 공유자의 1인은 당해 부동산에 관하여 제3자 명의로 원인무효의 소유권이전등기가 경료되어 있는 경우 공유물에 관한 보존행위로서 제3자에 대하여 그 등기 전부의 말소를 구할 수 있다(대판 1993.05.11. 92다52870).

V. 공유물의 분할

1. 분할의 자유

가. 의의
공유물의 분할이란 공유자가 각자의 공유지분대로 공유물을 분할함으로써 공유관계를 소멸시키는 것을 말한다. 공유자는 공유물의 분할을 청구할 수 있다(제268조 제1항 전문).

나. 법적성질
(ㄱ) 형성판결 공유물분할청구의 소는 형성의 소로서 법원은 공유물분할을 청구하는 원고가 구하는 방법에 구애받지 않고 재량에 따라 합리적 방법으로 분할을 명할 수 있다(대판 2020.08.20. 2018다241410, 241427).

(ㄴ) 분할형태 재판으로 토지를 분할하는 경우에는 원칙적으로는 각 공유자가 취득하는 토지의 면적이 그 공유지분의 비율과 같아야 할 것이나, 경제적 가치가 지분비율에 상응되도록 분할하는 것도 허용된다(대판 1993.12.07. 93다27819).

2. 분할의 제한

가. 특약에 의한 분할금지
공유자는 5년을 넘지 않은 범위 내에서 분할하지 아니할 것을 약정할 수 있다(제268조 제1항). 분할금지계약은 갱신할 수 있으나 그 기간은 갱신일로부터 5년을 넘지 못한다(제268조 제2항).

나. 법률규정에 의한 분할금지
공유물분할청구는 건물의 구분소유에서 공용부분, 경계에 설치된 경계표 · 담 등의 공유물에는 적용하지 아니한다(제268조 제3항). 즉 공유물분할청구를 하지 못한다.

3. 분할의 방법
가. 서설
(ㄱ) 의의　공유물을 분할하는 방법에는 협의에 의한 경우와 재판에 의한 경우가 있다. 분할의 방법에 관하여 협의가 성립되지 아니한 때에는 공유자는 법원에 그 분할을 청구할 수 있다(제269조 제1항).

(ㄴ) 판례　공유자 사이에 이미 분할에 관한 협의가 성립된 경우에 그 분할된 부분에 대한 소유권이전등기를 청구하거나 소유권확인을 구하여야 하며, 재판상 분할을 청구하는 것은 허용되지 아니한다(대판 1995.01.12. 94다30348, 94다30355).

나. 협의분할
협의분할을 하는 경우에는 그 방법에 제한이 없다. 공유물을 양적으로 분할하는 현물분할, 공유물을 매각하여 대금을 분할하는 대금분할, 공유자 1인이 단독소유권을 취득하고 다른 공유자는 지분의 가격을 지급받는 가액배상이 있다.

다. 재판상 분할
(1) 현물분할

재판에 의하여 공유물을 분할하는 경우에 현물분할에 의함이 원칙이다. 현물분할의 경우에 분할을 원하지 않는 나머지 공유자는 공유로 남는 방법도 허용된다(대판 1993.12.07. 93다27819).

(2) 대금분할

현물로 분할할 수 없거나 분할로 인하여 현저히 그 가액이 감손될 염려가 있는 때에는 법원은 물건의 경매를 명할 수 있다(제269조 제2항).

(3) 가격배상

공유물을 공유자 중의 1인의 단독소유 또는 수인의 공유로 하되 현물을 소유하게 되는 공유자로 하여금 다른 공유자에 대하여 그 지분의 적정하고도 합리적인 가격을 배상시키는 방법에 의한 분할도 현물분할의 하나로 허용된다(대판 2004.10.14. 2004다30583).

4. 분할의 효과
가. 소유권의 변동
(1) 소급효

공유물분할의 효과는 소급하지 않는다.

(2) 소유권 취득

부동산을 협의분할로 현물분할, 대금분할, 가격배상을 하게 되면 공유관계는 종료하고 분할된 부분에 대하여 등기를 함으로써 소유권이 인정된다. 부동산을 재판상 분할한 경우 이 판결은 형성판결이므로 등기가 없어도 판결확정시부터 소유권을 취득한다.

나. 분할로 인한 담보책임

공유자는 다른 공유자가 분할로 인하여 취득한 물건에 대하여 그 지분의 비율로 매도인과 동일한 담보책임이 있다(제270조).

VI. 구분소유적 공유

1. 의의

구분소유적 공유란 어떤 토지와 건물의 위치와 면적을 특정하여 2인 이상이 구분소유하기로 약정을 하고, 구분소유자의 공유로 등기를 하는 것을 말한다(대판 2014.06.26. 2012다25944). 구분소유적 공유관계는 서로의 부동산을 명의신탁 한 것이므로 상호명의신탁이라고도 한다.

2. 대내관계

가. 자주점유

등기부상 공유자들이 공유토지 중 각 특정 부분을 구분소유하게 된다고 믿고서 점유하여 온 경우, 각 점유가 권원의 성질상 자주점유이다(대판 2007.03.29. 2006다79995).

나. 소유권에 기한 방해배제청구

공유지분권자는 특정부분에 대해 단독으로 소유권을 취득하고 이를 배타적으로 사용·수익, 처분할 수 있다. 다른 구분소유자의 방해행위에 대하여 소유권에 기해 그 배제를 구할 수 있다(대판 2012.04.26. 2010다6611).

다. 공유물분할청구

상호명의신탁관계 내지 구분소유적 공유관계에서 건물의 특정 부분을 구분소유하는 자는 특정 부분에 대한 명의신탁 해지를 원인으로 한 지분이전등기절차의 이행을 구할 수 있을 뿐 그 건물 전체에 대한 공유물분할을 구할 수는 없다(대판 2010.05.27. 2006다84171).

3. 대외관계

가. 단순한 공유관계

구분소유적 공유자가 그 권리를 등기부의 기재대로 1필지 전체에 대한 진정한 공유지분을 타인에게 처분하는 경우, 제3자가 그 부동산 전체에 대한 공유지분을 취득하게 되어 단순한 공유관계로 되고 구분소유적 공유관계는 소멸한다(대판 2022.03.31. 2021다215589, 215596).

나. 소유권에 기한 방해배제청구

제3자의 방해행위가 있는 경우에는 자기의 구분소유 부분뿐 아니라 전체토지에 대하여 공유물의 보존행위로서 그 배제를 구할 수 있다(대판 1994.02.08. 93다42986).

03 합유

I. 의의

법률의 규정 또는 계약에 의하여 수인이 조합체[5]로서 물건을 소유하는 때에는 합유로 한다(제271조 제1항). 합유재산을 합유자 1인의 단독소유로 소유권보존등기를 한 경우에는 소유권보존등기가 실질관계에 부합하지 않는 원인무효의 등기이다(대판 2017.08.18. 2016다6309).

II. 합유의 지분

1. 지분

합유자의 권리는 합유물 전부에 미친다(제271조 제2항).

2. 지분의 포기

가. 의의

합유지분의 포기가 적법하다면 그 포기된 합유지분은 나머지 잔존 합유지분권자들에게 균분으로 귀속하게 된다(대판 1997.09.09. 96다16896).

나. 법률행위에 의한 물권변동

부동산에 대한 합유지분의 포기는 법률행위에 의한 물권변동이므로 등기하여야 효력이 있다(대판 1997.09.09. 96다16896).

3. 지분의 처분

합유자는 전원의 동의 없이 합유물에 대한 지분을 처분하지 못한다(제273조 제1항). 부동산의 합유자 중 일부가 사망한 경우, 합유자 사이에 특별한 약정이 없는 한 사망한 합유자의 상속인은 합유자로서의 지위를 승계하지 못한다(대판 1996.12.10. 96다23238).

III. 합유물

1. 합유물의 보존행위

가. 규정

합유물의 보존행위는 각자가 할 수 있다(제272조 전문).

나. 판례

합유물에 관하여 경료된 원인 무효의 소유권이전등기의 말소를 구하는 소송은 합유물에 관한 보존행위로서 합유자 각자가 할 수 있다(대판 1997.09.09. 96다16896).

---

[5] 조합체란 공동사업을 목적으로 결합되어 있으나 아직 단체의 체계를 갖추지 못한 수인의 결합체를 말한다.

2. 합유물의 처분행위

합유물을 처분 또는 변경함에는 합유자 전원의 동의가 있어야 한다(제272조 후문).

Ⅳ. 합유물의 분할

합유자는 합유물의 분할을 청구하지 못한다(제273조). 조합체가 존속하는 한 합유물의 분할을 청구할 수 없지만, 조합체의 해산이나 합유물의 양도로 인한 합유의 종료시에는 합유물의 분할을 청구할 수 있다(제274조 제2항).

Ⅴ. 합유의 종료

합유는 조합체의 해산 또는 합유물의 양도로 인하여 종료한다(제274조 제1항).

「04」 총유

I. 의의
법인이 아닌 사단의 사원이 집합체로서 물건을 소유할 때에는 총유로 한다(제275조 제1항). 총유란 법인이 아닌 사단의 사원이 집합체로서 물건을 소유하는 것을 말한다.

II. 총유의 지분
총유물은 지분이 없다.

III. 총유물

1. 총유물의 보존행위
총유물의 보존에 있어서는 공유물의 보존에 관한 규정은 적용될 수 없고, 사원총회의 결의를 거쳐야 한다(대판 1992.02.28. 91다41507).[6]

2. 총유물의 관리행위
가. 관리에 관한 결정
총유물의 관리는 사원총회 결의에 의한다(제276조 제1항).

나. 총유물의 사용·수익행위
각 사원은 정관 기타의 규약에 좇아 총유물을 사용, 수익할 수 있다(제276조 제2항).

3. 총유물의 처분행위
총유물의 처분은 사원총회 결의에 의한다(제276조 제1항).

IV. 권리의무의 득상
총유물에 관한 사원의 권리의무는 사원의 지위를 취득상실함으로써 취득상실된다(제277조).

---

[6] 총유가 공유나 합유에 비하여 단체성이 강하고 구성원 개인들의 총유재산에 대한 지분권이 인정되지 아니하는 데에서 나온 당연한 귀결이다.

법률규정상의 명의신탁

「01」 서설

Ⅰ. 의의

명의신탁이란 당사자간의 신탁에 관한 채권계약에 의하여 신탁자가 실질적으로 그의 소유에 속하는 부동산의 등기명의를 실체적인 거래관계가 없는 수탁자에게 매매 등의 형식으로 이전하여 두는 것을 말한다(대판 1993.11.09. 92다31699).

Ⅱ. 유형

1. 양자간 명의신탁

양자간 명의신탁이란 명의신탁자가 자기 소유의 부동산을 명의수탁자 앞으로 이전등기하는 것을 말한다.

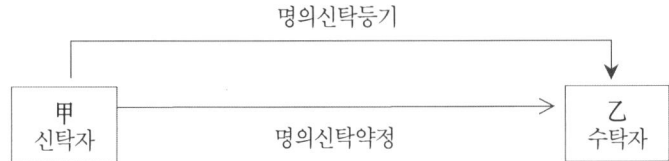

2. 3자간 명의신탁 (중간생략형 명의신탁)

3자간 명의신탁이란 계약의 당사자인 매도인과 신탁자 사이에 체결된 매매계약에 따른 이전등기를 제3자인 수탁자에게 하는 명의신탁을 말한다. 신탁자를 생략하고 매도인으로부터 수탁자에게 이전등기가 이루어지므로 중간생략형 명의신탁이라고도 한다.

3. 계약명의신탁

계약명의신탁이란 명의신탁을 부탁받은 수탁자가 매도인과 매매계약을 체결하고 그에 따른 이전등기까지 받는 명의신탁을 말한다. 계약명의신탁은 매도인이 명의신탁약정을 모르면서 명의수탁자와 매매계약을 체결하는 '매도인이 선의인 계약명의신탁'과 매도인이 알고 있으면서 명의수탁자와 매매계약을 체결하는 '매도인이 악의인 계약명의신탁'의 2가지 유형이 있다.

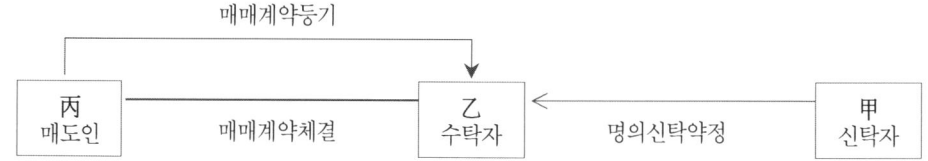

4. 판례

가. 3자간 명의신탁 또는 계약명의신탁 여부

계약명의자가 명의수탁자로 되어 있다 하더라도 계약당사자를 명의신탁자로 볼 수 있다면 이는 3자간 등기명의신탁이 된다. 따라서 계약명의자인 명의수탁자가 아니라 명의신탁자에게 계약에 따른 법률효과를 직접 귀속시킬 의도로 계약을 체결한 사정이 인정된다면 명의신탁자가 계약당사자이고, 이 경우의 명의신탁관계는 3자간 등기명의신탁으로 보아야 한다(대판 2022. 04. 28. 2019다300422).

나. 매도인의 명의신탁사실에 대한 인식

명의신탁자와 명의수탁자가 계약명의신탁약정을 맺고 명의수탁자가 당사자가 되어 매도인과 부동산에 관한 매매계약을 체결하는 경우 매도인의 명의신탁약정 사실에 대한 인식은 매매계약을 체결할 당시를 기준으로 판단해야 한다. 계약 체결 이후에 명의신탁약정 사실을 알게 되었다고 하더라도 영향이 없다(대판 2018. 04. 10. 2017다257715).

Ⅲ. 효력

1. 기존 판례이론

명의신탁은 판례를 통해서 이미 인정되어 왔다. 명의신탁이 통정허위표시에 해당해서 무효라는 견해가 있었지만 판례는 일관되게 신탁행위에 법리에 따라 유효하다는 입장이었다.

2. 부동산 실권리자명의 등기에 관한 법률

1995년 7월 1일부터 시행된 부동산실권리자 명의등기에 관한 법률(이하 '부실법'이라 한다)에서는 기존에 유효로 인정되었던 명의신탁약정의 효력을 무효로 바꾸었다. 하지만 부실법이 적용되지 않는 부분에 대해서는 기존의 판례이론이 적용되어 유효한 명의신탁으로 이용되고 있다.

「02」 기존 판례이론

Ⅰ. 적용대상
부실법이 적용되지 않는 부동산의 명의신탁과 동산과 기타 재화의 명의신탁은 유효한 명의신탁이다.

Ⅱ. 적용범위

1. 부실법상의 명의신탁약정에 해당하지 않음

가. 양도담보·가등기담보

(ㄱ) 가등기담보 채무의 변제를 담보하기 위하여 채권자가 부동산에 관한 물권을 이전(=양도담보) 받거나 가등기(=담보가등기)하는 경우에 부실법상의 명의신탁약정 자체에 해당하지 않는다(부실법 제2조 제1호).

(ㄴ) (순위보전의) 가등기 명의신탁자와 명의수탁자가 무효인 명의신탁약정을 함과 아울러 그 약정을 전제로 하여 이에 기한 명의신탁자의 명의수탁자에 대한 소유권이전등기청구권을 확보하기 위하여 명의신탁자 명의의 가등기는 원인무효이다(대판 2015.02.26. 2014다63315).

나. 구분소유적 공유

부동산의 위치와 면적을 특정하여 2인 이상이 구분소유하기로 하는 약정을 하고 그 구분소유자의 공유로 등기하는 경우에 부실법상의 명의신탁약정 자체에 해당하지 않는다(부실법 제2조 제1호 나목).

다. 신탁법상의 신탁

신탁법에 따른 신탁재산인 사실을 등기한 경우에 부실법상의 명의신탁약정 자체에 해당하지 않는다(부실법 제2조 제1호 다목).

2. 부실법상의 명의신탁약정으로 조세포탈, 강제집행의 면탈, 법령상의 제한의 회피를 목적으로 하지 아니할 때만 부실법 적용이 배제

가. 의의

종중, 배우자, 종교단체가 부동산에 관한 물권을 등기한 경우에 조세 포탈, 강제집행의 면탈 또는 법령상 제한의 회피를 목적으로 하는 명의신탁약정은 부실법이 적용되어 무효이다(부실법 제8조 반대해석).

나. 종중

종중이 보유한 부동산에 관한 물권을 종중(종중과 그 대표자를 같이 표시하여 등기한 경우를 포함한다) 외의 자의 명의로 등기한 경우에 조세 포탈, 강제집행의 면탈 또는 법령상 제한의 회피를 목적으로 하지 아니하는 경우에 한해서 명의신탁약정은 유효하다(부실법 제8조 제1호).

다. 배우자

(ㄱ) **법률상 배우자** 배우자 명의로 부동산에 관한 물권을 등기한 경우에 조세 포탈, 강제집행의 면탈 또는 법령상 제한의 회피를 목적으로 하지 아니하는 경우에 한해서 명의신탁약정은 유효하다(부실법 제8조 제2호).

(ㄴ) **사실혼 배우자** 배우자에는 사실혼 관계에 있는 배우자는 포함되지 아니한다(대판 1999.05.14. 99두35). 따라서 사실혼 배우자에 대한 명의신탁등기는 무효이다.

(ㄷ) **수탁자와 혼인신고** 명의신탁자가 수탁자와 혼인(신고)을 함으로써 법률상의 배우자가 된 때부터는 명의신탁등기가 유효로 된다(대판 2002.10.28. 2001마1235).

(ㄹ) **배우자 일방이 사망** 배우자 일방의 사망으로 부부관계가 해소되었다 하더라도 그 명의신탁 약정은 유효하게 존속한다(대판 2013.01.24. 2011다99498).

라. 종교단체

종교단체의 명의로 그 산하 조직이 보유한 부동산에 관한 물권을 등기한 경우에 조세 포탈, 강제집행의 면탈 또는 법령상 제한의 회피를 목적으로 하지 아니하는 경우에 한해서 명의신탁 약정은 유효하다(부실법 제8조 제3호).

III. 기본적 법률관계

1. 명의신탁 약정

판례에 따라 명의신탁약정은 유효하다. 따라서 명의신탁자는 명의수탁자에 대하여 신탁해지를 하고 신탁관계의 종료 그것만을 이유로 하여 소유 명의의 이전등기절차의 이행을 청구할 수 있다(대판 1980.12.09. 79다634 전합).

2. 명의신탁 등기

유효한 명의신탁약정에 따라 행하여진 등기에 의한 부동산에 관한 물권변동은 유효하다.

3. 소유자

가. 내부적 신탁자 소유

명의신탁자는 명의수탁자에 대하여 등기 없이도 소유권을 주장할 수 있지만 수탁자는 신탁자에 대하여 소유권을 주장할 수 없다(대판 1993.11.09. 92다31699).

나. 외부적 수탁자 소유

재산을 타인에게 신탁한 유효한 명의신탁의 경우 대외적인 관계에 있어서는 수탁자만이 소유권자이다(대판 1979.09.25. 77다1079 전합). 따라서 수탁자만이 소유권자로서 그 재산에 대한 제3자의 침해에 대하여 배제를 구할 수 있으며, 신탁자는 수탁자를 대위하여 수탁자의 권리를 행사할 수 있을 뿐 직접 제3자에게 신탁재산에 대한 침해의 배제를 구할 수 없다(대판 1979.09.25. 77다1079 전합).

4. 제3자

가. 일반

수탁자는 대외적인 관계에서 완전한 소유자이다. 따라서 수탁자로부터 소유권을 이전받은 제3자는 원칙적으로 선의·악의 불문하고 소유권을 취득한다(대판 1974.06.25. 74다423).

나. 판례

명의수탁자로부터 신탁재산을 매수한 제3자가 명의수탁자의 명의신탁자에 대한 배신행위에 적극 가담한 경우에는 명의수탁자와 제3자 사이의 계약은 반사회적 법률행위로서 무효로 보아야 할 것이다(대판 1992.06.09. 91다39842).

「03」 부동산 실권리자명의 등기에 관한 법률

Ⅰ. 이론적 정리

1. 부동산만 적용

명칭에서도 알 수 있듯이 부실법은 명의신탁 가능한 대상 중에서도 부동산에만 적용된다. 소유권 또는 그 지분과 용익물권(대판 1998.09.04. 98다20981), 판례는 담보물권도 명의신탁의 대상이 됨을 인정한다(대판 2009.11.26. 2008다64478).

2. 명의신탁 약정

가. 무효

명의신탁약정은 무효로 한다(부실법 제4조 제1항). 명의신탁관계는 반드시 신탁자와 수탁자 사이의 명시적 계약에 의하여만 성립하는 것이 아니라 묵시적 합의에 의하여도 성립할 수 있다(대판 2021.07.08. 2021다209225, 209232).

나. 판례

(ㄱ) 반사회적 법률행위 명의신탁약정 그 자체는 반사회질서의 법률행위가 되는 것은 아니다(대판 2003.11.27. 2003다41722).

(ㄴ) 불법원인급여 투기, 탈세 또는 강제집행 면탈 등의 목적으로 하는 무효인 명의신탁이더라도 특별한 사정이 없는 한 그러한 사정만으로 불법원인급여에 해당한다고 보기 어렵다(대판 2003.11.27. 2003다41722).

3. 명의신탁 등기

가. 무효

명의신탁약정에 따라 행하여진 등기에 의한 부동산에 관한 물권변동은 무효로 한다(부실법 제4조 제2항 전문).

나. 유효

명의신탁약정에 따라 행하여진 등기이지만 부동산에 관한 물권을 취득하기 위한 계약에서 명의수탁자가 어느 한쪽 당사자가 되고 상대방 당사자는 명의신탁약정이 있다는 사실을 알지 못한 경우에는 유효로 한다(부실법 제4조 제2항 후문).

4. 제3자 보호

가. 의의

명의신탁약정과 명의신탁약정에 따른 등기의 무효는 (선의·악의) 제3자에게 대항하지 못한다(부실법 제4조 제3항). 통정허위표시에서의 제3자와 동일하다.

나. 판례

(ㄱ) **통정허위표시와 동일** 명의신탁약정 및 이에 따른 등기의 제3자는 명의신탁약정의 당사자 및 포괄승계인 이외의 자로서 명의수탁자가 물권자임을 기초로 그와 사이에 직접 새로운 이해관계를 맺은 사람으로서 소유권이나 저당권 등 물권을 취득한 자뿐만 아니라 압류 또는 가압류 채권자도 포함하고 그의 선의·악의를 묻지 않는다(대판 2021.11.11. 2019다272725).

(ㄴ) **명의신탁자와 계약을 맺은 자** 명의신탁자와 부동산에 관한 물권계약을 맺고 단지 등기명의만을 명의수탁자로부터 경료받은 것과 같은 외관을 갖춘 자가 부실법의 제3자에 해당하지 않는다(대판 2022.09.29. 2022다228933).

II. 유형에 따른 검토

1. 양자간 명의신탁

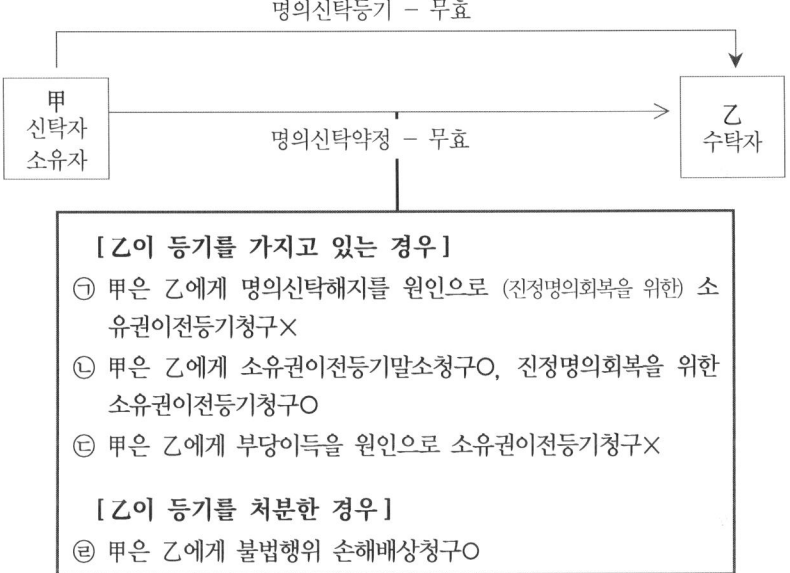

가. 명의신탁 약정

명의신탁약정은 무효로 한다(부실법 제4조 제1항).

나. 명의신탁 등기

명의신탁약정에 따라 행하여진 등기에 의한 부동산에 관한 물권변동은 무효로 한다(부실법 제4조 제2항 본문).

다. 소유자

양자간 명의신탁에서 명의신탁약정과 그에 기한 등기는 무효이므로, 등기부상 전 소유자인 매도인이 여전히 부동산의 소유권을 가지고 있다.

라. 제3자

양도계약의 목적물이 타인의 권리에 속하는 경우에 있어서도 그 양도계약은 계약당사자간에 있어서는 유효하다(대판 1993.08.24. 93다24445). 명의신탁약정과 명의신탁약정에 따른 등기의 무효는 (선의·악의) 제3자에게 대항하지 못한다(부실법 제4조 제3항). 따라서 제3자에게 소유권이전등기의 말소를 청구하지 못하고 제3자는 소유권을 취득한다.

2. 3자간 명의신탁 (중간생략형 명의신탁)

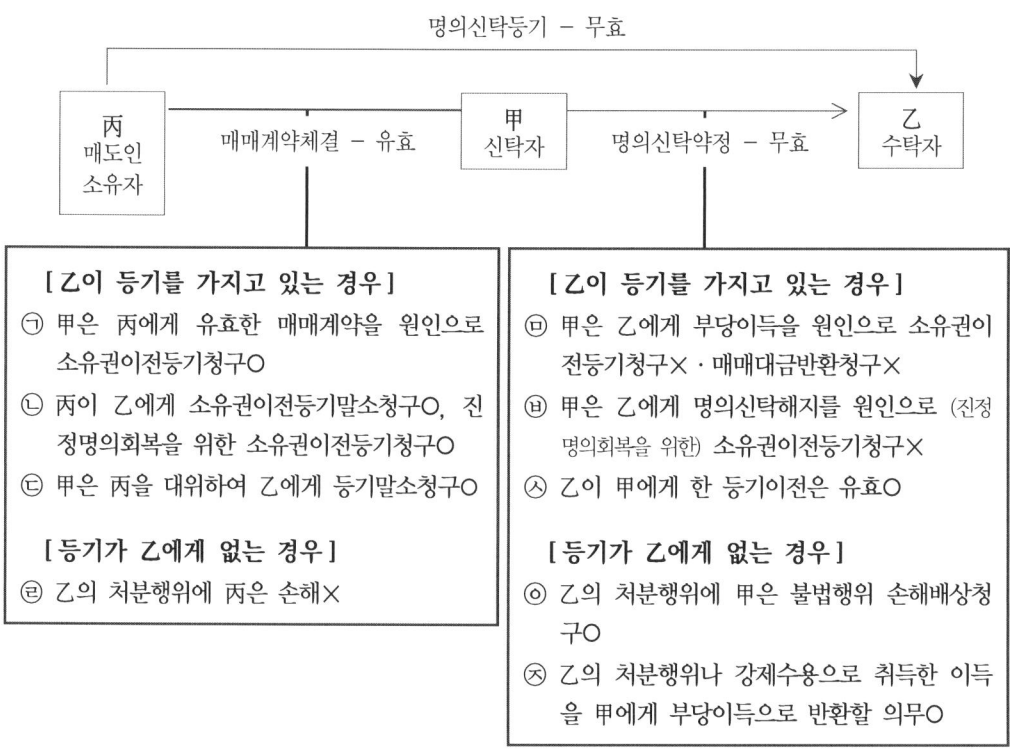

가. 명의신탁 약정

명의신탁약정은 무효로 한다(부실법 제4조 제1항).

나. 명의신탁 등기

명의신탁약정에 따라 행하여진 등기에 의한 부동산에 관한 물권변동은 무효로 한다(부실법 제4조 제2항 본문).

다. 소유자

부동산의 소유권은 전 소유자에게 복귀하고 명의수탁자는 소유권을 취득하지 못한다. 전 소유자는 명의수탁자에게 원인계약의 무효를 이유로 등기의 말소를 청구할 수 있다.

라. 제3자

양도계약의 목적물이 타인의 권리에 속하는 경우에 있어서도 그 양도계약은 계약당사자간에 있어서는 유효하다(대판 1993.08.24. 93다24445). 명의신탁약정과 명의신탁약정에 따른 등기의 무효는 (선의·악의) 제3자에게 대항하지 못한다(부실법 제4조 제3항). 따라서 제3자에게 소유권이전등기의 말소를 청구하지 못하고 제3자는 소유권을 취득한다.

3. 매도인이 선의인 계약명의신탁

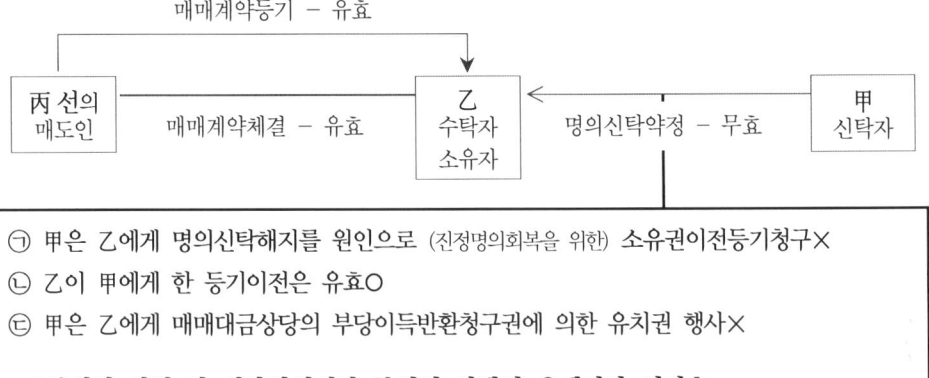

- ㉠ 甲은 乙에게 명의신탁해지를 원인으로 (진정명의회복을 위한) 소유권이전등기청구×
- ㉡ 乙이 甲에게 한 등기이전은 유효○
- ㉢ 甲은 乙에게 매매대금상당의 부당이득반환청구권에 의한 유치권 행사×

[부실법 시행 전 계약명의신탁 부실법 시행의 유예기간 경과]
- ㉣ 甲은 乙에게 부당이득반환청구 – 부동산자체
- ㉤ 乙이 부동산의 처분대가를 甲에게 지급하기로 약정 – 유효

[부실법 시행 후 계약명의신탁]
- ㉥ 甲은 乙에게 부당이득반환청구 – 매수자금, 취득세·등록세 등 취득비용, 부동산자체에 대한 소유권이전등기청구권×
- ㉦ 乙이 부동산의 처분대가를 甲에게 지급하기로 약정 – 무효

가. 명의신탁 약정
명의신탁약정은 무효로 한다(부실법 제4조 제1항).

나. 명의신탁 등기
매도인이 선의인 경우에 명의신탁약정에 따라 행하여진 등기에 의한 부동산에 관한 물권변동은 유효로 한다(부실법 제4조 제2항 단서).

다. 소유자
매도인이 선의인 경우에 명의신탁약정에 따라 행하여진 등기에 의한 부동산에 관한 물권변동은 유효로 한다(부실법 제4조 제2항 단서). 따라서 명의수탁자는 부동산의 소유권을 취득한다.

라. 제3자
수탁자는 완전한 소유자이다. 따라서 수탁자로부터 소유권을 이전받은 제3자는 원칙적으로 선의·악의 불문하고 소유권을 취득한다. 따라서 제3자에게 소유권이전등기의 말소를 청구하지 못하고 제3자는 소유권을 취득한다.

마. 경매는 선의의 계약명의신탁 법리적용

법원이 진행하는 경매절차의 경우에는 매도인이 결정 과정에 아무런 관여를 할 수 없기 때문에 명의신탁약정 사실에 대해 선의·악의를 불문하고 매도인이 선의인 계약명의신탁의 법리가 적용된다(대판 2012.11.15. 2012다69197).

4. 매도인이 악의인 계약명의신탁

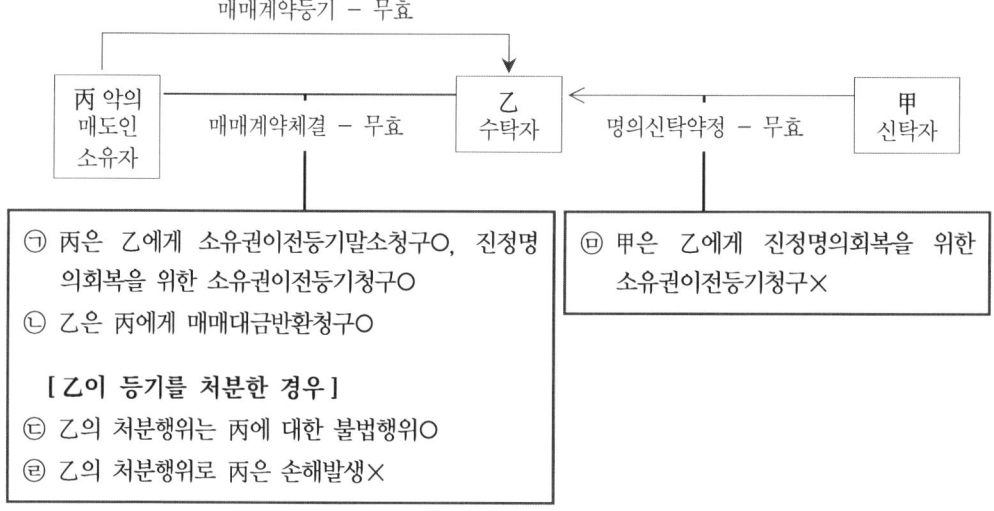

가. 명의신탁 약정
명의신탁약정은 무효로 한다(부실법 제4조 제1항).

나. 명의신탁 등기
매도인이 악의인 경우에 명의신탁약정에 따라 행하여진 등기에 의한 부동산에 관한 물권변동은 무효로 한다(부실법 제4조 제2항 본문).

다. 소유자
부동산의 소유권은 전 소유자에게 복귀하고 명의수탁자는 소유권을 취득하지 못한다. 전 소유자는 명의수탁자에게 원인계약의 무효를 이유로 등기의 말소를 청구할 수 있다.

라. 제3자
양도계약의 목적물이 타인의 권리에 속하는 경우에 있어서도 그 양도계약은 계약당사자간에 있어서는 유효하다(대판 1993.08.24. 93다24445). 명의신탁약정과 명의신탁약정에 따른 등기의 무효는 (선의·악의) 제3자에게 대항하지 못한다(부실법 제4조 제3항). 따라서 제3자에게 소유권이전등기의 말소를 청구하지 못하고 제3자는 소유권을 취득한다.

지상권

「01」 서설

I. 용익물권인 지상권

1. 건물 기타 공작물이나 수목을 소유하기 위하여

지상권자는 타인의 토지에 건물 기타 공작물이나 수목을 소유하기 위하여 그 토지를 사용하는 권리가 있다(제279조).

2. 타인의 토지를 사용하는 권리

지상권은 타인의 토지에서 건물 기타의 공작물이나 수목을 소유하는 것을 본질적 내용으로 하는 것이 아니라 타인의 토지를 사용하는 것을 본질적 내용으로 하고 있으므로 지상권 설정계약 당시 건물 기타의 공작물이나 수목이 없더라도 지상권은 유효하게 성립할 수 있고, 또한 기존의 건물 기타의 공작물이나 수목이 멸실되더라도 존속기간이 만료되지 않는 한 지상권이 소멸되지 아니한다(대판 1996.03.22. 95다49318).

II. 담보지상권

1. 담보물권

담보지상권이란 근저당권 등 담보권 설정의 당사자들이 담보로 제공된 토지에 추후 용익권이 설정되거나 건물 또는 공작물이 축조·설치되는 등으로 토지의 담보가치가 줄어드는 것을 막기 위하여 담보권과 아울러 설정하는 지상권을 말한다(대판 2017.10.31. 2015다65042).

2. 피담보채권

담보지상권을 설정하였다면, 근저당권 등의 피담보채권이 변제 등으로 만족을 얻어 소멸한 경우는 물론이고 시효로 소멸한 경우에도 그 지상권은 피담보채권에 부종하여 소멸한다(대판 2011.04.14. 2011다6342).

「02」 지상권의 취득

I. 법률행위에 의한 취득

1. 성립
지상권은 토지소유자와 지상권을 취득하려는 자 사이의 지상권설정계약과 그 등기에 의하여 성립한다(제186조). 지상권에 있어서 토지사용의 대가인 지료의 지급은 지상권의 성립요소가 아니어서 지료에 대한 지급약정이 없다고 하더라도 지상권의 성립에는 영향이 없다.

2. 취득
지상권계약이 설정됨으로써 자신의 토지 사용을 허용해 준 자는 지상권설정자, 타인의 토지를 사용할 수 있는 자는 지상권자가 된다.

II. 등기

1. 예외적 권리변동적 효력
지상권설정계약에 의한 지상권 취득은 등기하여야 그 효력이 생긴다(제186조).

2. 원칙적 대항적 효력
지상권의 존속기간·지료와 지급시기에 관한 사항은 그 뒤에 토지소유권 또는 지상권을 양수한 사람 등 제3자에게 대항할 수 있다(대판 1999.09.03. 99다24874). 등기가 되어 있지 않다면 지상권을 양수한 사람 등 제3자에게 대항할 수 없을 뿐이다(대판 2009.09.24. 2007두7505).

「03」 지상권의 존속기간

I. 존속기간을 약정한 경우

1. 최단 존속기간

> 제280조 (존속기간을 약정한 지상권) ① 계약으로 지상권의 존속기간을 정하는 경우에는 그 기간은 다음 연한보다 단축하지 못한다.
> 1. 석조, 석회조, 연와조 또는 이와 유사한 견고한 건물이나 수목의 소유를 목적으로 하는 때에는 30년
> 2. 전호 이외의 건물의 소유를 목적으로 하는 때에는 15년
> 3. 건물 이외의 공작물의 소유를 목적으로 하는 때에는 5년
> ② 전항의 기간보다 단축한 기간을 정한 때에는 전항의 기간까지 연장한다.

기존 건물의 사용을 목적으로 지상권이 설정된 경우, 지상권의 최단 존속기간에 관하여 적용되지 않는다(대판 1996.03.22. 95다49318).

2. 최장 존속기간

민법은 지상권의 존속기간은 최단기만이 규정되어 있고, 존속기간이 영구인 지상권을 인정할 실제의 필요성도 있으므로 지상권의 존속기간을 영구로 약정하는 것도 허용된다(대판 2001.05.29. 99다66410).

II. 존속기간을 약정하지 않은 경우

> 제281조 (존속기간을 약정하지 아니한 지상권) ① 계약으로 지상권의 존속기간을 정하지 아니한 때에는 그 기간은 전조의 최단존속기간으로 한다.
> ② 지상권설정당시에 공작물의 종류와 구조를 정하지 아니한 때에는 지상권의 존속기간은 15년이다.

「04」 지상권의 효력

Ⅰ. 토지의 사용권

1. 토지의 사용·수익권

가. 용익물권인 지상권
지상권자는 정해진 목적의 범위 내에서 타인의 토지를 사용할 권리가 있고 이를 위해서 토지를 점유할 수 있어야 한다. 지상권설정자는 대지를 사용·수익할 수 없다(대판 1974.11.12. 74다1150).

나. 담보지상권
담보를 위하여 토지에 저당권과 함께 지료 없는 지상권을 설정하는 경우, 토지소유자는 특별한 사정이 없는 한 토지를 사용·수익할 수 있다(대판 2018.03.15. 2015다69907).

2. 토지의 불법점유자

가. 용익물권인 지상권
지상권을 설정해 준 대지를 사용·수익할 수 없는 대지소유자는 불법점유자에게 임료상당의 손해금을 청구할 수 없다(대판 1974.11.12. 74다1150).

나. 담보지상권
채권의 담보를 위하여 지상권을 설정한 경우, 대지를 사용·수익할 수 없는 지상권자는 무단점유자에 대하여 지상권 자체의 침해를 이유로 한 임료 상당 손해배상을 구할 수 없다(대판 2008.01.17. 2006다586).

다. 점유권에 기한 물권적 청구권
지상권은 점유할 권능을 가지므로 지상권이 침해된 경우 점유보호청구권을 행사할 수 있다.

Ⅱ. 지상권자의 지료지급의무

1. 지료지급 여부
(ㄱ) 원칙 무상 지상권에 있어서 지료의 지급은 지상권의 요소가 아니어서 지료에 관한 유상 약정이 없는 이상 지료의 지급을 청구할 수 없다(대판 1999.09.03. 99다24874).

(ㄴ) 예외 유상 지상권에 있어서 지료에 관한 약정이 있는 이상 토지소유자는 지료에 관한 등기 여부에 관계없이 지상권자에 대하여 그 약정된 지료의 지급을 구할 수 있다(대판 2009.09.24. 2007두7505).

2. 지료증감청구권
지료가 토지에 관한 조세 기타 부담의 증감이나 지가의 변동으로 인하여 상당하지 아니하게 된 때에는 당사자는 그 증감을 청구할 수 있다(제286조).

3. 지료연체

가. 지상권소멸청구권

(1) 규정

지상권자가 2년 이상의 지료를 지급하지 아니한 때에는 지상권설정자는 지상권의 소멸을 청구할 수 있다(제287조).

(2) 판례

지상권자의 지료지급연체가 토지소유권의 양도 전후에 걸쳐 이루어진 경우에 양도인에 대하여 2년 이상 지료를 연체하였다 하더라도 양수인에 대한 연체가 2년 이상이 아니면 양수인은 지상권의 소멸을 청구할 수 없다(대판 2001.03.13. 99다17142).

나. 지상권소멸청구에 대한 통지

지상권이 저당권의 목적인 때 또는 그 토지에 있는 건물, 수목이 저당권의 목적이 된 때에는 지료연체에 따른 지상권설정자의 지상권소멸청구는 저당권자에게 통지한 후 상당한 기간이 경과함으로써 그 효력이 생긴다(제288조).

III. 지상권의 양도 및 임대

1. 의의

지상권자는 타인에게 그 권리를 양도하거나 그 권리의 존속기간 내에서 그 토지를 임대할 수 있다(제282조).

2. 양도의 제한

지상권은 독립된 물권으로서 다른 권리에 부종함이 없이 그 자체로서 양도될 수 있으며 소유자의 의사에 반하여도 자유롭게 타인에게 양도할 수 있다(대판 1991.11.08. 90다15716).

3. 양도 방법

가. 분리 양도

지상권자는 지상권을 유보한 채 지상물 소유권만을 양도할 수도 있고 지상물 소유권을 유보한 채 지상권만을 양도할 수도 있는 것이어서 지상권자와 그 지상물의 소유권자가 반드시 일치하여야 하는 것은 아니다(대판 2006.06.15. 2006다6126).

나. 함께 양도

양수인이 지상물인 건물에 대해 소유권이전등기를 하면 양수인이 지상권을 취득하기 위해서는 따로 그 등기를 하여야 한다(대판 1985.04.09. 84다카1131,1132 전합).

IV. 지상물매수청구권

1. 지상권이 소멸

지상권이 소멸한 때에는 지상권자는 건물 기타 공작물이나 수목을 수거하여 토지를 원상에 회복하여야 한다(제285조 제1항).

2. 지상권자의 지상물매수청구권

가. 갱신청구권

(ㄱ) **규정** 지상권이 소멸한 경우에 건물 기타 공작물이나 수목이 현존한 때에는 지상권자는 계약의 갱신을 청구할 수 있다(제283조 제1항).

(ㄴ) **법적성질** 지상권자의 갱신청구권은 청구권이어서 지상권설정자는 이를 거절할 수 있고, 이를 거절하면 지상권은 갱신되지 않고 지상권자는 지상물의 매수를 청구할 수 있다.

(ㄷ) **판례** 지상물매수청구권은 지상권이 존속기간의 만료로 인하여 소멸하는 때에 행사할 수 있는 권리이므로, 지상권자의 지료연체를 이유로 토지소유자가 그 지상권소멸청구를 하여 이에 터 잡아 지상권이 소멸된 경우에는 매수청구권이 인정되지 않는다(대판 1993.06.29. 93다10781).

나. 지상물매수청구권

(ㄱ) **규정** 지상권설정자가 계약의 갱신을 원하지 아니하는 때에는 지상권자는 상당한 가액으로 건물 기타 공작물이나 수목의 매수를 청구할 수 있다(제283조 제2항).

(ㄴ) **법적성질** 지상물매수청구권은 형성권으로서 지상권자가 이를 행사함으로 인하여 지상물에 관한 매매계약이 성립한다(대판 1967.12.18. 67다2355).

(ㄷ) **판례** 지상권의 존속기간 만료 후 지체 없이 행사하지 아니하여 지상권갱신청구권이 소멸한 경우에는 지상물매수청구권은 발생하지 않는다(대판 2023.04.27. 2022다306642).

3. 지상권설정자의 지상물매수청구권

지상권이 소멸한 때 지상권설정자가 상당한 가액을 제공하여 그 공작물이나 수목의 매수를 청구한 때에는 지상권자는 정당한 이유없이 이를 거절하지 못한다(제285조 제2항). 지상권설정자는 갱신청구권 없이 바로 지상물매수를 청구할 수 있다.

「05」 지상권의 소멸

I. 소멸시효

지상권은 20년 동안 행사하지 않으면 소멸시효가 완성한다(제162조 제2항).

II. 지상권의 포기

지상권을 목적으로 저당권을 설정한 자는 저당권자의 동의 없이 지상권을 소멸(=포기도 포함)하게 하는 행위를 하지 못한다(제371조 제2항).

「06」 특수한 지상권

I. 구분지상권

(ㄱ) 규정 지하 또는 지상의 공간은 상하의 범위를 정하여 건물 기타 공작물을 소유하기 위한 지상권의 목적으로 할 수 있다. 이 경우 설정행위로써 지상권의 행사를 위하여 토지의 사용을 제한할 수 있다(제289조의2 제1항).

(ㄴ) 지상권과 비교 일반지상권은 공작물 외에 수목의 소유를 위하여 설정될 수 있지만, 구분지상권은 건물 기타 공작물의 소유를 위해서만 설정될 수 있고, 수목의 소유를 목적으로 하지는 못한다.

II. 분묘기지권

1. 서설

가. 의의

분묘기지권은 분묘를 수호하고 봉제사하는 목적을 달성하는 데 필요한 범위 내에서 타인의 토지를 사용할 수 있는 지상권과 유사한 물권을 말한다(대판 1997. 05. 23. 95다29086, 29093).

나. 취득 유형

(1) 토지소유자의 승낙을 얻어서 분묘를 설치한 경우

토지 소유자가 분묘 수호·관리권자에 대하여 분묘의 설치를 승낙한 때에는 그 분묘의 기지에 관하여 분묘기지권을 설정한 것으로 보아야 한다(대판 2021. 09. 16. 2017다271834, 271841).

(2) 토지소유자의 승낙 없이 분묘를 설치한 후에 시효취득을 한 경우

타인의 토지에 소유자의 승낙 없이 분묘를 설치한 경우 20년간 평온·공연하게 분묘의 기지를 점유하면 분묘기지권을 시효로 취득한다(대판 2021. 05. 27. 2018다264420). 취득시효형 분묘기지권은 장사 등에 관한 법률(이하 '장사법'이라 한다)의 시행일 2001. 1. 13. 이후에는 주장할 수 없고, 시행일 이전에 설치한 분묘에 관하여 주장할 수 있다. 장사법의 시행으로 취득시효형 분묘기지권이 소멸되었다거나 그 내용이 변경되었다는 주장은 받아들이기 어렵다(대판 2017. 01. 19. 2013다17292 전합).

(3) 자기 소유의 토지에 분묘를 설치하고 특약 없이 토지를 처분한 경우

자기소유 토지에 분묘를 설치하고 이를 타에 양도한 경우에는 판 사람은 분묘소유를 위하여 산 사람의 토지에 대하여 지상권 유사의 물권을 취득한다(대판 1967. 10. 12. 67다1920).

2. 분묘기지권의 취득

가. 성립

(1) 요건

분묘기지권이 성립하기 위하여는 그 내부에 사람의 유골, 유해, 유발 등 시신을 매장하여 봉분 등 외부에서 분묘의 존재를 인식할 수 있는 형태를 갖추고 있어야 한다(대판 1991. 10. 25. 91다8040).

(2) 판례

(ㄱ) 시신의 안장×, 분묘의 형태○ 현재 시신이 안장되어 있지 아니한 장래 묘소에 분묘지기권을 취득할 수 없다(대판 1976.10.26. 76다1359,1360).

(ㄴ) 시신의 안장○, 분묘의 형태× 암장되거나 평장된 경우에는 분묘의 존재를 알 수 없으므로 분묘기지권을 취득할 수 없다(대판 1991.10.25. 91다18040).

나. 등기사항 아님

지상권과 달리 분묘기지권은 봉분 등 분묘의 존재를 인식할 수 있는 형태를 갖추고 있으므로 이러한 특성상 등기 없이 취득한다(대판 1996.06.14. 96다14036).

3. 분묘기지권의 존속기간

분묘기지권의 존속기간에 관하여는 민법의 지상권에 관한 규정에 따를 것이 아니라 권리자가 분묘의 수호와 봉사를 계속하며 그 분묘가 존속하고 있는 동안은 분묘기지권은 존속한다(대판 2009.05.14. 2009다1092).

4. 분묘기지권의 효력

가. 토지의 사용·수익권

(1) 용익물권

분묘기지권은 분묘의 기지 자체(봉분의 기저 부분)뿐만 아니라 그 분묘의 수호 및 제사에 필요한 범위 내에서 분묘의 기지 주위의 공지를 포함한 지역에까지 미치는 것이고, 사성(사성, 무덤 뒤를 반달형으로 둘러쌓은 둔덕)이 조성되어 있다 하여 반드시 그 사성 부분을 포함한 지역에까지 분묘기지권이 미치는 것은 아니다(대판 1997.05.23. 95다29086,29093). 토지의 소유자라 하더라도 그 지상에 적법하게 존재하는 타인의 묘지주변을 침범하여 공작물 등을 설치할 수 없다(대판 1959.10.08. 4291민상770).

(2) 새로운 분묘설치, 이장

분묘기지권에는 그 효력이 미치는 범위 안에서 새로운 분묘를 설치하거나 원래의 분묘를 다른 곳으로 이장할 권능은 포함되지 않는다(대판 2007.06.28. 2007다16885).

(3) 합장

부부 중 일방이 먼저 사망하여 이미 그 분묘가 설치되고 그 분묘기지권이 미치는 범위 내에서 그 후에 사망한 다른 일방의 합장을 위하여 쌍분 형태의 분묘를 설치하는 것도 허용되지 않는다(대판 1997.05.23. 95다29086,29093).

나. 분묘기지권자의 지료지급의무

(1) 토지소유자의 승낙을 얻어서 분묘를 설치한 경우

분묘기지권의 성립 당시 토지 소유자와 분묘의 수호·관리자가 지료 지급에 관하여 약정을 하였다면 그에 따른다(대판 2021.09.16. 2017다271834, 271841).

(2) 토지소유자의 승낙 없이 분묘를 설치한 후에 시효취득을 한 경우
분묘기지권을 시효로 취득한 경우, 분묘기지권자는 토지소유자가 지료를 청구하면 그 청구한 날부터의 지료를 지급할 의무가 있다(대판 2021.04.29. 2017다228007 전합).

(3) 자기 소유의 토지에 분묘를 설치하고 특약 없이 토지를 처분한 경우
자기 소유 토지에 분묘를 설치한 사람이 그 토지를 양도하면서 분묘를 이장하겠다는 특약을 하지 않음으로써 분묘기지권을 취득한 경우, 분묘기지권자는 분묘기지권이 성립한 때부터 토지 소유자에게 지료를 지급할 의무가 있다(대판 2021.05.27. 2020다295892).

5. 분묘지기권의 존속

분묘가 멸실된 경우라 하더라도 유골이 존재하여 분묘의 원상회복이 가능하여 일시적인 멸실에 불과하다면 분묘기지권은 소멸하지 않고 존속한다(대판 2007.06.28. 2005다44114).

6. 분묘기지권의 소멸

(ㄱ) 분묘를 이장 분묘를 다른 곳으로 이장하면 그 분묘기지권은 당연히 소멸한다(대판 2007.06.28. 2007다16885).

(ㄴ) 분묘기지권의 포기 분묘기지권자가 분묘기지권을 포기하는 의사표시를 하는 외에 점유까지도 포기하여야만 그 권리가 소멸하는 것은 아니다(대판 1992.06.23. 92다14762).

법정지상권 · 관습상 법정지상권

01 저당권의 법정지상권

Ⅰ. 의의
저당물의 경매로 인하여 토지와 그 지상건물이 다른 소유자에 속한 경우에는 토지소유자는 건물소유자에 대하여 지상권을 설정한 것으로 본다(제366조).

Ⅱ. 법정지상권의 취득

1. 법률규정에 의한 취득

가. 저당권설정당시 토지위에 건물이 존재

(1) 원칙

(ㄱ) 미등기·무허가 건물 토지에 관하여 저당권이 설정될 당시에 독립된 부동산으로서 건물의 요건을 갖추면 그 건물이 미등기라 하더라도 법정지상권의 성립에는 아무런 지장이 없는 것이다(대판 2004.06.11. 2004다13533).

(ㄴ) 저당권 설정 후에 건물을 건축 건물 없는 토지에 대하여 저당권이 설정되었는데 그 후에 설정자가 그 위에 건물을 건축한 경우에는 법정지상권이 생긴다고 할 수 없다(대판 1978.08.22. 78다630).

(ㄷ) 저당권 설정 후에 저당권자의 양해를 얻어 건물을 건축 건물이 없는 토지에 저당권 설정한 후 저당권자의 양해를 얻어 건물을 지어도 법정지상권은 인정되지 않는다(대판 2003.09.05. 2003다26051).

(2) 예외

(ㄱ) 저당권설정당시 토지 위에 가설건축물이 존재 가설건축물은 존치기간이 3년으로 정해져 있으므로 특별한 사정이 없는 한 법정지상권이 성립하지 않는다(대판 2021.10.28. 2020다224821).

(ㄴ) 저당권설정당시 토지 위에 건축 중인 건물의 규모와 종류가 예상가능 토지에 저당권이 설정될 당시 그 지상에 건물이 건축 중이었고 규모와 종류가 외형상 예상할 수 있는 정도까지 건축이 진전되어 있는 경우에, 매각대금 완납 시까지 건물의 요건을 갖추어야 비로소 법정지상권이 성립한다(대판 2004.06.11. 2004다13533).

나. 저당권설정당시 토지와 건물이 동일인 소유

(1) 원칙

(ㄱ) 저당권설정당시 토지와 건물이 동일인 소유 토지에 저당권을 설정할 당시 그 지상에 건물이 존재하였고 그 양자가 동일인의 소유였다가 그 후 저당권의 실행으로 토지가 낙찰되기 전에 건물이 제3자에게 양도된 경우, 건물을 양수한 제3자가 법정지상권을 취득한다(대판 1999.11.23. 99다52602).

(ㄴ) **건물공유자가 토지를 단독으로 소유** 건물공유자의 1인이 그 건물의 부지인 토지를 단독으로 소유하면서 그 토지에 관하여만 저당권을 설정하였다가 위 저당권에 의한 경매로 인하여 토지의 소유자가 달라진 경우에도, 위 건물공유자들은 법정지상권을 취득한(대판 2011.01.13. 2010다67159).

(ㄷ) **건물을 대지와 함께 매수** 미등기 건물을 그 대지와 함께 매수한 사람이 그 대지에 관하여만 소유권이전등기를 넘겨받고 건물에 대하여는 그 등기를 이전 받지 못하고 있다가, 저당권의 실행으로 대지가 경매되어 다른 사람의 소유로 된 경우에 법정지상권이 성립될 여지가 없다(대판 2002.06.20. 2002다9660 전합).

(2) 예외

동일인의 소유에 속하는 토지 및 그 지상건물에 관하여 공동저당권이 설정된 후 그 지상건물이 철거되고 새로 건물이 신축된 경우에는, 특별한 사정이 없는 한, 그 신축건물을 위한 법정지상권은 성립하지 않는다(대판 2003.12.18. 98다43601 전합).

다. 저당권의 실행을 통해 토지와 건물의 소유자가 달라졌을 것

라. 강행규정

저당권설정 당사자간의 특약으로 저당목적물인 토지에 대하여 법정지상권을 배제하는 약정을 하더라도 그 특약은 효력이 없다(대판 1988.10.25. 87다카1564).

2. 등기사항 아님

법정지상권은 법률의 규정에 의한 부동산에 관한 물권취득이므로 등기를 필요로 하지 아니하고 경락인의 경락대금 완납시에 지상권취득의 효력이 발생하고 이를 취득할 당시의 소유자나 이로부터 그 토지소유권을 전득한 제3자에 대하여도 등기없이 지상권을 주장할 수 있다(대판 1965.09.23. 65다1222).

Ⅲ. 법정지상권의 효력

1. 토지의 사용·수익권

가. 원칙

법정지상권은 법률규정에 의하여 성립하는 것을 제외하고는 지상권과 다를 바가 없다.

나. 사용범위

법정지상권이 성립한 후에 건물을 개축 또는 증축하는 경우는 물론 건물이 멸실되거나 철거된 후에 신축하는 경우에도 법정지상권은 성립하나, 다만 그 법정지상권의 범위는 구건물을 기준으로 한정된다(대판 1997.01.21. 96다40080).

2. 법정지상권자의 지료지급의무

가. 규정

법정지상권은 지상권과 달리 지료를 지급하여야 한다. 지료는 당사자의 협의로 결정되지만, 협의가 이루어지지 않으면 당사자의 청구에 의해 법원이 이를 정한다(제366조).

나. 판례

법정지상권의 경우 당사자 사이에 지료에 관한 협의가 있었다거나 법원에 의하여 지료가 결정되었다는 입증이 없다면, 법정지상권자가 2년 이상의 지료를 지급하지 아니하였음을 이유로 하는 토지소유자의 지상권소멸청구는 이유가 없다(대판 2001. 03. 13. 99다17142).

Ⅳ. 일괄경매청구권

1. 의의

토지를 목적으로 저당권을 설정한 후 그 설정자가 그 토지에 건물을 축조한 때에는 저당권자는 토지와 함께 그 건물에 대하여도 경매를 청구할 수 있다. 그러나 그 건물의 경매대가에 대하여는 우선변제를 받을 권리가 없다(제365조).

2. 요건

가. 저당권설정당시 토지위에 건물이 없다가 설정자가 건물을 축조

건물이 없는 나대지상에 저당권을 설정한 후 그 설정자가 건물을 축조한 경우 저당권자는 그 토지와 신축건물의 일괄경매를 청구할 수 있다(대판 1998. 04. 28. 97마2935).

나. 일괄경매당시 토지와 건물이 동일인 소유

(1) 경매당시 토지와 건물이 동일인 소유
  (ㄱ) 저당권설정자가 건물을 축조 일괄경매청구권은 원칙적으로 저당권설정자가 건물을 축조하여 소유하고 있는 경우에 한한다고 봄이 상당하다(대판 1999. 04. 20. 99마146).
  (ㄴ) 제3자가 건물을 축조 저당권설정자가 아닌 용익권을 설정 받은 자가 건물을 지은 경우에는 일괄경매청구권이 인정되지 않는다. 그 후 저당권설정자가 그 건물의 소유권을 취득한 경우에는 토지와 함께 그 건물에 대하여 경매를 청구할 수 있다(대판 2003. 04. 11. 2003다3850).

(2) 경매당시 토지와 건물이 동일인 소유가 아님
저당권설정 이후에 근저당권설정자에 의하여 건물이 축조되고 근저당권설정자로부터 제3자에게 소유권이 이전된 경우에 일괄경매청구권이 인정되지 않는다(대판 1994. 01. 24. 93마1736).

3. 효과

가. 경매청구권

일괄경매의 요건을 갖추었다고 하여도 토지만을 경매하거나, 토지와 건물을 일괄하여 경매하거나, 그것은 저당권자의 자유로운 선택에 달려있다. 대지만의 매각대금으로 경매비용과 피담보채권을 변제하는데 충분하다 하더라도 일괄경매청구는 적법하다(대판 1961. 03. 20. 4294민재항50).

나. 우선변제권

저당권의 효력은 토지에만 미치게 되므로 일괄경매청구권이 행사된 경우에 건물의 매각대금으로는 우선변제를 받지 못한다.

「02」 관습법상의 법정지상권

Ⅰ. 서설

1. 전세권에 기한 법정지상권
대지와 건물이 동일한 소유자에 속한 경우에 건물에 전세권을 설정한 때에는 그 대지소유권의 특별승계인은 전세권설정자에 대하여 지상권을 설정한 것으로 본다. 그러나 지료는 당사자의 청구에 의하여 법원이 이를 정한다(제305조 제1항).

2. 의의
관습법상 법정지상권이란 토지와 건물이 동일인 소유에 속하였다가 매매 기타의 원인으로 소유자가 달라진 경우에 토지소유자는 건물소유자에 대하여 지상권을 설정한 것으로 보는 것을 말한다.

Ⅱ. 관습법상 법정지상권의 취득

1. 관습법에 의한 취득

가. 처분당시 토지위에 건물이 존재
관습상의 법정지상권을 취득함에 있어서 건물은 건물로서의 요건을 갖추고 있는 이상 무허가 건물이거나 미등기건물이거나를 가리지 않는다(대판 1988.04.12. 87다카2404).

나. 처분당시 토지와 건물이 동일인 소유

(1) 원칙

(ㄱ) 처분당시 토지와 건물이 동일인 소유 관습법상의 법정지상권이 성립되기 위하여는 토지와 건물 중 어느 하나가 처분될 당시에 동일인 소유에 속하면 족하고 원시적으로 동일인 소유에 속할 필요는 없다(대판 1995.07.28. 95다9075).

(ㄴ) 처분당시 토지와 건물이 동일인 소유가 아님 토지의 소유자로부터 토지사용 승낙을 받아 건물을 신축한 경우에 건물 또는 토지가 매매 또는 그 이외의 원인으로 그 소유자가 다르게 될 때 관습법상 법정지상권이 성립할 여지가 없다(대판 1990.10.30. 90다카26003).

(2) 예외
토지의 소유자가 건물을 건축할 당시 이미 토지를 타에 매도하여 소유권을 이전하여 줄 의무를 부담하고 있었다면 토지소유자가 장차 철거를 예상하면서도 건물을 건축하였다면 그 건물을 위한 관습상의 법정지상권은 생기지 않는다고 보아야 할 것이다(대판 1994.12.22. 94다41072, 94다41089).

(3) 환매·환지
환매와 환지의 성질상 환매권의 행사와 환지처분에 따라 토지와 건물의 소유자가 달라진 경우 그 건물을 위한 관습상의 법정지상권은 애초부터 생기지 않는다(대판 2010.11.25. 2010두16431, 대판 2001.05.08. 2001다4101).

(4) 구분소유적 공유

(ㄱ) **자신의 특정 소유에 건물을 신축** 원고와 피고가 1필지의 대지를 구분소유적으로 공유하고 피고가 자기 몫의 대지 위에 건물을 신축하여 점유하던 중 위 대지의 피고지분만을 원고가 경락취득한 경우 피고의 관습상의 법정지상권 취득한다(대판 1990.06.26. 89다카24094).

(ㄴ) **특정 소유 아닌 부분에 건물을 신축** 구분소유적 공유관계에 있는 자가 자신의 특정소유가 아닌 부분에 건물을 신축한 경우에는 관습법상 법정지상권이 인정되지 아니한다(대판 1994.01.28. 93다49871).

(5) 공유

1) 건물 공유

대지소유자가 그 지상건물을 타인과 함께 공유하면서 그 단독소유의 대지만을 건물철거의 조건 없이 타에 매도한 경우에는 건물공유자들은 각기 건물을 위하여 대지 전부에 대하여 관습에 의한 법정지상권을 취득한다(대판 1977.07.26. 76다388).

2) 토지 공유

(ㄱ) **토지공유자들이 토지분할합의** 공유자들이 그 공유대지를 합의에 의하여 현물분할하여 각기 단독소유로 귀속하게 한 결과 그 대지와 그 지상건물의 소유자가 달라지게 될 경우에는 다른 특별한 사정이 없으면 건물소유자는 그 건물부지상에 그 건물을 위하여 관습법상의 법정지상권을 취득한다(대판 1974.02.12. 73다353).

(ㄴ) **토지공유자 지분 과반수의 동의로 건물신축** 토지공유자의 한 사람이 다른 공유자의 지분 과반수의 동의를 얻어 건물을 건축한 후 토지와 건물의 소유자가 달라진 경우 토지에 관하여 관습법상의 법정지상권이 성립되는 것으로 보게 되면 이는 토지공유자의 1인으로 하여금 자신의 지분을 제외한 다른 공유자의 지분에 대하여서까지 지상권설정의 처분행위를 허용하는 셈이 되어 부당하다(대판 1993.04.13. 92다55756).

(ㄷ) **토지공유자 1인의 지분에 근저당권 설정에 따른 경매** 토지공유자의 한 사람이 다른 공유자의 지분 과반수의 동의를 얻어 건물을 건축한 후 토지에 관한 공유자 일부의 지분만을 목적으로 하는 근저당권이 설정되었다가 경매로 인하여 그 지분을 제3자가 취득하게 된 경우에도 관습법상의 법정지상권이 성립하지 않는다(대판 2014.09.04. 2011다73038,73045).

나-1. 저당권과의 균형을 위해 처분당시 기준의 변경

(ㄱ) **판례 변경** 관습법상 법정지상권이 성립함에는 그 매각 당시(=처분당시)를 기준으로 토지와 그 지상 건물이 동일인에게 속하여야 한다는 취지의 판결은 강제경매에 한하여 대법원 전원합의체에 의해 변경되었다(대판 2012.10.18. 2010다52140 전합).

(ㄴ) **강제경매의 압류 효력발생시 토지와 건물이 동일인 소유** 강제경매로 인하여 관습상 법정지상권이 성립하는가 하는 문제는 그 매수인이 소유권을 취득하는 매각대금의 완납시가 아니라 그 압류의 효력이 발생하는 때를 기준으로 하여 토지와 그 지상 건물이 동일인에 속하였는지가 판단되어야 한다(대판 2012.10.18. 2010다52140 전합).

(ㄷ) 강제경매의 가압류 효력발생시 토지와 건물이 동일인 소유 강제경매의 목적이 된 토지 또는 그 지상 건물의 소유권이 강제경매로 인하여 그 절차상의 매수인에게 이전된 경우에 관습상 법정지상권이 성립하는가 하는 문제에 있어서는 경매의 목적이 된 부동산에 대하여 가압류가 있고 그것이 본압류로 이행되어 경매절차가 진행된 경우에는, 애초 가압류가 효력을 발생하는 때를 기준으로 토지와 그 지상 건물이 동일인에 속하였는지를 판단하여야 한다(대판 2012.10.18. 2010다52140 전합).

(ㄹ) 강제경매의 저당권설정당시 토지와 건물이 동일인 소유 강제경매의 목적이 된 토지 또는 그 지상 건물에 관하여 강제경매를 위한 압류나 그 압류에 선행한 가압류가 있기 이전에 저당권이 설정되어 있다가 강제경매로 저당권이 소멸한 경우, 저당권 설정 당시를 기준으로 토지와 그 지상 건물이 동일인에게 속하였는지에 따라 관습상 법정지상권의 성립 여부를 판단하여야 한다(대판 2013.04.11. 2009다62059).

다. 매매 기타의 원인으로 토지와 건물의 소유자가 달라졌을 것

미등기 건물을 그 대지와 함께 매매하였으나 매수인에게 그 대지에 관하여만 소유권이전등기가 경료되고 건물에 관하여는 등기가 경료되지 아니하여 형식적으로 대지와 건물이 그 소유 명의자를 달리하게 된 경우, 토지 매수인은 건물의 처분권까지 함께 취득하였으므로 매도인에게 관습법상의 법정지상권을 인정할 이유가 없다(대판 2002.06.20. 2002다9660 전합).

라. 임의규정

(ㄱ) 건물 철거 특약 강행법규인 법정지상권과 달리 관습법상의 법정지상권은 임의규정에 해당하기 때문에 건물을 철거한다는 당사자 사이의 특약이 있으면 이는 관습법상 법정지상권의 포기로 볼 수 있으므로 관습법상 법정지상권은 성립하지 아니한다(대판 1988.09.27. 87다카279).

(ㄴ) 임대차 계약의 체결 대지상의 건물만을 매수하면서 대지에 관한 임대차계약을 체결하였다면 위 건물 매수로 인하여 취득하게 될 관습법상의 법정지상권을 포기하였다고 볼 것이다(대판 1991.05.14. 91다1912).

2. 등기사항 아님

관습법상 법정지상권은 관습법에 의한 부동산에 관한 물권취득이므로 등기를 필요로 하지 아니하고 이를 취득할 당시의 소유자나 이로부터 그 토지소유권을 전득한 제3자에 대하여도 등기없이 지상권을 주장할 수 있다.

III. 관습법상 법정지상권의 효력

1. 토지의 사용·수익권

가. 원칙
관습법상 법정지상권은 법률규정에 의하여 성립하는 것을 제외하고는 지상권과 다를 바가 없다. 관습상의 법정지상권에 기한 대지점유는 정당한 것이므로 불법점유를 전제로 한 손해배상청구는 성립할 여지가 없다(대판 1971.09.28. 71다1631).

나. 사용범위
법정지상권이 성립한 후에 건물을 개축 또는 증축하는 경우는 물론 건물이 멸실되거나 철거된 후에 신축하는 경우에도 법정지상권은 성립하나, 다만 그 법정지상권의 범위는 구건물을 기준으로 한정된다(대판 1997.01.21. 96다40080).

2. 관습법상 법정지상권자의 지료지급의무
관습법상 법정지상권은 지상권과 달리 지료를 지급하여야 한다. 지료는 당사자의 협의로 결정되지만, 협의가 이루어지지 않으면 당사자의 청구에 의해 법원이 이를 정한다.

IV. 법정지상권자로부터 건물소유권 취득

1. 의의
주물·종물이론의 유추적용상 주된 권리인 건물소유권의 양도계약에는 종된 권리인 그 건물소유를 위한 지상권의 양도계약도 뒤따른다(대판 1996.04.26. 95다52864).

2. 법률행위로 건물의 소유권을 취득

가. 지상권설정등기청구
관습법상 법정지상권자로부터 건물을 양수하였지만 아직 지상권에 대한 이전등기를 갖추지 아니한 자는 건물양도인의 토지소유자에 대한 지상권설정등기청구를 대위청구한 후 자신에게 이전등기할 것을 청구할 수 있다(대판 1981.09.08. 80다2873).

나. 지상권자는 아님
소유권이전등기만 있고 지상권 이전등기가 없으면 양수인은 소유권만 취득하는 것이지 지상권을 취득했다고 할 수가 없으므로 양수인은 대지소유자에게 지상권을 주장할 수 없다(대판 1995.04.11. 94다39925).

다. 토지소유자는 건물의 철거를 청구하지 못함
건물의 양수인이 지상권이전등기를 아직 갖추지 않은 경우일지라도 양수인은 법정지상권을 취득할 지위에 있기 때문에, 대지 소유자가 소유권에 기하여 건물철거를 구하는 것은 지상권의 부담을 용인하고 그 설정등기절차를 이행할 의무가 있는 자가 그 권리자를 상대로 한 청구라 할 것이어서 신의칙상 인정될 수 없다(대판 1981.09.08. 80다2873).

라. 토지소유자는 임료상당의 부당이득반환청구를 할 수 있음

지상권과 달리 지료를 지급하여야 한다. 법정지상권자라고 할지라도 대지소유자에게 지료를 지급할 의무는 있는 것이고 법정지상권을 취득할 지위에 있는 자 역시 지료 또는 임료상당이득을 대지소유자에게 반환할 의무를 면할 수는 없는 것이므로 이러한 임료상당 부당이득의 반환청구까지도 신의성실의 원칙에 반한다고 볼 수 없다(대판 1988.10.24. 87다카1604).

3. 법률규정으로 건물의 소유권을 취득

가. 법정지상권

건물소유를 위하여 법정지상권을 취득한 자로부터 경매에 의하여 그 건물의 소유권을 이전받은 경락인은 경락후 건물을 철거한다는 등의 매각조건하에서 경매되는 경우 등 특별한 사정이 없는 한 건물의 경락취득과 함께 위 지상권도 당연히 취득한다(대판 1985.02.26. 84다카1578,1579).

나. 관습법상 법정지상권

건물 양수인이 경매를 통하여 건물의 소유권을 취득한 것이라면 경매의 경우에는 물권변동에 등기가 불필요하므로 경락인은 관습법상 법정지상권을 이전등기 없어도 당연히 취득한다(대판 1979.08.28. 79다1087).

지역권

「01」 서설

I. 용익물권인 통행지역권

1. 의의
지역권자는 일정한 목적을 위하여 타인의 토지를 자기토지의 편익에 이용하는 권리가 있다(제291조). 편익을 제공하는 지역권설정자의 토지를 승역지, 편익을 받는 지역권자의 토지를 요역지라고 한다.

2. 상린관계와 비교

	상린관계	지역권
목 적	토지의 이용 조절을 목적	
성 립	법률의 규정	법률행위(지역권설정계약)
등 기	등기 불필요	등기 필요
인접관계	반드시 인접함을 요함	인접함을 요하지 않음
소멸시효	소멸시효에 걸리지 않음	소멸시효에 걸림

3. 입증책임
통행지역권을 주장하려면 위 토지들의 통행으로 편익을 얻는 요역지가 있음을 주장·입증하여야 할 것이다(대판 1993.08.24. 92다19804).

II. 용익물권인 용수지역권
용수승역지의 수량이 요역지 및 승역지의 수요에 부족한 때에는 그 수요정도에 의하여 먼저 가용(家用)에 공급하고 다른 용도에 공급하여야 한다. 그러나 설정행위에 다른 약정이 있는 때에는 그 약정에 의한다(제297조 제1항). 승역지에 수개의 용수지역권이 설정된 때에는 후순위의 지역권자는 선순위의 지역권자의 용수를 방해하지 못한다(제297조 제2항).

「02」 지역권의 취득

Ⅰ. 법률행위에 의한 취득

1. 성립

가. 의의
지역권은 다른 토지소유자와 그 토지를 자기의 토지의 편익에 이용하려는 자 사이의 지역권설정계약과 그 등기에 의하여 성립한다(제186조). 지역권에 있어서 지역의 대가인 지료의 지급은 지역권의 성립요소가 아니어서(대판 2015.03.20. 2012다17479), 지료에 대한 지급약정이 없다고 하더라도 지역권의 성립에는 영향이 없다.

나. 판례
자기 소유의 토지에 도로를 개설하여 타인으로 하여금 영구히 사용케 한다는 약정하고 그 대금을 수령한 경우 위 약정은 지역권 설정에 관한 합의라고 봄이 상당하다(대판 1980.01.29. 79다704).

2. 취득

가. 지역권설정자와 지역권자
지역권계약이 설정됨으로써 자신의 토지의 사용을 허용해준 자는 지역권설정자, 타인의 토지를 사용할 수 있는 자는 지역권자가 된다.

나. 요역지와 승역지
(ㄱ) 요역지 요역지는 반드시 1필 토지 전부이어야 한다(부동산등기법 제70조 제4호).
(ㄴ) 승역지 승역지는 1필 토지의 일부이어도 무방하다(부동산등기법 제70조 제5호).
(ㄷ) 적용범위 지역권은 두 개의 토지의 이용의 조절을 목적으로 하는 것이므로 요역지 토지의 소유자뿐만 아니라 지상권자, 전세권자 역시 그들이 이용하는 토지를 위하여 지역권을 설정할 수 있다(대판 1976.10.29. 76다1694).

Ⅱ. 취득시효에 의한 취득

1. 성립
지역권은 계속되고 표현된 것에 한하여 시효취득을 할 수 있다(제294조). 점유취득시효에 의하여 지역권을 취득하려면 요역지의 소유자가 타인의 토지를 20년간 통행하였다는 사실만으로서는 부족하고 요역지의 소유자가 승역지상에 통로를 개설(=표현)하여 승역지를 항시 사용(=계속)하고 있는 상태가 20년 동안 계속한 사실이 있어야 할 것이다(대판 1970.07.21. 70다772,773).

2. 효과

통행지역권의 취득시효는 종전의 승역지 사용이 무상으로 이루어졌다는 등의 다른 특별한 사정이 없다면, 주위토지통행권의 경우와 마찬가지로 요역지 소유자는 승역지에 대한 도로 설치 및 사용에 의하여 승역지 소유자가 입은 손해를 보상하여야 한다고 해석함이 타당하다(대판 2015.03.20. 2012다17479).

3. 판례

토지의 불법점유자는 통행지역권의 시효취득 주장을 할 수 없다(대판 1976.10.29. 76다1694).

III. 등기

1. 예외적 권리변동적 효력

지역권설정계약에 의한 지역권 취득은 등기하여야 그 효력이 생긴다(제186조).

2. 원칙적 대항적 효력

승역지 일부에 관한 사항은 등기함으로써 제3자에게 대항할 수 있다.

「03」 지역권의 존속기간

지역권은 존속기간을 규정하지 않고 있다. 하지만 판례는 존속기간이 영구인 지역권을 인정할 실제의 필요성도 있으므로 지역권의 존속기간을 영구로 약정하는 것도 허용된다(대판 2015.03.20. 2012다17479).

04 지역권의 효력

I. 토지 이용권

1. 토지의 편익 이용권

가. 지역권자
지역권자는 정해진 목적 범위 내에서 승역지의 토지를 자기 토지의 편익에 이용할 뿐이므로 승역지를 점유할 권능은 없다.

나. 지역권설정자
승역지의 소유자는 지역권의 행사를 방해하지 아니하는 범위 내에서 지역권자가 지역권의 행사를 위하여 승역지에 설치한 공작물을 사용할 수 있다(제300조 제1항). 승역지의 소유자는 수익 정도의 비율로 공작물의 설치, 보존의 비용을 분담하여야 한다(제300조 제2항).

2. 토지의 불법점유자
지역권은 점유할 권능을 가지지 않으므로 지역권이 침해된 경우 점유보호청구권을 행사할 수 있다.

II. 지역권자의 지료지급의무

1. 법률행위에 의한 취득
(ㄱ) 원칙 무상 지역권에 있어서 지료의 지급은 지역권의 요소가 아니어서 지료에 관한 유상 약정이 없는 이상 지료의 지급을 청구할 수 없다.

(ㄴ) 예외 유상 지역권에 있어서 지료에 관한 약정이 있는 이상 지역권설정자는 지료에 관한 등기 여부에 관계없이 지역권자에 대하여 그 약정된 지료의 지급을 구할 수 있다.

2. 취득시효에 의한 취득
통행지역권을 시효취득한 경우에도 주위토지통행권의 경우와 마찬가지로 요역지 소유자는 승역지에 대한 도로 설치 및 사용에 의하여 승역지 소유자가 입은 손해를 보상하여야 한다(대판 2015.03.20. 2012다17479).

III. 지역권의 양도 및 다른 권리의 목적

1. 규정
지역권은 요역지소유권에 부종하여 이전하며 또는 요역지에 대한 소유권 이외의 권리의 목적이 된다. 그러나 다른 약정이 있는 때에는 그 약정에 의한다(제292조 제1항). 지역권은 요역지와 분리하여 양도하거나 다른 권리의 목적으로 하지 못한다(제292조 제2항).

2. 요역지의 이전

(ㄱ) 법률행위를 통한 요역지 이전 요역지의 소유권이 이전되면 지역권도 함께 이전하므로 요역지 소유권의 이전등기가 있으면 지역권의 이전등기 없이도 지역권 이전의 효력이 생긴다.[7]

(ㄴ) 법률규정에 의한 요역지 취득 지역권은 요역지에 대한 시효취득이나 요역지 소유권의 상속에 의해 취득할 수도 있다.

Ⅳ. 토지의 분할이나 일부 양도

토지의 분할이나 토지의 일부양도의 경우에는 지역권은 요역지의 각 부분을 위하여 또는 그 승역지의 각 부분에 존속한다. 그러나 지역권이 토지의 일부분에만 관한 것인 때에는 다른 부분에 대하여는 그러하지 아니하다(제293조 제2항).

Ⅴ. 승역지 소유자의 의무

1. 승역지소유자의 의무 승계

계약에 의하여 승역지소유자가 자기의 비용으로 지역권의 행사를 위하여 공작물의 설치 또는 수선의 의무를 부담한 때에는 승역지소유자의 특별승계인도 그 의무를 부담한다(제298조).

2. 위기에 의한 부담면제

승역지의 소유자는 지역권에 필요한 부분의 토지소유권을 지역권자에게 위기하여 전조의 공작물의 설치 또는 수선의 의무 부담을 면할 수 있다(제299조).

Ⅵ. 공유자

1. 공유자에게 유리한 경우

가. 지역권 취득

공유자의 1인이 지역권을 취득한 때에는 다른 공유자도 이를 취득한다(제295조 제1항).

나. 소멸시효의 중단과 정지

요역지가 수인의 공유인 경우에 그 1인에 의한 지역권소멸시효의 중단 또는 정지는 다른 공유자를 위하여 효력이 있다(제296조).

2. 공유자에게 불리한 경우

가. 지역권 소멸

토지공유자의 1인은 지분에 관하여 그 토지를 위한 지역권 또는 그 토지가 부담한 지역권을 소멸하게 하지 못한다(제293조 제1항).

---

[7] 지역권의 경우에는 지역권자가 등기사항이 아니기 때문이다(부동산등기법 제70조).

나. 취득시효의 중단

점유로 인한 지역권취득기간의 중단은 지역권을 행사하는 모든 공유자에 대한 사유가 아니면 그 효력이 없다(제295조 제2항).

「05」 지역권의 소멸

지역권은 20년 동안 행사하지 않으면 소멸시효가 완성한다(제162조 제2항).

chapter 19

전세권

「01」 서설

Ⅰ. 용익물권인 전세권

1. 부동산의 용도에 좇아 사용·수익하기 위하여
전세권자는 전세금을 지급하고 타인의 부동산을 점유하여 그 부동산의 용도에 좇아 사용·수익할 권리가 있다(제303조 제1항 전문).

2. 용익물권적 성격과 담보물권적 성격
전세권설정등기를 마친 민법상의 전세권은 그 성질상 용익물권적 성격과 담보물권적 성격을 겸비한 것으로서, 전세권의 존속기간이 만료되면 전세권의 용익물권적 권능은 전세권설정등기의 말소 없이도 당연히 소멸하고 단지 전세금반환채권을 담보하는 담보물권적 권능의 범위 내에서 전세금의 반환시까지 그 전세권설정등기의 효력이 존속하고 있다 할 것이다(대판 2005.03.25. 2003다35659).

Ⅱ. 채권담보목적의 전세권

1. 사용·수익을 완전히 배제하지 않은 경우

가. 일반
당사자가 주로 채권담보의 목적으로 전세권을 설정하였고 그 설정과 동시에 목적물을 인도하지 아니한 경우라 하더라도, 장차 전세권자가 목적물을 사용·수익하는 것을 완전히 배제하는 것이 아니라면, 그 전세권의 효력을 부인할 수는 없다(대판 1995.02.10. 94다18508).

나. 담보물권의 성질
전세권은 다른 담보권과 마찬가지로 전세권자와 전세권설정자 및 제3자 사이에 합의가 있으면 그 전세권자의 명의를 제3자로 하는 것도 가능하다(대판 2005.05.26. 2003다12311).

2. 사용·수익을 완전히 배제한 경우
당사자의 진정한 의사 등에 비추어 전세권설정계약의 당사자가 전세권의 핵심인 사용·수익 권능을 배제하고 채권담보만을 위해 전세권을 설정하였다면, 법률이 정하지 않은 새로운 내용의 전세권을 창설하는 것으로서 물권법정주의에 반하여 허용되지 않고 이러한 전세권설정등기는 무효라고 보아야 한다(대판 2021.12.30. 2018다40235, 40242).

「02」 전세권의 취득

I. 법률행위에 의한 취득

1. 성립

가. 일반
전세권은 토지·건물의 소유자와 전세권을 취득하려는 자 사이의 전세권설정계약과 전세금 지급 및 등기에 의하여 성립한다(제186조). 전세권에 있어서 전세금의 지급은 전세권의 성립요소 이므로(대판 1995.02.10. 94다18508) 전세금의 지급이 있을 때 비로소 전세권이 성립한다. 하지만 목적물의 인도는 전세권의 성립요소가 아니다(대판 1995.02.10. 94다18508).

나. 대상
농경지는 전세권의 목적으로 하지 못한다(제303조 제2항).

다. 전세금
전세금의 지급이 반드시 현실적으로 수수되어야만 하는 것은 아니고 기존의 채권으로 전세금의 지급에 갈음할 수도 있다. (대판 1995.02.10. 94다18508).

2. 취득
전세권계약이 설정됨으로써 자신의 토지·건물 사용을 허용해 준 자는 전세권설정자, 타인의 토지·건물을 사용할 수 있는 자는 전세권자가 된다.

II. 등기

1. 예외적 권리변동적 효력
전세권설정계약에 의한 전세권 취득은 등기하여야 그 효력이 생긴다(제186조).

2. 원칙적 대항적 효력
전세권 존속기간·전세금 또는 전전세금·위약금 또는 배상, 전세권 양도에 관한 사항은 등기함으로써 제3자에게 대항할 수 있다(부동산등기법 제72조 제1항).

「03」 전세권의 존속기간

I. 존속기간을 약정한 경우

1. 최단 존속기간
건물(토지X)에 대한 전세권의 존속기간을 1년 미만으로 정한 때에는 이를 1년으로 한다(제312조 제2항).

2. 최장 존속기간
(건물·토지에 대한) 전세권의 존속기간은 10년을 넘지 못한다. 당사자의 약정기간이 10년을 넘는 때에는 이를 10년으로 단축한다(제312조 제1항).

II. 존속기간을 약정하지 않은 경우
전세권의 존속기간을 약정하지 아니한 때에는 각 당사자는 언제든지 상대방에 대하여 전세권의 소멸을 통고할 수 있고 상대방이 이 통고를 받은 날로부터 6월이 경과하면 전세권은 소멸한다(제313조).

III. 전세권의 갱신

1. 합의갱신
전세권의 설정은 이를 갱신할 수 있다. 그 기간은 갱신한 날로부터 10년을 넘지 못한다(제312조 제3항).

2. 법정갱신

가. 규정
건물(토지X)의 전세권설정자가 전세권의 존속기간 만료전 6월부터 1월까지 사이에 전세권자에 대하여 갱신거절의 통지 또는 조건을 변경하지 아니하면 갱신하지 아니한다는 뜻의 통지를 하지 아니한 경우에는 그 기간이 만료된 때에 전전세권과 동일한 조건으로 다시 전세권을 설정한 것으로 본다(=법정갱신). 이 경우 전세권의 존속기간은 그 정함이 없는 것으로 본다(제312조 제4항).

나. 등기사항 아님
전세권의 법정갱신은 법률의 규정에 의한 부동산에 관한 물권변동이므로 등기를 필요로 하지 아니하고 전세권설정자나 그 목적물을 취득한 제3자에 대하여도 등기없이 법정갱신을 주장할 수 있다(대판 1989.07.11. 88다카21029).

「04」 전세권의 효력

I. 건물·토지의 사용권

1. 건물·토지의 사용·수익권

가. 일반
전세권자는 정해진 목적의 범위 내에서 타인의 건물·토지를 사용할 권리가 있고 이를 위해서 건물·토지를 점유할 수 있어야 한다.

나. 건물 전세권의 효력
(1) 규정

타인의 토지에 있는 건물에 전세권을 설정한 때에는 전세권의 효력은 그 건물의 소유를 목적으로 한 지상권 또는 임차권에 미친다(제304조 제1항). 전세권설정자는 전세권자의 동의 없이 지상권 또는 임차권을 소멸하게 하는 행위를 하지 못한다(제304조 제2항).

(2) 판례

제304조 제2항은 건물전세권자의 지위에 불이익을 미치는 전세권설정자의 임의적인 행위를 제한하려는 것으로, 건물의 전세권설정자인 지상권자가 지료를 지급하지 아니한 경우에 토지소유자는 전세권자의 동의 없이 지상권을 소멸하게 하는 행위를 할 수 있다(대판 2010.08.19. 2010다43801).

2. 건물·토지의 불법점유자
전세권은 점유할 권능을 가지므로 전세권이 침해된 경우 점유보호청구권을 행사할 수 있다.

3. 전세권소멸청구권
전세권자가 전세권설정계약 또는 그 목적물의 성질에 의하여 정하여진 용법으로 이를 사용, 수익하지 아니한 경우에는 전세권설정자는 전세권의 소멸을 청구할 수 있다(제311조 제1항).

II. 전세권의 양도·담보제공·전전세·임대

1. 규정
전세권자는 전세권을 타인에게 양도 또는 담보로 제공할 수 있고 그 존속기간 내에서 그 목적물을 타인에게 전전세 또는 임대할 수 있다. 그러나 설정행위로 이를 금지한 때에는 그러하지 아니하다(제306조).

2. 전세권의 양도

가. 의의
전세권자는 설정행위로 금지하지 않는 한 전세권을 타인에게 양도할 수 있다(제306조). 전세권양수인은 전세권설정자에 대하여 전세권양도인과 동일한 권리의무가 있다(제307조).

나. 전세권 존속기간 중 전세권의 양도

(ㄱ) 전세권자 전세금반환채권의 분리 양도 불가 전세권자는 전세권 자체를 처분하여 전세금으로 지출한 자본을 회수할 수 있도록 되어 있으므로 전세권이 존속하는 동안은 전세권을 존속시키기로 하면서 전세금반환채권만을 전세권과 분리하여 확정적으로 양도하는 것은 허용되지 않는다(대판 2002.08.23. 2001다69122).

(ㄴ) 전세권의 소멸로 전세금반환채권이 발생하는 것을 조건으로 분리 양도 가능 전세권이 존속하는 동안이더라도 장래에 그 전세권의 소멸로 인하여 전세금반환채권이 발생하는 것을 조건으로 그 장래의 조건부 채권을 양도할 수는 있다(대판 2002.08.23. 2001다69122).

다. 전세권 존속기간 만료 후 전세권의 양도

전세권 존속기간의 경과로서 본래의 용익물권적 권능이 당연히 소멸하고 담보물권적 권능만 남은 전세권에 대해서도 그 피담보채권인 전세금반환채권과 함께 제3자에게 이를 양도할 수 있다(대판 2005.03.25. 2003다35659).

3. 전세권을 담보로 제공

가. 의의

전세권자는 설정행위로 금지하지 않는 한 전세권을 타인에게 담보로 제공할 수 있다(제306조).

나. 전세권의 의미

(용익물권인) 전세권에 대하여 저당권이 설정된 경우 그 저당권의 목적물은 물권인 전세권 자체이지 전세금반환채권은 그 목적물이 아니다(대판 1999.09.17. 98다31301).

다. 존속기간 만료에 따른 전세권 소멸 및 저당권 소멸

전세권을 목적으로 한 저당권이 설정된 경우, 전세권의 존속기간이 만료되면 전세권의 용익물권적 권능이 소멸하기 때문에 저당권도 당연히 소멸하는 것이고 더 이상 전세권 자체에 대하여 저당권을 실행할 수 없게 된다(대판 2014.10.27. 2013다91672).

라. 존속기간 만료에 따른 전세금반환채권에 물상대위권

저당권자는 저당권의 목적물인 전세권에 갈음하여 존속하는 것으로 볼 수 있는 전세금반환채권에 대하여 압류 및 추심명령 또는 전부명령을 받거나 제3자가 전세금반환채권에 대하여 실시한 강제집행절차에서 배당요구를 하는 등의 방법으로 물상대위권을 행사하여 전세금의 지급을 구하여야 한다(대판 2014.10.27. 2013다91672).

4. 존속기간 내에서 타인에게 전전세 또는 임대

가. 의의

전세권자는 설정행위로 금지하지 않는 한 전세권 존속기간 내에서 그 목적물을 타인에게 전전세 또는 임대할 수 있다(제306조). 설정행위로 금지하지 않는 이상, 소유자나 원전세권설정자의 동의 없이도 전전세를 할 수 있다.

나. 불가항력

전세권의 목적물을 전전세 또는 임대한 경우에는 전세권자는 전전세 또는 임대하지 아니하였으면 면할 수 있는 불가항력으로 인한 손해에 대하여 그 책임을 부담한다(제308조).

III. 전세권자의 비용상환청구권

1. 필요비

전세권자는 목적물의 현상을 유지하고 그 통상의 관리에 속한 수선을 하여야 한다(제309조). 전세권자가 목적물의 현상을 유지하고 그 통상의 관리에 속한 수선을 위하여 필요비를 지출하였더라도 전세권자는 필요비의 상환을 청구하지 못한다.

2. 유익비

전세권자가 목적물을 개량하기 위하여 지출한 금액 기타 유익비에 관하여는 그 가액의 증가가 현존한 경우에 한하여 소유자의 선택에 좇아 그 지출액이나 증가액의 상환을 청구할 수 있다. 법원은 소유자의 청구에 의하여 상당한 상환기간을 허여할 수 있다(제310조).

IV. 지상물매수청구권

토지임차인의 건물 기타 공작물의 매수청구권에 관한 민법 제643조의 규정은 성질상 토지의 전세권에도 유추 적용될 수 있다고 할 것이다. 따라서 지상물매수청구권은 토지전세권 등이 건물 기타 공작물의 소유 등을 목적으로 한 것으로서 기간이 만료되어야 하고 건물 기타 지상시설이 현존하여야만 행사할 수 있는 것이다(대판 2007.09.21. 2005다41740).

V. 부속물매수청구권

전세권이 그 존속기간의 만료로 인하여 소멸한 때에는 전세권자는 그 목적물을 원상에 회복하여야 하며 그 목적물에 부속시킨 물건은 수거할 수 있다. 그러나 전세권설정자가 그 부속물건의 매수를 청구한 때에는 전세권자는 정당한 이유없이 거절하지 못한다. 그 부속물건이 전세권설정자의 동의를 얻어 부속시킨 것인 때에는 전세권자는 전세권설정자에 대하여 그 부속물건의 매수를 청구할 수 있다. 그 부속물건이 전세권설정자로부터 매수한 것인 때에도 같다(제316조).

「05」 전세권의 소멸

Ⅰ. 소멸사유

1. 전세권의 목적물의 멸실

가. 불가항력으로 인한 멸실

전세권의 목적물의 전부 또는 일부가 불가항력으로 인하여 멸실된 때에는 그 멸실된 부분의 전세권은 소멸한다. 일부멸실의 경우에 전세권자가 그 잔존부분으로 전세권의 목적을 달성할 수 없는 때에는 전세권설정자에 대하여 전세권전부의 소멸을 통고하고 전세금의 반환을 청구할 수 있다(제314조).

나. 전세권자의 책임 있는 사유로 멸실

전세권의 목적물의 전부 또는 일부가 전세권자에 책임 있는 사유로 인하여 멸실된 때에는 전세권자는 손해를 배상할 책임이 있다. 전세권설정자는 전세권이 소멸된 후 전세금으로써 손해의 배상에 충당하고 잉여가 있으면 반환하여야 하며 부족이 있으면 다시 청구할 수 있다(제315조).

2. 전세권의 포기

전세권을 목적으로 저당권을 설정한 자는 저당권자의 동의 없이 전세권을 소멸(=포기도 포함)하게 하는 행위를 하지 못한다(제371조 제2항).

Ⅱ. 소멸의 법률관계

1. 규정

전세권이 소멸한 때에는 전세권설정자는 전세권자로부터 그 목적물의 인도 및 전세권설정등기의 말소등기에 필요한 서류의 교부를 받는 동시에 전세금을 반환하여야 한다(제317조).

2. 판례

전세권자가 그 목적물을 인도하였다고 하더라도 전세권설정등기의 말소등기에 필요한 서류를 교부하거나 그 이행의 제공을 하지 아니하는 이상, 전세권설정자는 전세금의 반환을 거부할 수 있다(대판 2002.02.05. 2001다62091).

3. 전세금 반환

가. 전세권설정자가 바뀐 경우

전세권은 전세권자와 목적물의 소유권을 취득한 신 소유자 사이에서 계속 동일한 내용으로 존속하게 된다고 보아야 할 것이다. 따라서 목적물의 신 소유자는 구 소유자와 전세권자 사이에 성립한 전세권의 내용에 따른 권리의무의 직접적인 당사자가 되어 전세권이 소멸하는 때에 전세권자에 대하여 전세권설정자의 지위에서 전세금 반환의무를 부담하게 되고, 구 소유자는 전세권설정자의 지위를 상실하여 전세금반환의무를 면하게 된다(대판 2006.05.11. 2006다6072).

나. 전세권에 저당권이 설정된 경우

전세권에 대하여 저당권이 설정되어 있는데 전세권이 기간만료로 종료된 경우, 전세금반환채권에 대한 제3자의 압류 등이 없는 한 전세권설정자는 전세권자에 대하여만 전세금반환의무를 부담한다(대판 1999.09.17. 98다31301).

4. 전세금 반환의 지체
가. 우선변제권

(ㄱ) 의의 전세권자는 전세금을 지급하고 타인의 부동산을 점유하여 그 부동산의 용도에 좇아 사용·수익하며, 그 부동산 전부에 대하여 후순위권리자 기타 채권자보다 전세금의 우선변제를 받을 권리가 있다(제303조 제1항).

(ㄴ) 건물의 일부에 전세권 설정 건물의 일부에 대하여 전세권이 설정되어 있는 경우 그 전세권자는 그 건물 전부에 대하여 후순위 권리자 기타 채권자보다 전세금의 우선변제를 받을 권리가 있다(대판 1992.03.10. 91마256,257).

나. 경매청구권

(ㄱ) 의의 전세권설정자가 전세금의 반환을 지체한 때에는 전세권자는 민사집행법의 정한 바에 의하여 전세목적물의 경매를 청구할 수 있다(제318조).

(ㄴ) 건물의 일부에 전세권 설정 건물의 일부에 대하여 전세권이 설정되어 있는 경우, 전세권의 목적물이 아닌 나머지 건물부분에 대하여는 경매신청권은 없고, 그 전세권의 목적이 된 부분이 구조상 또는 이용상 독립성이 없어 독립한 소유권의 객체로 분할할 수 없어서 그 부분만의 경매신청이 불가능한 경우에도 경매신청권은 없다(대판 2001.07.02. 2001마212).

06 전세권·지상권과 다른 권리와의 관계

I. 용익물권 설정 후 저당권 설정

이미 전세권·지상권이 있는 부동산에 저당권이 설정된 경우, 저당권이 경매를 신청하면 기간이 만료하지 않은 전세권·지상권은 소멸하지 않는다. 이때 전세권자가 남은 기한의 이익을 포기하고 배당을 요구하면 전세권은 소멸한다.[8]

II. 저당권 설정 후 용익물권 설정

저당권이 먼저 설정되고 후에 전세권·지상권이 설정된 경우 누가 경매를 신청하든 저당권과 전세권·지상권은 모두 소멸한다. 저당권자가 경매대금에서 먼저 배당을 받고 남은 금액에 한하여 전세권자가 배당을 받는다.

III. 저당권 설정 후 용익물권 설정, 다시 저당권 설정

저당권 설정 이전·이후에 성립된 전세권·지상권인지 여부는 최선순위 저당권을 기준으로 한다. 따라서 저당권이 먼저 설정되고 후에 전세권·지상권이 설정되고 다시 저당권자가 후순위로 설정된 경우, 후순위저당권자가 경매를 실행하더라도 저당권과 전세권·지상권은 모두 소멸한다. 선순위저당권자가 경매대금에서 가장 먼저 배당을 받고 남은 금액에 한해서 전세권자가 그 다음으로 후순위 저당권자가 배당을 받는다.

---

8) 전세금을 돌려받아야 하는 전세권과 달리 애초에 돌려 받아야 하는 것이 없는 지상권자는 경매대금에서 배당을 받을 것이 없어서 배당을 요구하지 못한다.

담보물권 일반

01 담보물권의 필요성

I. 채무자의 재산에 국한

1. 채권의 문제점
채무자가 채무를 이행하지 않으면 채권자는 채무자의 재산에 대해서만 강제집행을 해야 한다. 채무자의 일반재산이 부족하거나 소멸하게 되면 채권자는 채권의 만족을 얻지 못하게 된다.

2. 제3자의 재산에도 권리행사
담보물권은 채무자 외에도 제3자 소유의 물건을 담보로 할 수 있다. 타인의 물건에 대해서도 유치권은 인정되고, 제3자를 질권과 저당권의 설정자로 인정하는데 이를 물상보증인이라 한다.

II. 채권자간에 평등배당

1. 채권의 문제점
채권자 평등의 원칙에 따라 동일한 채무자에 대하여 수개의 채권이 충돌하는 경우에, 수개의 채권은 먼저 성립한 권리라도 나중에 성립한 권리와 평등하게 다루어진다. 먼저 성립한 채권이라도 채무자의 일반재산이 부족하면 변제를 받지 못하게 된다.

2. 다른 채권자보다 우선적 지위
저당권은 채무자의 채무불이행이 있으면 그 대상물의 교환가치로부터 다른 채권자에 비해 우선변제를 받는 우선변제적 효력이 인정된다. 유치권은 우선변제적 효력이 인정되지 않으나 채무자에게 가치가 높은 재산을 빼앗아 이에 대한 회수를 거절하는 심리적 압박감을 이용해서 다른 채권자에 비해 사실상 우선변제를 받게 된다.

「02」 담보물권의 성질

I. 담보물권에 공통 적용

1. 부종성
부종성이란 담보물권의 존재는 피담보채권의 존재가 전제되는 성질이다. 피담보채권이 성립하지 않으면 담보물권도 성립할 수 없으며, 피담보채권이 소멸하면 담보물권도 소멸하게 된다.

2. 수반성
수반성이란 피담보채권이 이전하면 담보물권도 이전하는 성질이다.

3. 불가분성
불가분성이란 피담보채권의 전부를 변제받을 때까지 담보물권의 효력이 그 목적물의 전부에 미치는 성질이다. 피담보채권의 일부가 변제 등에 의하여 소멸하더라도 잔액이 있는 한 담보물권의 효력은 담보물의 전부에 미친다.

II. 담보물권간 차등 적용

1. 우선변제권
저당권(제356조)에는 우선변제권이 인정되지만, 유치권에는 우선변제권이 인정되지 않는다. 유치권은 경매대금을 다른 채권자들과 채권액에 비례한 평등배당을 받아야 한다.

2. 물상대위권
저당권(제370조)에는 물상대위권이 인정되지만, 우선변제권이 인정되지 않는 유치권은 물상대위권도 인정되지 않는다.

3. 유치적 효력
유치권은 물건을 유치하고 돌려주지 않음으로써 물건의 사용을 방해하지만, 저당권은 물건에 대한 등기만을 할 뿐 유치하지 않아서 물건의 사용을 방해하지 않는다.

III. 비교

구 분	유치권	질 권	저당권
구 분	법정담보물권	약정담보물권	약정담보물권
목적물	동산·부동산·유가증권	동산·권리	부동산·권리
경매권	○	○	○
부종성	○	○	○
수반성	○	○	○
불가분성	○	○	○
우선변제권	×	○	○
물상대위권	×	○	○
유치적 효력	○	○	×
간이변제 충당권	○(법원의허가)	○(법원의허가)	×

유치권

「01」 서설

I. 의의
유치권이란 타인의 물건 또는 유가증권을 점유하는 자가 그 물건이나 유가증권에 관하여 생긴 채권의 변제를 받을 때까지 그 물건 또는 유가증권의 인도를 거절하는 것을 말한다.

II. 담보물권
유치권은 당사자간의 담보설정계약이 아닌 법률의 규정에 의해 성립한 법정담보물권이다. 담보물권의 부종성, 수반성, 불가분성을 가진다.

「02」 유치권의 성립

Ⅰ. 피담보채권

1. 채권과 물건 사이의 견련관계

가. 의의

타인의 물건 또는 유가증권을 점유한 자는 그 물건이나 유가증권에 관하여 생긴 채권이 변제기에 있는 경우에는 변제를 받을 때까지 그 물건 또는 유가증권을 유치할 권리가 있다(제320조 제1항). 유치권이 발생할 수 있는 피담보채권은 그 물건에 관하여 생긴 채권이어야 하기 때문에 유치권의 경우 피담보채권의 종류에는 제한이 있다.

나. 채권이 목적물 자체로부터 발생

(1) 유치권이 인정되는 판례

(ㄱ) 비용상환청구권 건물임차인이 건물에 지출한 각종의 유익비 또는 필요비의 상환청구권에 터 잡아 임차인은 유치권을 주장할 수 있다(대판 1975.04.22. 73다2010).

(ㄴ) 수리비 채권 수리비 채권에 기하여 유치권을 행사할 수 있다(대판 2015.02.26. 2014다17220).

(ㄷ) 공사대금채권 신축공사를 한 수급인이 그 건물을 점유한 경우에 그 채권을 변제받을 때까지 건물을 유치할 권리가 있다(대판 1995.09.15. 95다16202).

(2) 유치권이 부정되는 판례

(ㄱ) 임차보증금반환청구권 임차인의 임대인에게 지급한 임차보증금반환청구권은 그 건물에 관하여 생긴 채권이라 할 수 없으므로 유치권을 행사할 수 없다(대판 1976.05.11. 75다1305).

(ㄴ) 권리금반환청구권 임차인의 권리금반환청구권은 건물에 관하여 생긴 채권이라 할 수 없으므로 그와 같은 채권을 가지고 건물에 대한 유치권을 행사할 수 없다(대판 1994.10.14. 93다62119).

(ㄷ) 부속물매수청구권 임차인의 부속물매수청구권에 대하여 유치권을 행사할 수 없다(대판 1977.12.13. 77다115).

(ㄹ) 건축자재대금채권 건축자재대금채권은 매매계약에 따른 매매대금채권에 불과하므로 건축자재가 들어간 건물에 관한 유치권을 행사할 수 없다(대판 2012.01.26. 2011다96208).

(ㅁ) 매매대금채권 매도인의 매매대금채권을 피담보채권으로 하여 매수인이나 그에게서 부동산 소유권을 취득한 제3자에게 유치권을 주장할 수 없다(대판 2012.01.12. 2011마2380).

다. 채권이 목적물의 반환청구권과 동일한 법률관계·사실관계로부터 발생

(1) 유치권이 인정되는 판례

타인의 말이 피고 소유의 농작물을 먹은 까닭에 피해를 보았고 말들의 사육비를 지출하였다면 그 말의 유치권의 항변이 인정된다(대판 1969.11.25. 69다1592).

(2) 유치권이 부정되는 판례

임대인이 건물시설을 아니하기 때문에 임차인에게 건물을 임차목적대로 사용하지 못한 것을 이유로 하는 손해배상청구권은 그 건물에 관하여 생긴 채권이라 할 수 없다(대판 1976.05.11. 75다1305).

2. 채무불이행으로 인한 손해배상

유치하고 있는 물건이나 유가증권으로부터 발생한 채권에 대한 채무불이행에 의한 손해배상청구권은 원채권의 연장이라 보아야 할 것이므로 그 손해배상채권과 그 물건과의 사이에도 견련관계가 있다할 것으로서 손해배상채권에 관하여 유치권항변을 내세울 수 있다(대판 1976.09.28. 76다582).

3. 유치물에 들어간 비용

유치권자가 유치물에 관하여 필요비를 지출한 때에는 소유자에게 그 상환을 청구할 수 있다(제325조 제1항). 유치권자가 유치물에 관하여 유익비를 지출한 때에는 그 가액의 증가가 현존한 경우에 한하여 소유자의 선택에 좇아 그 지출한 금액이나 증가액의 상환을 청구할 수 있다. 그러나 법원은 소유자의 청구에 의하여 상당한 상환기간을 허여할 수 있다(제325조 제2항).

II. 유치권의 성립

1. 적법하게 점유하는 타인 소유의 물건 또는 유가증권

가. 타인 소유

(ㄱ) 타인소유 타인의 물건에 유치권이 성립되는 것이지, 자기의 물건에 대해서는 유치권이 인정되지 않는다. 타인의 물건이면 유치권이 성립되는 것이지 채무자의 소유이건 제3자의 소유이건 관계없이 유치권이 성립한다.

(ㄴ) 자기소유 수급인의 재료와 노력으로 건축된 건물은 수급인의 소유이므로 수급인은 공사대금을 지급받을 때까지 건물에 대하여 유치권을 가질 수 없다(대판 1993.03.26. 91다14116).

나. 물건 또는 유가증권

(1) 동산 · 부동산 · 유가증권
물건이라면 동산 · 부동산을 가리지 않고 유가증권과 더불어 유치권의 목적이 된다.

(2) 독립한 물건
건물의 신축공사를 도급받은 수급인이 사회통념상 독립한 건물이라고 볼 수 없는 정착물을 토지에 설치한 상태에서 공사가 중단된 경우에 위 정착물은 토지의 부합물에 불과하여 이러한 정착물에 대하여 유치권을 행사할 수 없는 것이다(대판 2008.05.30. 2007마98).

다. 점유

(1) 성립요건
점유는 유치권의 성립요건이자 존속요건이다(대판 2013.10.24. 2011다44788).

(2) 간접점유 중 점유개정은 불가
유치권자의 점유는 현실인도 · 간이인도 · 목적물반환청구권의 양도부터 직접점유이든 간접점유이든 상관없다. 다만 유치권은 목적물을 유치함으로써 채무자의 변제를 간접적으로 강제한다는 점에서 직접점유자를 채무자로 하고 유치권자가 간접점유하는 점유개정에 대하여 유치권의 요건으로서의 점유에 해당하지 않는다(대판 2002.11.27. 2002마3516).

(3) 불법점유 불가

유치권은 그 점유가 불법행위로 인한 경우에 적용하지 아니한다(제320조 제2항). 점유물에 대한 유치권의 주장을 배척하려면, 적어도 그 점유가 불법행위로 인하여 개시되었음을 상대방이 주장·증명하여야 한다(대판 1966.06.07. 66다600).

2. 변제기의 도래

유치권이 성립하려면 채권이 변제기에 있어야 한다(제320조). 변제기가 도래하기 전에는 유치권이 성립하지 않게 된다.

3. 채권과 점유 사이의 견련관계

유치권에서는 채권과 점유 사이에 견련관계가 요구되지 않는다. 유치권자가 점유하기 전에 발생된 건축비채권이라도 그 후 그 물건의 점유를 취득했다면 유치권은 성립하고(대판 1965.03.30. 64다1977), 유치권 행사(=점유) 도중에 취득한 채권도 유치권은 성립한다(대판 2014.12.11. 2014다53462).

4. 임의규정

(ㄱ) **배제특약은 유효** 제한물권은 이해관계인의 이익을 부당하게 침해하지 않는 한 자유로이 포기할 수 있는 것이 원칙이다. 당사자는 미리 유치권의 발생을 막는 특약을 할 수 있고 이러한 특약은 유효하다(대판 2018.01.24. 2016다234043). 유치권을 사전·사후에 포기한 경우 곧바로 유치권은 소멸한다(대판 2016.05.12. 2014다52087).

(ㄴ) **배제특약에 조건 가능** 유치권 배제 특약에는 조건을 붙일 수 있다(대판 2018.01.24. 2016다234043).

5. 취득시기

가. 압류 전 유치권 취득

(ㄱ) **압류의 효력이 발생하기 전 유치권 취득** 유치권의 취득시기가 경매로 인한 압류의 효력이 발생하기 전에 유치권을 취득한 경우에는 점유자로서는 유치권을 내세워 그 부동산에 관한 경매절차의 매수인에게 대항할 수 있다(대판 2009.01.15. 2008다70763).

(ㄴ) **경매개시결정의 등기 전 유치권 취득** 가압류등기가 된 뒤, 경매개시결정등기가 되기 전에 유치권을 취득하였다면 경매절차의 매수인에게 유치권을 행사할 수 있다(대판 2011.11.24. 2009다19246).

나. 압류 후 유치권 취득

(ㄱ) **압류의 효력이 발생한 후 유치권 취득** 경매개시결정의 기입등기가 경료되어 압류의 효력이 발생한 후에 유치권을 취득한 경우에는 유치권을 내세워 그 부동산에 관한 경매절차의 매수인에게 대항할 수 없다(대판 2011.10.13. 2011다55214).

(ㄴ) **경매개시결정의 등기 후 유치권 취득** 부동산에 관하여 경매개시결정등기가 된 뒤에 유치권을 취득한 경우에는 경매절차의 매수인에 대하여 유치권을 행사할 수 없다고 본 것이다(대판 2022. 12. 29. 2021다253710).

Ⅲ. 유치권의 취득

가. 등기 불필요
유치권은 점유에 의하여 공시되므로 등기를 요하지 않고 성립한다.

나. 법정담보물권
유치권 배제 특약이 있는 경우 다른 법정요건이 모두 충족되더라도 유치권은 발생하지 않는데, 특약에 따른 효력은 특약의 상대방뿐 아니라 그 밖의 사람도 주장할 수 있다(대판 2018. 01. 24. 2016다234043).

「03」 유치권의 효력

Ⅰ. 유치적 효력

1. 유치물의 인도를 거절

가. 의의

유치란 것은 점유를 계속하고 인도를 거절하는 것으로 유치권자는 채권의 변제를 받을 때까지 목적물을 유치할 수 있다(제320조 제1항). 채무자뿐만 아니라 그 물건의 소유자·양수인 즉 경매의 매수인 등 모든 사람에게 인도를 거절할 수 있다.

나. 인도거절의 범위

(1) 물건 전부에 비용이 들어가고 물건 전부를 유치

유치권자는 채권전부의 변제를 받을 때까지 유치물 전부에 대하여 그 권리를 행사할 수 있다(제321조). 유치물은 그 각 부분으로써 피담보채권의 전부를 담보하며, 이와 같은 유치권의 불가분성은 그 목적물이 분할 가능하거나 수개의 물건인 경우에도 적용된다(대판 2007.09.07. 2005다16942). 일부 변제한다고 유치권의 일부가 소멸되지 않는다.

(2) 물건 전부에 비용이 들었지만 물건 일부만 유치

다세대주택의 창호 등의 공사를 완성한 수급인이 공사대금채권의 잔액을 받기 위하여 위 다세대주택 중 한 세대를 점유하여 유치권을 행사하는 경우, 그 유치권은 위 한 세대에 대하여 시행한 공사대금만이 아니라 다세대주택 전체에 대하여 시행한 공사대금채권의 잔액 전부를 피담보채권으로 하여 성립한다(대판 2007.09.07. 2005다16942).

(3) 물건 일부에 비용이 들어간 경우

타인이 임야의 일부를 개간한 자가 그 개간부분에 대하여 유치권을 항변하였는데 거래상 개간부분과는 다른 부분과의 분할이 가능함이 용이한 경우 그 유치권의 객체는 임야 중 개간부분에 한한다(대판 1968.03.05. 67다2786).

2. 변제를 청구

유치권자는 경락인에 대하여 그 피담보채권의 변제가 있을 때까지 유치 목적물인 부동산의 인도를 거절할 수 있을 뿐이고 그 피담보채권의 변제를 청구할 수는 없다(대판 1996.08.23. 95다8713).

Ⅱ. 유치권의 양도 및 유치물의 사용·대여·담보제공의 제한

1. 유치권의 양도

유치권이 양도되는 경우에 피담보채권이 유치권과 함께 양도된다.

2. 유치물의 사용·대여·담보제공의 제한

가. 규정
유치권자는 채무자의 승낙 없이 유치물의 사용, 대여 또는 담보제공을 하지 못한다. 그러나 유치물의 보존에 필요한 사용은 할 수 있다(제324조 제2항).

나. 채무자의 승낙
유치권자는 소유자의 승낙 없는 유치권자의 임대차에 의하여 유치권의 목적물을 임차한 자의 점유는 소유자에게 대항할 수 있는 적법한 권원에 기한 것이라고 볼 수 없다(대판 2011.02.10. 2010다94700).

다. 유치권자가 유치물의 주택에 거주하여 사용
(ㄱ) 유치물의 보존에 필요한 사용 유치권을 행사하는 자가 스스로 유치물인 주택에 거주하며 사용하는 것은 유치물의 보존에 필요한 사용에 해당하므로 유치권의 소멸을 청구할 수 없다(대판 2009.09.24. 2009다40684).

(ㄴ) 유치권자의 차임상당의 부당이득반환의무 유치권자가 유치물의 보존에 필요한 사용을 한 경우에도 특별한 사정이 없는 한 차임에 상당한 이득을 소유자에게 반환할 의무가 있다(대판 2009.09.24. 2009다40684).

(ㄷ) 유치권자의 불법행위 손해배상책임 유치권자가 유치물에 대한 보존행위로서 목적물을 사용하는 것은 적법행위이므로 불법점유로 인한 손해배상책임이 없는 것이다(대판 1972.01.31. 71다2414).

III. 유치권의 순위

유치권은 다른 담보물권의 선후에 상관없이 영향을 받지 않고 별개로 성립한다. 저당권이 설정된 건물에 유치권이 성립한 후 저당권이 경매에 의하여 실행되었다 하더라도 유치권은 소멸하지 않고 존속한다.

04 채권충당방법

I. 유치물 자체

1. 경매청구권
유치권자는 채권의 변제를 위하여 유치물을 경매할 수 있다(제322조 제1항).

2. 우선변제권·물상대위권
유치권에 의한 경매가 진행된 경우 유치권은 소멸하고, 유치권자는 담보물권의 우선변제권이 인정되지 않으므로 일반채권자와 동일한 순위로 배당을 받을 수 있을 뿐이다(대판 2011.06.15. 2010마1059). 우선변제권이 인정되지 않는 유치권은 물상대위권도 인정되지 않는다.

3. 간이변제충당
정당한 이유 있는 때에는 유치권자는 감정인의 평가에 의하여 유치물로 직접 변제에 충당할 것을 법원에 청구할 수 있다. 이 경우에는 유치권자는 미리 채무자에게 통지하여야 한다(제322조 제2항).

II. 유치물의 과실
유치권자는 유치물의 과실을 수취하여 다른 채권보다 먼저 그 채권의 변제에 충당할 수 있다. 그러나 과실이 금전이 아닌 때에는 경매하여야 한다(제323조 제1항). 과실은 먼저 채권의 이자에 충당하고 그 잉여가 있으면 원본에 충당한다(제323조 제2항).

「05」 유치권의 소멸

I. 피담보채권의 소멸

1. 소멸시효 진행
유치권의 행사는 채권의 소멸시효의 진행에 영향을 미치지 아니한다(제326조). 담보물권이 있다고 하더라도 채권의 소멸시효는 진행한다. 유치권으로 담보한 피담보채권이 변제, 시효의 완성 기타 사유로 인하여 소멸한 때에는 유치권도 소멸한다.

2. 선변제 후말소
피담보채권 소멸로 인한 유치물의 반환은 동시이행의 관계가 아니다. 채무자의 변제 등으로 인해 피담보채권이 먼저 소멸되어야 유치물의 반환을 청구할 수 있다.

II. 목적물의 멸실
유치권은 목적물의 멸실, 혼동, 포기 등 물권에 공통된 소멸사유에 의하여 소멸한다.

III. 담보물권의 소멸

1. 점유의 상실
유치권은 점유의 상실로 인하여 소멸한다(제328조).

2. 타담보제공
채무자는 상당한 담보를 제공하고 유치권의 소멸을 청구할 수 있다(제327조).

3. 선관주의 의무위반에 따른 소멸청구

가. 규정
유치권자가 선량한 관리자의 주의를 위반하거나, 채무자의 승낙 없이 유치물의 사용·대여 또는 담보제공을 한 때에는 채무자는 유치권의 소멸을 청구할 수 있다(제324조 제3항).

나. 판례
(ㄱ) 유치물 소유자의 승낙 없는 유치물의 임대 유치권자가 유치물 소유자의 승낙 없이 유치물을 임대한 경우 유치물의 소유자는 이를 이유로 유치권의 소멸을 청구할 수 있다(대판 2023. 08. 31. 2019다295278).

(ㄴ) 여러 필지의 유치권 중에서 일부 필지에 대한 선관주의 의무 위반 여러 필지의 토지에 대하여 유치권을 취득한 유치권자가 그중 일부 토지에 대하여 선량한 관리자의 주의의무를 위반하였다면 특별한 사정이 없는 한 위반행위가 있었던 필지의 토지에 대하여만 유치권 소멸청구가 가능하다(대판 2022. 06. 16. 2018다301350).

IV. 유치권침해에 대한 구제

1. 규정
소유권에 기한 물권적 청구권은 유치권에 준용하고 있지 않아서 유치권에 기한 물권적 청구권이 인정되지 않는다. 점유의 성질이 강한 유치권은 점유권에 기한 물권적 청구권만이 인정될 뿐이다. 점유의 상실로 인해서 유치권이 소멸하더라도 점유권에 기한 물권적 청구권을 행사하여 점유를 회복하면 유치권이 부활한다.

2. 판례
점유회수의 소를 제기하여 승소판결을 받아 점유를 회복하여야 유치권이 되살아나고, 점유회수의 소를 제기하여 점유를 회복할 수 있다는 사정만으로는 유치권이 되살아나지 않는다(대판 2012.02.09. 2011다72189).

저당권

「01」 서설

I. 의의

저당권이란 채권의 담보를 위해서 채무자 또는 제3자가 제공한 부동산 및 부동산 권리를 등기하고, 채무의 변제가 없을 때에는 그로부터 자기 채권의 우선변제를 받는 물권을 말한다.

II. 담보물권

저당권은 당사자간의 담보설정계약에 의해 성립하는 약정담보물권이다. 담보물권의 부종성, 수반성, 불가분성을 가진다.

「02」 저당권의 성립

I. 피담보채권

1. 피담보채권의 종류

저당권의 경우 피담보채권의 종류에는 제한이 없다. 장래 발생하는 채권뿐만 아니라 조건부·기한부 채권에 대해서도 특정한 액수의 채권이라면 저당권을 설정할 수 있다.

2. 피담보채권의 범위

가. 의의

저당권은 원본, 이자, 위약금, 채무불이행으로 인한 손해배상 및 저당권의 실행비용을 담보한다. 그러나 지연배상에 대하여는 원본의 이행기일을 경과한 후의 1년분에 한하여 저당권을 행사할 수 있다(제360조).

나. 1년분의 범위를 넘는 지연배상액

(1) 이해관계 있는 제3자가 있는 경우

저당목적물에 이해관계 있는 제3자(후순위저당권자나 저당물의 제3취득자 등)가 있다면 1년분의 지연배상액에 대해서만 저당권의 효력이 미친다.

(2) 이해관계 있는 제3자가 없는 경우

저당목적물에 이해관계 있는 제3자가 없다면 1년분이 아니라 전액의 지연배상액에 대해서 저당권의 효력이 미친다.

II. 저당권의 성립

1. 저당권설정계약

가. 저당권자

(1) 일반

저당권자는 원칙적으로 피담보채권의 채권자에 한한다. 하지만 예외적으로 제3자가 저당권자가 될 수 있다.

(2) 담보물권의 성질

채권자 아닌 제3자의 명의로 저당권등기를 하는 데 대하여 채권자와 채무자 및 제3자 사이에 합의가 있었고, 나아가 제3자에게 그 채권이 실질적으로 귀속되었다고 볼 수 있는 특별한 사정이 있거나, 묵시적으로 채권자와 제3자가 불가분적 채권자의 관계에 있다고 볼 수 있는 경우에는 그 제3자 명의의 저당권등기도 유효하다(대판 2009.11.26. 2008다64478).

나. 저당권설정자

(1) 의의
물상보증인은 채무자가 아니므로 저당권자가 물상보증인에게 채무의 이행을 청구할 수는 없다. 하지만 민법 제341조에 의하여 물상보증인이 채무를 변제할 수 있게 하고 있다.

(2) 채무자는 아님
물상보증인은 채무자가 아니므로 저당권자가 물상보증인에게 채무의 이행을 청구할 수는 없다. 하지만 민법 제341조에 의하여 물상보증인이 채무를 변제할 수 있게 하고 있다.

(3) 담보권설정자
물상보증인은 담보권설정자로 책임을 진다. 저당권자가 저당권을 행사하여, 즉 경매를 하여 물상보증인의 재산으로부터 채권의 우선변제를 받을 수 있다.

(4) 구상권의 발생
타인의 채무를 담보하기 위한 저당권설정자가 그 채무를 변제하거나 저당권의 실행으로 인하여 저당물의 소유권을 잃은 때에는 보증채무에 관한 규정에 의하여 채무자에 대한 구상권이 있다(제370조).

다. 유저당계약가능
저당권설정자는 채무변제기전의 계약으로 저당권자에게 변제에 갈음하여 저당물의 소유권을 취득하게 하거나 법률에 정한 방법에 의하지 아니하고 저당물을 처분할 것을 약정할 수 있다.

2. 저당권의 목적·객체

가. 부동산
(ㄱ) 원칙   부동산은 저당권의 목적이 된다.
(ㄴ) 명인방법을 갖춘 수목이나 성숙한 농작물   부동산 중에서 명인방법을 갖춘 수목이나 성숙한 농작물은 저당권의 목적이 되지 못한다.
(ㄷ) 부동산의 사용·수익을 목적으로 하는 권리   부동산의 사용·수익을 목적으로 하는 권리인 지상권과 전세권도 저당권의 목적이 된다(제371조 제1항). 하지만 부동산의 사용·수익을 목적으로 하는 권리 중 지역권은 저당권의 목적이 되지 못한다(제371조 제1항 반대해석).

나. 동산
(ㄱ) 원칙   동산은 저당권의 목적이 되지 못한다.
(ㄴ) 등기·등록되는 동산   등기나 등록으로 공시되는 동산인 선박·자동차·항공기·중기는 저당권의 목적이 된다.

Ⅲ. 등기

1. 예외적 권리변동적 효력
저당권설정계약에 의한 저당권 취득은 등기하여야 그 효력이 생긴다(제186조).

2. 원칙적 대항적 효력
변제기, 이자 및 그 발생기·지급시기, 원본 또는 이자의 지급장소, 채무불이행으로 인한 손해배상에 관한 약정, 저당권의 효력이 저당부동산의 부합물·종물에 미치지 않는다는 특약 등은 등기할 수 있고, 등기를 함으로써 제3자에게 대항할 수 있다(부동산등기법 제75조 제1항 단서).

「03」 저당권의 효력

Ⅰ. 저당권의 범위

1. 물건 전부에 권리행사
저당권자는 채권전부의 변제를 받을 때까지 저당물 전부에 대하여 그 권리를 행사할 수 있다(제370조).

2. 물건 외 부합물까지 확장

가. 의의
저당권의 효력은 저당부동산에 부합된 물건에 미친다. 그러나 법률에 특별한 규정 또는 설정행위에 다른 약정이 있으면 저당권의 효력은 부합된 물건에 미치지 아니한다(제358조).

나. 유형
(1) 토지에 매설된 유류저장탱크
주유소의 지하에 매설된 유류저장탱크는 토지에 부합되었으므로, 토지저당권의 효력이 원칙적으로 유류저장탱크에 미친다.

(2) 토지에 심은 수목
권원 없이 타인의 토지에 수목을 식재한 경우, 토지저당권의 효력이 원칙적으로 수목에 미친다. 다만 권원에 의하여 수목을 식재하거나 수목에 입목등기나 명인방법을 갖춘 경우에는 토지저당권의 효력이 수목에 미치지 않는다.

(3) 토지에 건물 신축
건물은 그 특성상 항상 '토지와 별개의 부동산'으로 독립성을 가진다. 권원 없이 타인의 토지에 건물을 신축하여도 토지저당권의 효력이 건물에 미치지 않는다.

(4) 건물에 대한 증축
건물의 증축 부분이 기존건물에 부합하여 기존건물과 분리하여서는 별개의 독립물로서의 효용을 갖지 못하는 이상 기존건물에 대한 근저당권은 부합된 증축 부분에도 효력이 미치는 것이므로 기존건물에 대한 경매절차에서 경매목적물로 평가되지 아니하였다고 할지라도 경락인은 부합된 증축 부분의 소유권을 취득한다(대판 2002.10.25. 2000다63110).

다. 부합의 시기
저당권설정 당시에 이미 부합하여 있는 것이든, 그 후에 부합된 것이든 원칙적으로 부합된 물건에 대하여 저당권의 효력이 미친다(대판 1974.02.12. 73다298,71마757).

라. 임의규정
저당권의 효력은 부합물에 미친다는 규정은 임의규정이다. 따라서 법률에 특별한 규정 또는 설정행위에 다른 약정이 있으면 저당권의 효력은 부합물에 미치지 않는다(제358조 후문 단서).

3. 물건 외 종물까지 확장

가. 의의
저당권의 효력은 저당부동산의 종물에 미친다. 그러나 법률에 특별한 규정 또는 설정행위에 다른 약정이 있으면 저당권의 효력은 종물에 미치지 아니한다(제358조).

나. 유형
(1) 저당권의 효력은 종물까지 미침

주물에 설정된 저당권은 그 목적 부동산의 종물에 대하여도 그 효력이 미치므로, 저당권의 실행으로 개시된 경매절차에서 부동산을 경락받은 자와 그 승계인은 종물의 소유권을 취득한다(대판 1993.08.13. 92다43142).

(2) 저당권의 효력은 종된 권리까지 미침

저당권의 효력은 저당부동산에 부합된 물건과 종물에 미친다고 규정하고 있는데, 이 규정은 저당부동산에 종된 권리에도 유추적용되어 건물에 대한 저당권의 효력은 그 건물의 소유를 목적으로 하는 지상권이나 임차권에도 미친다(대판 1992.07.14. 92다527, 대판 1993.04.13. 92다24950). 경락인이 건물의 소유권을 취득한 때에는 특별한 사정이 없는 한 건물의 소유를 목적으로 한 토지의 임차권도 건물의 소유권과 함께 경락인에게 이전된다(대판 1993.04.13. 92다24950).

다. 종속의 시기
저당권설정 당시에 이미 종속하여 있는 것이든, 그 후에 종속된 것이든 원칙적으로 종물에 대하여 저당권의 효력이 미친다(대판 1974.02.12. 73다298,71마757).

라. 임의규정
저당권의 효력은 종물에 미친다는 규정은 임의규정이다. 따라서 법률에 특별한 규정 또는 설정행위에 다른 약정이 있으면 저당권의 효력은 종물에 미치지 않는다(제358조 후문 단서).

4. 등기의 효력
저당권의 효력이 저당부동산의 부합물·종물에 미치지 않는다는 특약은 등기함으로써 제3자에게 대항할 수 있다(부동산등기법 제75조 제1항 본문).

II. 저당권의 양도 및 담보제공의 제한

1. 규정
저당권은 그 담보한 채권과 분리하여 타인에게 양도하거나 다른 채권의 담보로 하지 못한다(제361조).

2. 저당권 양도의 물권적 합의
물권변동의 일반원칙에 따라 저당권을 이전할 것을 목적으로 하는 물권적 합의와 등기가 있어야 저당권이 이전된다. 물권적 합의는 저당권의 양도·양수받는 당사자 사이에 있으면 족하고 그 외에 그 채무자나 물상보증인 사이에까지 있어야 하는 것은 아니다(대판 2005.06.10. 2002다15412,15429).

Ⅲ. 저당권의 순위

수개의 채권을 담보하기 위하여 동일한 부동산에 수개의 저당권을 설정한 때에는 그 순위는 설정의 선후에 의한다(제370조). 순위승진의 원칙이 있어 선순위 저당권이 있지만 소멸하게 되면 후순위의 저당권이 선순위로 올라가게 된다.

Ⅳ. 제3취득자

1. 의의

(ㄱ) **제3취득자** 제3취득자란 저당권이 설정된 부동산에 대해 저당목적물의 소유권·지상권·전세권을 취득한 자를 말한다. 제3취득자는 경매신청 전 또는 경매개시결정전에 소유권, 지상권 또는 전세권을 취득한 자에 한하지 않는다(대판 1974.10.26. 74마440).

(ㄴ) **저당부동산의 후순위 근저당권자** 저당부동산에 대하여 후순위 근저당권을 취득한 제3자는 저당권소멸청구권을 행사할 수 있는 제3취득자에 해당하지 아니한다(대판 2013.02.15. 2012다48855).

2. 변제

저당부동산에 대하여 소유권, 지상권 또는 전세권을 취득한 제3자는 저당권자에게 그 부동산으로 담보된 채권을 변제하고 저당권의 소멸을 청구할 수 있다(제364조).

3. 경매인

저당물의 소유권을 취득한 제3자도 경매인이 될 수 있다(제363조 제2항).

4. 비용상환청구권 여부

가. 의의

저당물의 제3취득자가 그 부동산의 보존, 개량을 위하여 필요비 또는 유익비를 지출한 때에는 저당물의 경매대가에서 (저당권자보다) 우선상환을 받을 수 있다(제367조).

나. 공익비용

저당권이 설정되어 있는 부동산의 제3취득자가 저당부동산에 관하여 지출한 필요비, 유익비는 부동산 가치의 유지·증가를 위하여 지출된 일종의 공익비용이므로 저당부동산의 환가대금에서 부담하여야 할 성질의 비용이고 더욱이 제3취득자는 경매의 결과 그 권리를 상실하게 되므로 특별히 경매로 인한 매각대금에서 우선적으로 상환을 받도록 한 것이다(대판 2023.07.13. 2022다265093).

다. 배당요구

제3취득자가 민법 제367조에 의하여 우선상환을 받으려면 저당부동산의 경매절차에서 배당요구의 종기까지 배당요구를 하여야 한다(대판 2023.07.13. 2022다265093).

라. 우선변제

민법 제367조에 의한 우선상환은 제3취득자가 경매절차에서 배당받는 방법으로 민법 제203조 제1항, 제2항에서 규정한 비용에 관하여 경매절차의 매각대금에서 우선변제를 받을 수 있다(대판 2023.07.13. 2022다265093).

마. 유치권

제3취득자가 저당부동산에 관하여 지출한 필요비, 유익비는 부동산 가치의 유지·증가를 위하여 지출된 일종의 공익비용이다. 따라서 제3취득자는 비용상환청구권을 피담보채권으로 주장하면서 유치권을 행사할 수 없다(대판 2023.07.13. 2022다265093).

「04」 채권충당방법

Ⅰ. 저당물 자체

1. 경매청구권
저당권자는 그 채권의 변제를 받기 위하여 저당물의 경매를 청구할 수 있다(제363조 제1항).

2. 우선변제권·물상대위권

가. 우선변제권
저당권자는 채무자 또는 제3자가 점유를 이전하지 아니하고 채무의 담보로 제공한 부동산에 대하여 다른 채권자보다 자기채권의 우선변제를 받을 권리가 있다(제365조).

나. 물상대위권

(1) 규정
저당권은 저당물의 멸실, 훼손 또는 공용징수로 인하여 저당권설정자가 받을 금전 기타 물건에 대하여도 이를 행사할 수 있다. 이 경우에는 그 지급 또는 인도전에 압류하여야 한다(제370조).

(2) 우선변제권과 물상대위권의 관계
저당물이 존속한다면 저당권을 행사하여 우선변제권을 취득하게 되므로 물상대위권을 인정할 필요가 없다. 반면에 저당물이 존속하지 않으면 저당권을 행사할 수 없으므로 물상대위를 인정할 필요성이 생긴다.

(3) 판례
(ㄱ) 담보목적물의 매매대금, 차임 담보목적물의 매매나 임대의 경우에는 담보목적물이 존속하기 때문에 우선변제권이 인정될 뿐 물상대위가 인정되지 않는다.
(ㄴ) 협의매수에 따른 보상금 공용용지의 취득 및 손실보상에 관한 특례법에 따라 토지소유자와 사업시행자 사이에 협의가 성립된 경우에 동 토지의 저당권자는 토지소유자가 수령할 보상금에 대하여 물상대위를 할 수 없다(대판 1981.05.26. 80다2109).
(ㄷ) 화재로 인한 보험금청구권 저당목적물의 소실로 저당권설정자가 취득하게 된 화재보험계약상의 보험금청구권에 대하여 저당권자가 물상대위권을 행사할 수 있다(대판 2004.12.24. 2004다52798).

(4) 지급 또는 인도전에 압류하여야 한다
(ㄱ) 압류 물상대위권을 행사하기 위해서는 저당권설정자가 받을 금전 기타 물건이 지급 또는 인도전에 압류해야 한다(제342조). 저당목적물의 변형물을 특정하여야 하므로 누가 압류를 하던, 어떤 방법을 사용하던 상관없이 특정성만 유지되면 된다.
(ㄴ) 협의매수에 따른 보상금 저당목적물의 변형물인 금전 기타 물건에 대하여 이미 제3자가 압류하여 그 금전 또는 물건이 특정된 이상 저당권자가 물상대위권을 행사할 수 있다(대판 2002.10.11. 2002다33137).

㉢ 저당권설정자에게 금전이나 물건이 이전 근저당권자가 금전이나 물건(이하 '금전 등'이라 한다)의 인도청구권을 압류하기 전에 토지의 소유자가 인도청구권에 기하여 금전 등을 수령한 경우 근저당권자는 더 이상 물상대위권을 행사할 수 없다(대판 2015.09.10. 2013다216273).

(5) 행사 방법

배당요구는 늦어도 배당요구의 종기까지 하여야 하는 것으로, 그 이후에는 물상대위권자로서의 우선변제권을 행사할 수 없다(대판 2000.05.12. 2000다4272).

Ⅱ. 저당물의 과실

1. 저당권설정자의 수취권

저당권설정자는 저당물에 대한 사용·수익권한이 있으므로 원칙적으로 저당부동산의 과실수취권을 가진다.

2. 저당권자의 수취권

저당권의 효력은 저당부동산에 대한 압류가 있은 후에 저당권설정자가 그 부동산으로부터 수취한 과실 또는 수취할 수 있는 과실에 미친다. 그러나 저당권자가 그 부동산에 대한 소유권, 지상권 또는 전세권을 취득한 제3자에 대하여는 압류한 사실을 통지한 후가 아니면 이로써 대항하지 못한다(제359조).

3. 과실

㈀ 천연과실, 법정과실 제359조 과실에는 천연과실뿐만 아니라 법정과실도 포함되므로 저당부동산에 대한 압류가 있으면 압류 이후의 저당권설정자의 저당부동산에 관한 차임채권 등에도 저당권의 효력이 미친다(대판 2016.07.27. 2015다230020).

㈁ 사용이익 과실에는 사용이익이 포함된다(대판 1987.09.22. 86다카1996).

「05」 저당권의 소멸

Ⅰ. 피담보채권의 소멸

1. 소멸시효의 진행

가. 부종성
저당권으로 담보한 채권이 시효의 완성 기타 사유로 인하여 소멸한 때에는 저당권도 소멸한다(제369조). 저당권으로 담보한 피담보채권이 변제, 시효의 완성 기타 사유로 인하여 소멸한 때에는 저당권도 소멸한다.

나. 판례
피담보채권이 소멸하면 저당권은 그 부종성에 의하여 당연히 소멸하게 되므로, 그 말소등기가 경료되기 전에 그 저당권부채권을 가압류하고 압류 및 전부명령을 받아 저당권 이전등기를 경료한 자라 할지라도, 그 가압류 이전에 그 저당권의 피담보채권이 소멸된 이상, 그 근저당권을 취득할 수 없다(대판 2002.09.24. 2002다27910).

2. 선변제 후말소
피담보채권 소멸로 인한 저당권등기의 말소는 동시이행의 관계가 아니다. 채무자의 변제 등으로 인해 피담보채권이 먼저 소멸되어야 저당권등기의 말소를 청구할 수 있다.

3. 지연배상액이 1년분을 넘은 경우
지연배상에 대하여는 1년분에 한하여 저당권을 행사할 수 있다고 규정하고 있는 것은 저당권자의 제3자에 대한 관계에서의 제한이며 채무자나 저당권설정자가 저당권자에 대하여 대항할 수 있는 것이 아니다(대판 1992.05.12. 90다8855). 따라서 채무자나 저당권설정자(=물상보증인)은 지연배상액 전액에 대해서 채권자에게 변제하여야 저당권등기말소를 청구할 수 있다.

Ⅱ. 목적물의 멸실
저당권은 목적물의 멸실, 혼동, 포기 등 물권에 공통된 소멸사유에 의하여 소멸한다.

Ⅲ. 담보물권의 소멸

1. 경매를 통한 소멸
저당목적물의 경매가 되면 저당권은 순위의 선후를 불문하고 소멸한다(민사집행법 제91조 제2항).

2. 저당권의 대상인 지상권·전세권의 소멸
지상권 또는 전세권을 목적으로 저당권을 설정한 자는 저당권자의 동의 없이 지상권 또는 전세권을 소멸(=포기도 포함)하게 하는 행위를 하지 못한다(제371조 제2항).

Ⅳ. 저당권침해에 대한 구제

1. 물권적 청구권

가. 규정

저당권자는 저당권을 방해하는 자에 대하여 방해의 제거를 청구할 수 있고 저당권을 방해할 염려 있는 행위를 하는 자에 대하여 그 예방이나 손해배상의 담보를 청구할 수 있다(제370조).

나. 판례

저당부동산의 교환가치가 하락할 우려가 있는 등 저당권자의 우선변제청구권의 행사가 방해되는 결과가 발생한다면 (나머지 가치만으로도 채권의 완전한 만족을 얻을 수 있다 하더라도) 저당권자는 저당권에 기한 방해배제청구권을 행사하여 공사중지청구의 방해행위의 제거를 청구할 수 있다(대판 2006.01.27. 2003다58454).

2. 손해배상청구권

근저당권의 공동 담보물 중 일부를 권한 없이 멸실·훼손하거나 담보가치를 감소시키는 행위로 인하여 근저당권자가 나머지 저당 목적물만으로 채권의 완전한 만족을 얻을 수 없게 되었다면 근저당권자는 불법행위에 기한 손해배상청구권을 취득한다(대판 2009.05.28. 2006다42818).

3. 즉시변제청구권

채무자가 담보를 손상·감소·멸실하게 하거나 담보제공의무를 이행하지 아니한 때에는 채무자는 기한의 이익을 주장하지 못한다(제388조).

4. 담보물보충청구권

저당권설정자의 책임 있는 사유로 인하여 저당물의 가액이 현저히 감소된 때에는 저당권자는 저당권설정자에 대하여 그 원상회복 또는 상당한 담보제공을 청구할 수 있다(제362조).

근저당권

「01」 서설

I. 의의

근저당권이란 그 담보할 채무의 최고액만을 정하고 채무의 확정을 장래에 보류하여 설정하는 저당권으로서, 계속적인 거래관계로부터 발생하는 다수의 불특정채권을 장래의 결산기에서 일정한 한도까지 담보하기 위한 목적으로 설정되는 담보권을 말한다(대판 2004.05.28. 2003다70041).

II. 담보물권

근저당권은 당사자간의 담보설정계약에 의해 성립하는 약정담보물권이다. 담보물권의 부종성, 수반성, 불가분성을 가진다.

「02」 근저당권의 성립

I. 피담보채권

1. 피담보채권의 성립
저당권은 그 담보할 채무의 최고액만을 정하고 채무의 확정을 장래에 보류하여 이를 설정할 수 있다. 이 경우에는 그 확정될 때까지의 채무의 소멸 또는 이전은 저당권에 영향을 미치지 아니한다(제357조 제1항). 근저당권은 근저당권설정행위와는 별도로 근저당권의 피담보채권을 성립시키는 법률행위가 있어야 한다(대판 2004.05.28. 2003다70041).

2. 피담보채권의 종류
근저당권의 경우 피담보채권의 종류에는 제한이 없다. 장래 발생하는 채권뿐만 아니라 조건부·기한부 채권에 대해서도 불특정한 액수의 채권이라면 근저당권을 설정할 수 있다.

3. 피담보채권의 범위

가. 의의
근저당권은 채권최고액만을 정한 저당권에 불과하므로 피담보채권의 범위를 약정에 의하여 정하지 않은 한 저당권의 피담보채권의 범위가 당연히 적용된다. 저당권의 피담보채권의 범위에 대한 규정이 근저당권에서 어떻게 해석되는지가 문제된다.

나. 이자
근저당권의 경우에는 채무의 이자는 최고액 중에 산입한 것으로 본다(제357조 제2항).

다. 채무불이행으로 인한 손해배상
지연배상에 대하여는 저당권과 달리 1년분에 한하지 않고 근저당권의 채권최고액의 한도 내에서 그 전액이 담보된다(대판 2009.12.10. 2008다72318).

라. 근저당권의 실행비용
근저당권의 실행비용은 채권최고액에 포함되지 않는 것으로 이해한다(대판 1971.05.15. 71마251).

II. 근저당권의 성립

1. 근저당권설정계약
저당권의 저당권설정계약과 내용이 동일하다.

2. 근저당권의 목적·객체
저당권의 목적·객체와 내용이 동일하다.

Ⅲ. 등기

1. 예외적 권리변동적 효력
근저당권설정계약에 의한 근저당권 취득은 등기하여야 그 효력이 생긴다(제186조).

2. 원칙적 대항적 효력
(ㄱ) 필요적 등기사항 채권의 최고액, 채무자의 성명 또는 명칭과 주소 또는 사무소의 소재지는 근저당부동산에서 반드시 기재해야 하는 필요적 등기사항이다.

(ㄴ) 임의적 등기사항 근저당부동산의 부합물·종물에 미치지 않는다는 특약, 존속기간은 약정이 있는 경우에만 등기할 수 있고, 등기를 함으로써 제3자에게 대항할 수 있다(부동산등기법 제75조 제2항 단서). 이는 약정이 있는 경우에만 등기하므로 필요적 등기사항이 아니다.

Ⅳ. 피담보채권의 확정

1. 의의
피담보채권의 확정이란 근저당권의 피담보채권은 기본계약이 존속하는 동안 채권의 발생 및 소멸을 반복하다가 어떤 사유로 인해 액수가 구체적으로 확정되는 것을 말한다.

2. 확정사유

가. 당사자의 약정
근저당권의 피담보채무의 확정방법에 관한 다른 약정이 있으면 그에 따라 피담보채무를 확정시킬 수 있다(대판 2002.05.24. 2002다7176).

나. 계약의 종료에 따른 확정사유
(ㄱ) 존속기간이나 결산기가 도래 근저당권의 존속기간을 정하거나 근저당권으로 담보되는 기본적인 거래계약에서 결산기를 정한 경우에는 원칙적으로 존속기간이나 결산기가 도래한 때에 피담보채권액이 확정된다(대판 2002.05.24. 2002다7176).

(ㄴ) 근저당권설정자의 해지의 의사표시 존속기간이나 결산기의 정함이 없는 때에는 근저당권설정자가 근저당권자를 상대로 언제든지 해지의 의사표시를 함으로써 피담보채무를 확정시킬 수 있다(대판 2002.05.24. 2002다7176).

(ㄷ) 제3취득자가 근저당권설정자의 해지의 의사표시 원용 근저당부동산의 제3취득자는 근저당권설정자의 해지의 의사표시를 원용하여 근저당권의 소멸을 청구할 수 있다(대판 2002.05.24. 2002다7176).

다. 경매신청에 따른 확정사유
(1) 선순위자의 경매신청
(ㄱ) 근저당권자의 경매신청 근저당권자가 피담보채무의 불이행을 이유로 경매신청을 한 경우에는 경매신청시에 근저당 채무액이 확정된다(대판 2002.11.26. 2001다73022).

(ㄱ) 근저당권자의 경매개시결정이 있은 후 경매신청 취하 경매신청을 하여 근저당 채무액이 확정되고 경매개시결정이 있은 후에 경매신청이 취하되었다고 하더라도 채무확정의 효과가 번복되는 것은 아니다(대판 2002.11.26. 2001다73022).

(2) 후순위권리자 또는 일반채권자의 경매신청

후순위권리자 또는 일반채권자에 의하여 경매가 신청된 경우에는 선순위근저당권자의 피담보채권은 경락대금 완납시에 확정된다(대판 1999.09.21. 99다26085).

(3) 공동저당에서 일부 목적 부동산에서 우선배당받음

공동근저당권자가 목적 부동산 중 일부 부동산에 대하여 제3자가 신청한 경매절차에 소극적으로 참가하여 우선배당을 받은 경우, 해당 부동산에 관한 근저당권의 피담보채권은 그 근저당권이 소멸하는 시기, 즉 매수인이 매각대금을 지급한 때에 확정되지만, 나머지 목적 부동산에 관한 근저당권의 피담보채권은 기본거래가 종료하거나 채무자나 물상보증인에 대하여 파산이 선고되는 등의 다른 확정사유가 발생하지 아니하는 한 확정되지 아니한다(대판 2017.09.21. 2015다50637).

3. 확정 효과

근저당권이 확정되면 그 때를 기준으로 피담보채권이 특정되고, 그 후 발생하는 채권은 더 이상 근저당권에 의하여 담보되지 않고 보통의 저당권과 같은 취급을 받게 된다(대판 1993.03.12. 92다48567).

「03」 근저당권의 효력

Ⅰ. 근저당권의 범위

1. 피담보채권 확정 전

가. 채무의 범위 변경

피담보채무가 확정되기 이전이라면 채무의 범위를 변경할 수 있는 것이고, 채무의 범위가 변경된 경우에는 당연히 변경 후의 범위에 속하는 채권만이 당해 근저당권에 의하여 담보되고, 변경 전의 범위에 속하는 채권은 그 근저당권에 의하여 담보되는 채무의 범위에서 제외된다(대판 1999.05.14. 97다15777,15784).

나. 채무자 변경

피담보채무가 확정되기 이전이라면 채무자를 변경할 수 있는 것이고, 채무자가 변경된 경우에는 당연히 변경 후의 범위에 속하는 채무자에 대한 채권만이 당해 근저당권에 의하여 담보되고, 변경 전의 범위에 속하는 채무자에 대한 채권은 그 근저당권에 의하여 담보되는 채무의 범위에서 제외된다(대판 1999.05.14. 97다15777,15784).

다. 이해관계인들의 승낙 불필요

근저당권을 설정한 후에 피담보채무가 확정되기 이전이라면 근저당설정자와 근저당권자의 합의로 채무의 범위 또는 채무자를 추가하거나 교체하는 등으로 피담보채무를 변경할 수 있다(대판 2021.12.16. 2021다255648).

2. 피담보채권 확정 후

가. 새로운 거래관계에서 발생한 원본채권

근저당권자의 경매신청 등의 사유로 인하여 근저당권의 피담보채권이 확정되었을 경우, 확정 이후에 새로운 거래관계에서 발생한 원본채권은 그 근저당권에 의하여 담보되지 않는다(대판 1988.10.11. 87다카545).

나. 확정 전에 발생한 원본채권으로부터 피담보채권 확정 후에 발생한 이자나 지연손해금

확정 전에 발생한 원본채권에 관하여 확정 후에 발생하는 이자나 지연손해금 채권은 채권최고액의 범위 내에서 근저당권에 의하여 여전히 담보된다(대판 2007.04.26. 2005다38300).

Ⅱ. 근저당권의 양도 및 담보제공의 제한

근저당권은 그 담보한 채권과 분리하여 타인에게 양도하거나 다른 채권의 담보로 하지 못한다(제361조).

「04」 근저당권의 소멸

I. 피담보채권의 소멸

1. 피담보채권 확정 전
저당권은 그 담보할 채무의 최고액만을 정하고 채무의 확정을 장래에 보류하여 이를 설정할 수 있다. 이 경우에는 그 확정될 때까지의 채무의 소멸 또는 이전은 저당권에 영향을 미치지 아니한다(제357조 제1항).

2. 피담보채권 확정 후

가. 소멸시효의 진행
근저당권으로 담보한 시효의 완성 기타 사유로 인하여 소멸한 때에는 근저당권도 소멸한다.

나. 선변제 후말소
피담보채권 소멸로 인한 근저당권등기의 말소는 동시이행의 관계가 아니다. 채무자의 변제 등으로 인해 피담보채권이 먼저 소멸되어야 근저당권등기의 말소를 청구할 수 있다.

II. 피담보채권액이 채권최고액을 넘는 경우

1. 의의
채권최고액이란 근저당권자가 목적물로부터 우선변제를 받을 수 있는 한도액을 말한다. 따라서 확정된 피담보채권액이 채권최고액을 넘더라도 최고액까지만 우선변제를 받을 수 있는 것이 원칙이다.

2. 분류

가. 채권최고액만 변제하면 근저당권등기의 말소
(ㄱ) 물상보증인　피담보채무가 확정된 이후에 근저당권의 물상보증인은 채권최고액만 변제하면 근저당권설정등기의 말소를 구할 수 있다(대판 1975. 03. 25. 74다1998).

(ㄴ) 제3취득자　근저당부동산에 대하여 소유권을 취득한 제3자는 피담보채무가 확정된 이후에 그 확정된 피담보채무를 채권최고액의 범위 내에서 변제하고 근저당권의 소멸을 청구할 수 있다(대판 2002. 05. 24. 2002다7176).

나. 전액을 변제하면 근저당권등기의 말소
(ㄱ) 채무자 겸 근저당권설정자　채무자의 채무액이 근저당 채권최고액을 초과하는 경우에 채무자 겸 근저당권설정자가 그 채무의 일부인 채권최고액과 지연손해금 및 집행비용 만을 변제하였다면 채권전액의 변제가 있을 때까지 근저당권의 효력은 잔존채무에 미치는 것이므로 위 채무일부의 변제로써 위 근저당권의 말소를 청구할 수 없다(대판 1981. 11. 10. 80다2712).

(ㄴ) 후순위근저당권자 근저당부동산에 대하여 후순위근저당권을 취득한 자는 피담보채무가 확정된 이후에 그 확정된 피담보채무를 채권최고액의 범위 내에서 변제하고 근저당권의 소멸을 청구할 수 있는 제3취득자에 해당하지 아니하므로 후순위근저당권자는 근저당권의 채권최고액 및 경매비용을 변제한 것만으로는 선순위근저당권의 소멸을 청구할 수 없다(대판 2006.01.26. 2005다17341).

Ⅲ. 담보물권의 소멸

근저당목적물의 경매가 되면 근저당권은 순위의 선후를 불문하고 소멸한다(민사집행법 제91조 제2항).

가등기담보 등에 관한 법률

01 서설

I. 의의

가등기담보등에 관한 법률(이하 '가담법'이라 한다)은 담보권으로 가등기가 경료된 경우뿐만 아니라 담보목적으로 소유권이전등기가 경료된 경우를 모두 포함한다. 가등기를 경료하는 담보를 가등기담보, 소유권이전등기를 경료하는 담보를 양도담보라고 한다.

II. 담보물권

가등기담보는 당사자간의 담보설정계약에 의해 성립하는 약정담보물권이다. 담보물권의 부종성, 수반성, 불가분성을 가진다.

02 가담법이 적용되는 담보권의 성립

Ⅰ. 피담보채권

1. 피담보채권의 종류

가. 소비대차·준소비대차

가담법이 적용되는 담보권의 경우 피담보채권의 종류에는 제한이 있다. 가담법이 적용될 수 있는 피담보채권은 금전소비대차나 준소비대차에 한한다(대판 2004.04.27. 2003다29968). 장래 발생하는 채권뿐만 아니라 조건부·기한부 채권에 대해서도 가담법상 담보권을 설정할 수 있다.

나. 판례

(ㄱ) 매매대금채권 매매대금채권을 담보하기 위하여 가등기나 소유권이전등기를 경료한 경우에는 가등기담보법이 적용되지 않는다(대판 2002.12.24. 2002다50484).

(ㄴ) 공사대금채권 공사대금채권을 담보할 목적으로 가등기나 소유권이전등기를 경료한 경우에는 가등기담보법이 적용되지 않는다(대판 1992.04.10. 91다45356, 91다45363).

2. 피담보채권의 범위

가. 의의

가담법이 적용되는 담보권은 제한물권을 을구란에 기재하는 저당권과 달리 갑구란에 기재하는 것에 불과하므로 피담보채권을 약정에 의하여 정하지 않는 한 저당권의 피담보채권의 범위가 적용된다(가담법 제3조 제2항 전문).

나. 당사자의 약정 내용에 따라 결정

가등기의 원인증서인 매매예약서상의 매매대금은 가등기절차의 편의상 기재하는 것에 불과하고 가등기의 피담보채권이 그 한도로 제한되는 것은 아니며 피담보채권의 범위는 당사자의 약정 내용에 따라 결정된다(대판 1996.12.23. 96다39387, 39394).

다. 가등기담보권 설정 이후에 발생한 채권

채권자와 채무자가 가등기담보권설정계약을 체결하면서 가등기 이후에 발생할 채권도 가등기담보권의 피담보채권에 포함시키기로 약정할 수 있다(대판 2011.07.14. 2011다28090).

Ⅱ. 가담법이 적용되는 담보권의 성립

1. 담보설정계약

저당권의 저당권설정계약과 내용이 동일하다.

2. 담보권의 목적 · 객체

가. 부동산

(1) 가담법이 적용되는 가등기담보권

(ㄱ) 예약 당시의 가액이 차용액 및 이자의 합산을 초과 가등기담보등에관한법률은 재산권 이전의 예약에 의한 가등기담보에 있어서 그 재산의 예약 당시의 가액이 차용액 및 이에 붙인 이자의 합산액을 초과하는 경우에 한하여 그 적용이 있다(대판 1993.10.26. 93다27611).

(ㄴ) 예약 당시의 가액에서 선순위 근저당권의 피담보채무액을 공제한 나머지 잔액이 차용액 및 이자의 합산을 초과 재산권 이전의 예약 당시 재산에 대하여 선순위 근저당권이 설정되어 있는 경우에는 재산의 가액에서 피담보채무액을 공제한 나머지 가액이 차용액 및 이에 붙인 이자의 합산액을 초과하는 경우에만 적용된다(대판 2006.08.24. 2005다61140).

(2) 가담법이 적용되지 않는 가등기담보권

가등기담보부동산에 대한 예약 당시의 시가가 피담보채권액에 미치지 못하는 경우에 있어서는 가등기담보법이 적용되지 아니하여 청산금평가액의 통지 및 청산금지급 등의 절차를 이행할 여지가 없다(대판 1993.10.26. 93다27611).

나. 동산

동산은 원칙적으로 가담법이 적용되는 담보권의 목적이 되지 못한다. 등기나 등록으로 공시되는 동산인 선박·자동차·항공기·중기는 가담법이 적용되는 담보권의 목적이 된다(가담법 제18조 본문).

III. 등기

가등기담보권은 등기부의 갑구란에 가등기나 소유권이전등기의 등기를 해야 한다. 저당권설정등기와 달리 피담보채권액, 이자, 변제기 등이 공시되지 않으므로, 공시방법으로서 불완전하다.

「03」 가담법이 적용되는 담보권의 효력

I. 담보권의 범위

저당권의 범위와 내용이 동일하다.

II. 담보권의 양도 및 담보제공의 제한

저당권의 양도 및 담보제공의 제한과 내용이 동일하다.

「04」 채권충당방법

Ⅰ. 유형

담보가등기권리자는 자신의 선택에 따라 담보권을 실행하여 그 담보목적부동산의 소유권을 취득(=귀속정산)하거나 담보목적부동산의 경매를 청구(=처분정산)할 수 있다(가담법 제12조 제1항).

Ⅱ. 담보물 자체의 공적실행

1. 임의경매

가. 의의

담보가등기권리자는 자신의 선택에 따라 담보목적부동산의 경매를 청구할 수 있다. 이 경우 경매에 관하여는 담보가등기권리를 저당권으로 본다(가담법 제12조 제1항). 법원이라는 공적기관이 경매를 진행하므로 공적실행임과 동시에 경매를 통해 담보물을 외부로 처분한다고 하여 처분청산[9]이라고 한다.

나. 가등기담보권자

담보물에 대한 경매를 청구할 수 있는 자는 가등기담보권자만이고, 소유권등기가 되어 있는 양도담보권자는 경매를 청구하지 못한다.

다. 담보가등기를 저당권으로 본다.

(1) 경매를 통한 소멸

목적물의 경매가 되면 담보가등기는 순위의 선후를 불문하고 소멸한다.

(2) 우선변제권·물상대위권

저당권의 우선변제권·물상대위권과 내용이 동일하다.

2. 강제경매

가. 의의

담보가등기를 마친 부동산에 대하여 강제경매 등이 개시된 경우에 담보가등기권리자는 다른 채권자보다 자기채권을 우선변제 받을 권리가 있다. 이 경우 그 순위에 관하여는 그 담보가등기권리를 저당권으로 보고, 그 담보가등기를 마친 때에 그 저당권의 설정등기가 행하여진 것으로 본다(가담법 제13조).

나. 담보가등기 소멸

(1) 경매를 통한 소멸

담보가등기를 마친 부동산에 대하여 강제경매등이 행하여진 경우에는 담보가등기권리는 그 부동산의 매각에 의하여 소멸한다(가담법 제15조).

---

9) 교수님들 중에서는 '청산' 대신에 '정산'이란 표현을 사용하시기도 한다. 처분정산·귀속정산이라는 문구가 나오면 처분청산·귀속청산을 말하는 것이다.

(2) 채권신고

강제경매 등의 개시결정의 압류등기 전에 이루어진 담보가등기권리가 매각에 의하여 소멸되면 해당 가등기가 담보가등기로 그 채권의 존부·원인·금액 등의 채권신고를 한 경우에만 그 채권자는 매각대금을 배당받거나 변제금을 받을 수 있다(가담법 제16조).

다. 사적실행과의 관계

담보가등기를 마친 부동산에 대하여 강제경매 등의 개시 결정이 있는 경우에 그 경매의 신청이 청산금을 지급하기 전에 행하여진 경우(청산금이 없는 경우에는 청산기간이 지나기 전)에는 담보가등기권리자는 그 가등기에 따른 본등기를 청구할 수 없다(가담법 제14조).

Ⅲ. 담보물 자체의 사적실행

1. 의의

담보권자 개인이 담보권을 실행하므로 사적실행임과 동시에 담보권자가 담보물의 소유권을 자신에게 귀속시킨다고 하여 귀속청산이라고 한다. 가등기담보법은 사적실행의 방식으로 귀속청산만 인정하고 있다(가담법 제3조 제1항).[10]

2. 청산절차의 진행

가. 채권의 변제기 도래

채권자가 담보계약에 따른 담보권을 실행하기 위해서는 먼저 채권의 변제기가 도래하여야 한다(가담법 제3조 제1항 전문).

나. 채권자가 청산금의 평가액을 산정

(1) 채권자 자신의 피담보채권액

청산금 평가액 통지에는 통지 당시의 담보목적부동산의 평가액과 피담보채권 범위 내(저당권의 피담보채권 범위 규정을 준용)의 채권액을 밝혀야 한다(가등기담보법 제3조 제2항 전문). 이 경우 부동산이 둘 이상인 경우에는 각 부동산의 소유권이전에 의하여 소멸시키려는 채권과 그 비용을 밝혀야 한다(가등기담보법 제3조 제2항 후문).

(2) 채권자 외 선순위·후순위 담보권자의 피담보채권액

담보목적부동산에 선순위담보권 등의 권리가 있을 때에는 그 채권액을 계산할 때에 선순위담보 등에 의하여 담보된 채권액을 포함한다(가등기담보법 제4조 제1항 후문). 반대로 후순위담보권 등의 권리가 있을 때에는 채권액에 포함하지 않는다.

(3) 청산금 산정과 구속력

채권자는 통지 당시의 담보목적부동산의 평가액에서 피담보채권액을 뺀 금액인 청산금의 금액

---

10) 종전에는 담보가등기권리자 개인이 사적으로 외부로 처분하는 처분청산도 인정하고 있었으나 채권자가 목적물을 처분해서 제3자가 권리를 취득했을 때 청산금을 지급하지 않은 채권자에게 대항하기 위해서 목적물을 되찾아올 가능성이 거의 없어서 가등기담보법에서는 사적실행에 한해서 처분청산을 인정하지 않고 귀속청산만 인정하고 있다.

에 관하여 다툴 수 없다(가등기담보법 제9조). 따라서 채권자가 주관적으로 평가한 평가액을 통지하면 되고, 청산금의 액이 객관적인 청산금의 평가액에 미치지 못한다고 하더라도 담보권 실행통지의 효력이나 청산기간의 진행에는 아무런 영향이 없다(대판 1992.09.01. 92다10043,10050).

다. 채권자가 채무자 등에게 통지

(1) 채무자 등

채권자가 청산금의 평가액을 채무자 등[11]에게 통지하여야 한다. 청산금이 없다고 인정되는 경우에는 그 뜻을 통지하여야 한다(가담법 제3조 제1항).

(2) 채무자 모두에게 통지

통지는 채무자 등의 모두에게 하여야 하는 것으로서 채무자 등의 전부 또는 일부에 대하여 위 통지를 하지 않으면 통지로서의 효력이 발생하지 않아 청산기간이 진행할 수 없게 되고, 따라서 가등기담보권자는 그 후 적절한 청산금을 지급하거나 실제 지급할 청산금이 없다고 하더라도 가등기에 기한 본등기를 청구할 수 없다(대판 2002.04.23. 2001다81856).

(3) 청산금 평가액수에 부정적

채무자 등은 채권자가 통지한 청산금액을 다투고 정당하게 평가된 청산금을 지급받을 때까지 목적부동산의 소유권이전등기 및 인도채무의 이행을 거절하면서 피담보채무 전액을 채권자에게 지급하고 가등기나 소유권이전등기의 말소를 청구할 수 있다(대판 1992.09.01. 92다10043,10050).

(4) 청산금 평가액수에 긍정적

채무자는 채권자가 통지한 청산금액에 묵시적으로 동의함으로써 청산금을 확정시킬 수 있다(대판 2008.04.11. 2005다36618).

라. 채무자 등에게 도달 후 채권자는 바로 후순위권리자에게 통지

(1) 후순위권리자

채권자는 실행의 통지가 채무자 등에게 도달하면 지체 없이 후순위권리자[12]에게 그 통지의 사실과 내용 및 도달일을 통지하여야 한다(가담법 제6조 제1항).

(2) 청산금 평가액수에 부정적

후순위권리자는 청산기간에 한정하여 그 피담보채권의 변제기 도래 전이라도 담보목적부동산의 경매를 청구할 수 있다(가담법 제12조 제2항).

(3) 청산금 평가액수에 긍정적

후순위권리자는 그 순위에 따라 채무자 등이 지급받을 청산금에 대하여 제3조제1항에 따라 통지된 평가액의 범위에서 청산금이 지급될 때까지 그 권리를 행사할 수 있고, 채권자는 후순위권리자의 요구가 있는 경우에는 청산금을 지급하여야 한다(가담법 제5조 제1항).

---

11) 채무자 등이란 채무자, 담보가등기목적 부동산의 물상보증인, 담보가등기 후 소유권을 취득한 제3자를 말한다(가등기담보법 제2조 제2호).
12) 후순위권리자란 담보가등기 후에 등기된 저당권자, 전세권자 및 담보가등기권리자를 말한다(가담법 제2조 제5호).

마. 청산기간의 경과

(1) 2개월의 청산기간

채권자의 실행의 통지가 채무자 등에게 도달한 날부터 2개월(이하 '청산기간'이라 한다)이 지나야 한다(가담법 제3조 제1항).

(2) 채무자

채무자가 청산기간이 지나기 전에 한 청산금에 관한 권리의 양도나 그 밖의 처분은 이로써 후순위권리자에게 대항하지 못한다(가담법 제7조 제1항).

바. 채권자의 청산금 지급

(1) 의의

채권자는 청산금을 채무자 등에게 지급하여야 한다(가담법 제4조 제1항 전문). 청산금이 없는 경우에는 청산기간이 경과하기만 하면 청산절차는 종료된다.

(2) 동시이행관계

청산금의 지급채무와 부동산의 소유권이전등기 및 인도채무의 이행에 관하여는 동시이행의 항변권에 관한 규정을 준용한다(가담법 제4조 제3항).

(3) 청산절차를 마친 등기

(ㄱ) 가등기담보 담보가등기를 마친 경우에는 청산기간이 지난 후 청산금을 채무자 등에게 지급해야 채권자는 가등기에 따른 본등기를 청구할 수 있다(가담법 제4조 제2항 후문). 소유권이전등기가 경료되면 채권자는 담보목적물의 소유권을 취득한다(제186조).

(ㄴ) 양도담보 채권자는 담보목적부동산에 관하여 이미 소유권이전등기를 마친 경우에는 청산기간이 지난 후 청산금을 채무자등에게 지급한 때에 담보목적부동산의 소유권을 취득한다(가담법 제4조 제2항 전문).

3. 청산절차를 거치지 않은 등기

가. 가등기담보

가등기담보 등에 관한 법률 제3조, 제4조에 정한 청산절차를 위반하여 담보가등기에 기한 본등기가 이루어진 경우에는 본등기는 무효이다(대판 2016.06.23. 2015다13171). 나중에 가등기담보법에서 정한 청산절차를 마치면 무효인 본등기는 실체적 법률관계에 부합하는 유효한 등기가 될 수 있다(대판 2017.08.18. 2016다30296).

나. 양도담보

채무자등은 청산금채권을 변제받을 때까지 그 채무액을 채권자에게 지급하고 그 채권담보의 목적으로 마친 소유권이전등기의 말소를 청구할 수 있다. 다만, 그 채무의 변제기가 지난 때부터 10년이 지나거나 선의의 제3자가 소유권을 취득한 경우에는 채권담보의 목적으로 마친 소유권이전등기의 말소를 청구할 수 없다(가담법 제11조).

Ⅳ. 담보물의 과실
1. 담보권설정자의 수취권
가등기담보법의 경우, 담보권설정자가 담보물의 사용·수익권한이 있으므로 원칙적으로 담보물의 과실수취권을 가진다.

2. 담보권자의 수취권
가등기 담보목적물에 대한 과실수취권 등을 포함한 사용·수익권은 청산절차의 종료와 함께 채권자(=담보권자)에게 귀속된다고 보아야 한다(대판 2001.02.27. 2000다20465).

05 담보권의 소멸

I. 피담보채권의 소멸

1. 소멸시효의 진행
가등기담보법상의 담보권으로 담보한 피담보채권이 변제, 시효의 완성 기타 사유로 인하여 소멸한 때에는 담보권도 소멸한다(대판 2007.03.15. 2006다12701).

2. 선변제 후말소
피담보채권 소멸로 인한 담보권등기의 말소는 동시이행의 관계가 아니다. 채무자의 변제 등으로 인해 피담보채권이 먼저 소멸되어야 담보권등기의 말소를 청구할 수 있다.

II. 담보물권의 소멸
담보가등기를 마친 부동산에 대하여 강제경매 등이 행하여진 경우에는 담보가등기권리는 그 부동산의 매각에 의하여 소멸한다(가담법 제15조).

III. 담보권침해에 대한 구제

1. 사용·수익권자

가. 원칙
부동산을 채권담보의 목적으로 양도한 경우 특별한 사정이 없는 한 목적부동산에 대한 사용수익권은 채무자인 양도담보 설정자에게 있는 것이므로 목적부동산을 임대할 권한은 양도담보 설정자에게 있다(대판 2001.12.11. 2001다40213).

나. 채무자로부터 목적물을 인도받아 사용
(ㄱ) 양도담보권자 소유권에 기하여 직접 인도청구 채무자가 변제기를 도과하여 피담보채무의 이행지체에 빠졌을 경우 채무자로부터 적법하게 목적 부동산의 점유를 이전받은 제3자에 대하여 양도담보권자가 직접 소유권에 기하여 그 인도를 구할 수 없다(대판 2007.05.11. 2006다6836).
(ㄴ) 양도담보권자 임료상당의 손해배상이나 부당이득반환 양도담보권자는 사용수익할 수 있는 정당한 권한이 있는 채무자나 채무자로부터 그 사용수익할 수 있는 권한을 승계한 자에 대하여는 사용수익을 하지 못한 것을 이유로 임료상당의 손해배상이나 부당이득반환청구는 할 수 없다(대판 1988.11.22. 87다카2555).

2. 담보권 실행을 위한 담보물 인도청구
양도담보권자는 담보권의 실행을 위하여 담보채무자가 아닌 제3자에 대하여도 담보물의 인도를 구할 수 있고, 인도를 거부하는 경우에는 담보권 실행이 방해된 것을 이유로 하는 손해배상을 구할 수는 있다(대판 1991.10.08. 90다9780).

PART

3

계약총론

Life Turning Point
WEPASS

2026년 위패스 공인중개사
1차 민법 및 민사특별법

Chapter1. 계약의 총론
Chapter2. 계약의 성립
Chapter3. 계약의 효력
Chapter4. 계약의 해제권·해지권

계약의 총론

「01」 계약의 종류

Ⅰ. 전형계약과 비전형계약

1. 전형계약

전형계약이란 민법전에 형태가 규정되어 있는 15종의 계약을 말한다. 증여 · 매매 · 교환 · 소비대차 · 사용대차 · 임대차 · 고용 · 도급 · 여행 · 위임 · 임치 · 현상광고 · 조합 · 종신정기금 · 화해가 이에 속한다.

2. 비전형계약

비전형계약이란 민법전에 형태가 규정되어 있지 않은 계약을 말한다.

Ⅱ. 쌍무계약과 편무계약

1. 쌍무계약과 유상계약

가. 쌍무계약

쌍무계약이란 당사자 쌍방이 서로 '대가적 의미를 가지는 채무'를 부담하는 계약을 말한다. 동시이행의 항변권(제536조)과 위험부담(제537조, 제538조)은 쌍무계약에 적용된다.

나. 유상계약

유상계약이란 당사자 쌍방이 서로 상응하는 대가를 지급하는 계약을 말한다.

다. 양자의 관계

당사자 쌍방이 대가적 의미를 가지는 채무를 통해서 서로 상응하는 대가를 주고 받기 때문에 쌍무계약은 바로 유상계약이다. 매매계약 · 환매 · 교환계약 · 임대차계약 · 도급계약 등이 있다.

2. 편무계약과 무상계약

가. 편무계약

편무계약이란 당사자 일방만이 채무를 부담하거나 당사자 쌍방이 채무를 부담하더라도 서로 대가적 의미를 갖지 않는 계약을 말한다. 동시이행의 항변권(제536조)과 위험부담(제537조, 제538조)은 편무계약에 적용되지 않는다.

나. 무상계약

유상계약이란 당사자 일방만 대가를 지급하는 계약을 말한다.

다. 양자의 관계

(ㄱ) **편무계약·무상계약** 당사자 일방만이 채무를 통해서 급부를 부담하고 일방만이 대가를 주기 때문에 편무계약은 바로 무상계약이 된다. 증여계약·사용대차계약·무상소비대차·무상위임·무상임치 등이 있다.

(ㄴ) **편무계약·유상계약** 다만 당사자 쌍방이 채무를 부담하더라도 서로 대가적 의미를 갖지 않는 급부를 부담하는 경우에는 편무계약이지만 유상계약이 된다. 현상광고가 있다.

Ⅲ. 낙성계약과 요물계약

1. 낙성계약

낙성계약이란 당사자들의 의사의 합치만으로 성립하는 계약을 말한다. 민법상의 계약은 낙성계약이다.

2. 요물계약

요물계약이란 당사자들의 의사의 합치 외에 물건의 인도 기타 급부를 하여야만 성립하는 계약을 말한다. 계약금계약(대판 2008.03.13. 2007다73611)과 현상광고계약은 요물계약이지만 그 외 민법상의 계약은 낙성계약이다.

Ⅳ. 요식계약과 불요식계약

1. 불요식계약

불요식계약이란 의사표시가 일정한 방식을 갖추지 않아도 성립하는 계약이다. 민법상의 계약은 불요식계약이다.

2. 요식계약

요식계약이란 의사표시가 일정한 방식을 갖추어야 성립하는 계약을 말한다. 공인중개사법상의 전속중개계약은 요식계약이다(공인중개사법 제23조 제2항).

계약의 성립

「01」 청약과 승낙에 의한 계약의 성립

Ⅰ. 청약

1. 의의

가. 청약

청약이란 승낙과 결합하여 계약을 성립시킬 것을 목적으로 하는 일방적 의사표시를 말한다(대판 2007.06.01. 2005다5843). 청약은 상대방 있는 의사표시로 그 상대방은 특정인이든 불특정인이든 상관없다.

나. 청약의 유인

청약의 유인은 합의를 구성하는 의사표시가 되지 못하므로 피유인자가 그에 대응하여 의사표시를 하더라도 계약은 성립하지 않고 다시 유인한 자가 승낙의 의사표시를 함으로써 비로소 계약이 성립한다(대판 2007.06.01. 2005다5812,5829,5836).

다. 판례

(ㄱ) 일반적 분양광고 상가나 아파트의 분양광고의 내용은 청약의 유인으로서의 성질을 갖는 데 불과하다(대판 2007.06.01. 2005다5812,5829,5836).

(ㄴ) 광고의 내용대로 계약이 구속되려는 의사가 명백한 광고 광고 중에서 내용이 명확하고 확정적이며 광고주가 광고의 내용대로 계약에 구속되려는 의사가 명백한 경우에는 이를 청약으로 볼 수 있다(대판 2018.02.13. 2017다275447).

(ㄷ) 견적서, 이행각서 등의 서류제출 하도급계약의 체결을 위하여 교섭당사자가 견적서, 이행각서, 하도급보증서 등의 서류를 제출하는 행위는 청약의 유인에 해당할 뿐이다(대판 2001.06.15. 99다40418).

2. 내용

계약이 성립하기 위한 법률요건인 청약은 그에 응하는 승낙만 있으면 곧 계약이 성립하는 구체적, 확정적 의사표시여야 하므로 청약은 계약의 내용을 결정할 수 있을 정도의 사항을 포함시키는 것이 필요하다(대판 2005.12.08. 2003다41463).

3. 효력

가. 청약의 구속력

(ㄱ) 규정 계약의 청약은 이를 철회하지 못한다(제527조). 의사표시는 상대방에게 도달한 때에 그 효력이 생긴다(대판 2000.09.05. 99두8657).

(ㄴ) **판례** 명예퇴직의 신청은 근로계약에 대한 합의해지의 청약에 불과하여 이에 대한 사용자의 승낙이 있어 근로계약이 합의해지되기 전에는 근로자가 임의로 그 청약의 의사표시를 철회할 수 있다(대판 2003.04.25. 2002다11458).

나. 청약의 존속기간 (= 승낙기간)

(1) 승낙기간을 정한 청약

승낙의 기간을 정한 계약의 청약은 청약자가 그 기간 내에 승낙의 통지를 받지 못한 때에는 그 효력을 잃는다(제528조 제1항).

(2) 승낙기간을 정하지 아니한 청약

승낙의 기간을 정하지 아니한 계약의 청약은 청약자가 상당한 기간 내에 승낙의 통지를 받지 못한 때에는 그 효력을 잃는다(제529조).

다. 보통은 기간 내에 도달할 수 있는 발송인 때

승낙의 통지가 승낙의 기간 후에 도달한 경우에 보통 그 기간 내에 도달할 수 있는 발송인 때에는 청약자는 지체 없이 상대방에게 그 연착의 통지를 하여야 한다. 그러나 그 도달 전에 지연의 통지를 발송한 때에는 연착의 통지를 할 필요가 없다(제528조 제2항). 청약자가 전항의 통지를 하지 아니한 때에는 승낙의 통지는 연착되지 아니한 것으로 본다(제528조 제3항).

II. 승낙

1. 의의

승낙이란 계약을 성립시킬 목적으로 청약자에게 하는 의사표시를 말한다. 승낙의 성질상 청약자인 특정인에 대해서만 승낙을 하고, 불특정한 다수인에 대한 승낙은 없다.

2. 내용

가. 조건이나 변경을 가한 승낙

(ㄱ) **규정** 승낙자가 청약에 대하여 조건을 붙이거나 변경을 가하여 승낙한 때에는 그 청약의 거절과 동시에 새로 청약한 것으로 본다(제534조).

(ㄴ) **판례** 매도인이 매수인에게 매매계약을 합의해제할 것을 청약하였다고 할지라도, 매수인이 그 청약에 대하여 조건을 붙이거나 변경을 가하여 승낙한 때에는 그 청약의 거절과 동시에 새로 청약한 것으로 보게 되는 것이고, 그로 인하여 종전의 매도인의 청약은 실효된다(대판 2002.04.12. 2000다17834).

나. 연착된 승낙

연착된 승낙은 청약자가 이를 새 청약으로 볼 수 있다(제530조).

다. 부작위

청약의 상대방에게 청약을 받아들일 것인지 여부에 관하여 회답할 의무가 있는 것은 아니므로, 청약자가 미리 정한 기간 내에 이의를 하지 아니하면 승낙한 것으로 간주한다는 뜻을 청약시 표시하였다고 하더라도 이는 상대방을 구속하지 아니하고 그 기간은 경우에 따라 단지 승낙기간을 정하는 의미를 가질 수 있을 뿐이다(대판 1999.01.29. 98다48903).

라. 계약의 성립

조건을 붙이거나 변경을 가한 승낙 또는 연착된 승낙에 대해서 청약자가 새로운 청약으로 보고 이에 대해 승낙을 하게 되면 계약이 성립하게 된다.

Ⅲ. 합치

(ㄱ) **일반** 계약이 성립하려면 상대방이 달라서는 안 되고(=주관적 합치), 계약 내용의 본질적인 사항이나 중요사항에 관하여 의사의 합치가 있거나 적어도 장래 구체적으로 특정할 수 있는 기준과 방법 등에 관한 합치(=객관적 합치)는 있어야 한다(대판 2021.01.14. 2018다223054).

(ㄴ) **판례** 매매계약에 있어 매매목적물과 대금은 반드시 그 계약체결 당시에 구체적으로 특정되어 있을 필요는 없고 이를 사후라도 구체적으로 특정할 수 있는 방법과 기준이 정하여져 있으면 족하다(대판 1986.02.11. 84다카2454).

Ⅳ. 성립시기

원칙적으로 승낙이 상대방에게 도달한 때 계약이 성립한다. 격지자간의 경우에는 승낙의 통지를 발송한 때에 계약이 성립한다(제531조).

「02」 청약과 승낙 외 계약의 성립

Ⅰ. 의사실현에 의한 계약의 성립

청약자의 의사표시나 관습에 의하여 승낙의 통지가 필요하지 아니한 경우에는 계약은 승낙의 의사표시로 인정되는 사실이 있는 때에 성립한다(제532조).

Ⅱ. 교차청약에 의한 계약의 성립

당사자간에 동일한 내용의 청약이 상호교차된 경우에는 양 청약이 상대방에게 도달한 때에 계약이 성립한다(제533조).

계약의 효력

01 동시이행의 항변권

I. 의의
동시이행의 항변권이란 쌍무계약상 상대방이 채무의 이행이나 이행제공을 하지 않고 이행을 청구하면 자기채무의 이행을 거절할 수 있는 권리를 말한다.

II. 요건

1. 쌍무계약이 존재할 것
쌍무계약이란 쌍방이 대가적 의미의 채무를 부담하는 계약을 말한다. 양 채무가 동일한 법률요건으로부터 생기고 공평의 관점에서 보아 서로 관련해서 이행시키는 것이 마땅한 경우에는 쌍무계약이 아니어도 동시이행의 항변권을 확장할 수 있다(대판 2000.10.27. 2000다36118).

2. 상대방의 채무가 변제기에 있을 것
당사자 일방의 채무가 먼저 이행하여야 할 경우에는 동시이행의 항변권이 인정되지 않지만(제536조 제1항 단서), 당사자 일방이 상대방에게 먼저 이행하여야 할 경우에 상대방의 이행이 곤란할 현저한 사유가 있는 때에는 자기채무의 이행을 거절할 수가 있는(제536조 제2항) 동시이행관계가 된다.

III. 사안의 분류

1. 각종의 계약

가. 중도금 지급의무
상대방의 채무가 변제기에 있지 아니하는 때에는 상대방이 그 채무이행을 제공할 때까지 자기의 채무이행을 거절할 수 없다(제536조 제1항 후문). 매수인의 중도금 지급의무는 선이행의무로 동시이행항변권이 인정되지 않는다.

나. 잔금 지급의무
(1) 중도금 지급 후 잔금 지급의무
(ㄱ) 매매계약 부동산 매매에 있어서 매도인의 소유권이전등기의무 및 인도의무와 매수인의 잔대금지급의무는 동시이행의 관계에 있다(대판 1980.07.08. 80다725).
(ㄴ) 지상물매수청구권 토지 임차인의 지상물매수청구권 행사로 임차인의 건물명도 및 그 소유권이전등기의무와 토지 임대인의 건물대금지급의무는 서로 대가관계에 있는 채무가 되므로, 동시이행의 관계에 있다(대판 1998.05.08. 98다2389).

(2) 중도금 지급불이행 이후 잔금 지급의무

매수인이 선이행하여야 할 중도금지급을 하지 아니한 채 상대방 채무의 이행기일인 잔대금지급일을 경과한 경우에는 매수인의 중도금 및 이에 대한 지급일 다음날부터 잔대금지급일까지의 지연손해금과 잔대금의 지급채무는 매도인의 소유권이전등기의무와 특별한 사정이 없는 한 동시이행관계에 있다(대판 1991. 03. 27. 90다19930).

다. 매매대금지급의무

(ㄱ) 동시이행관계 인정 가압류등기 등이 있는 부동산의 매매계약에 있어서는 매도인의 소유권이전등기 의무와 아울러 가압류등기의 말소의무도 매수인의 대금지급의무와 동시이행 관계에 있다고 할 것이다(대판 2000. 11. 28. 2000다8533).

(ㄴ) 동시이행관계 부정 매도인의 토지거래허가 신청절차 협력의무와 매수인의 매매대금지급의무가 동시이행관계에 있지 않는다(대판 1996. 10. 25. 96다23825).

2. 각종의 무효·취소·해제

가. 무효 판례

(ㄱ) 동시이행관계 인정 계약이 무효 또는 취소된 경우에 당사자 상호간의 부당이득반환의무는 동시이행관계에 있다(대판 1993. 05. 14. 92다45025).

(ㄴ) 동시이행관계 부정 근저당권 실행을 위한 경매가 무효로 된 경우, 낙찰자가 부담하는 소유권이전등기 말소의무는 채무자에 대한 것인 반면, 낙찰자의 배당금 반환청구권은 실제 배당금을 수령한 채권자에 대한 채권이므로 동시에 이행되어야 할 관계에 있지 아니하다(대판 2006. 09. 22. 2006다24049).

나. 해제 판례

계약이 해제된 경우에 당사자 상호간의 원상회복의무는 동시이행관계에 있다(제549조).

3. 각종의 종료

가. 임대차 종료 판례

(ㄱ) 동시이행관계 인정 보증금반환 임대차 종료시에 임대인의 임대차보증금 반환의무와 임차인의 목적물반환은 동시이행관계에 있다(대판 1977. 09. 28. 77다1241).

(ㄴ) 동시이행관계 부정 임차권등기명령 주택임대인의 임대차보증금 반환의무가 주택임대차보호법에 의한 주택임차인의 임차권등기 말소의무보다 먼저 이행되어야 할 의무라고 할 것이다(대판 2005. 06. 09. 2005다4529).

(ㄷ) 동시이행관계 부정 권리금 손해배상청구 임대차계약 종료에 따른 임차인의 임차목적물 반환의무와 임대인의 권리금 회수 방해로 인한 손해배상의무는 별개의 원인에 기하여 발생한 것으로 동시이행관계가 인정되지 않는다(대판 2019. 07. 10. 2018다242727).

나. 물권법 종료판례

(ㄱ) 동시이행관계 인정 전세금 전세권이 소멸한 때에는 전세권설정자는 전세권자로부터 그 목적물의 인도 및 전세권설정등기의 말소등기에 필요한 서류의 교부를 받는 동시에 전세금을 반환하

여야 한다(제317조).

(ㄴ) 동시이행관계 부정 선변제 후말소 피담보채권 소멸로 인한 유치물의 반환 및 저당권등기의 말소는 동시이행의 관계가 아니다.

다. 구분소유적 공유관계 해소판례
구분소유적 공유관계가 해소되는 경우 쌍방의 지분소유권이전등기의무는 동시이행의 관계에 있다(대판 2008.06.26. 2004다32992).

4. 동일성의 유지
쌍무계약상 동시이행관계에 있는 채무가 이행불능이 된 경우, 상대방의 원래의 채무와 이행불능으로 인한 손해배상의무가 동시이행관계에 있다(대판 1997.04.25. 96다40677).

Ⅳ. 효력

1. 이행의 거절
쌍무계약의 당사자 일방은 상대방이 그 채무이행을 제공할 때까지 자기의 채무이행을 거절할 수 있다(제536조 제1항 전문). 동시이행의 항변권에 관한 규정은 임의규정으로 당사자의 약정으로 배제할 수 있다.

2. 이행지체의 불성립
가. 민법상 항변권의 행사 없이 이행지체가 안 됨
동시이행의 항변권이 있는 경우, 이행기 도래 후 상대방 채무의 이행제공이 있을 때까지는 채무를 이행하지 않아도 이행지체의 책임을 지지 않는 것이고, 이행지체의 책임이 없다고 주장하는 자가 반드시 동시이행의 항변권을 행사하여야만 발생하는 것은 아니다(대판 1998.03.13. 97다54604, 54611).

나. 소송법상으로는 항변권의 행사가 있어야 법원이 고려
동시이행의 항변권을 소송으로 관철하려면 이를 소송상 원용해야 하고, 원용이 되지 않았음에도 법원이 직권으로 고려할 것은 아니다(대판 1990.11.27. 90다카25222).

다. 동시이행 항변권의 소멸
쌍무계약의 당사자 일방이 먼저 한 번 현실의 제공을 하고, 상대방을 수령지체에 빠지게 하였다고 하더라도 그 이행의 제공이 계속되지 않는 경우는 과거에 이행의 제공이 있었다는 사실만으로 상대방이 가지는 동시이행의 항변권이 소멸하는 것은 아니다(대판 1995.03.14. 94다26646).

3. 상계
동시이행의 항변권이 붙어 있는 채권은 이를 자동채권으로 하여 상계하지 못한다(제492조 제1항 단서).

「02」 위험부담과 전부·일부 불능

I. 계약교섭의 부당파기

계약이 의사의 불합치로 성립하지 아니한 경우 그로 인하여 손해를 입은 당사자가 상대방에게 부당이득반환청구 또는 불법행위로 인한 손해배상청구를 할 수 있는지는 별론으로 하고, 상대방이 계약이 성립되지 아니할 수 있다는 것을 알았거나 알 수 있었음을 이유로 계약체결상의 과실로 인한 손해배상청구를 할 수는 없다(대판 2017.11.14. 2015다10929).

II. 계약체결 전부터 불능

1. 전부 불능

가. 의의

계약체결상 과실책임이란 계약체결행위가 있었으나 목적물 전부가 계약체결 전부터 이미 불능 상태인 경우에 이에 대한 상대방의 손해를 배상해야 할 책임을 말한다.

나. 요건

(ㄱ) 급부를 하는 자 계약상의 급부를 하는 자는 계약을 체결할 때에 목적이 불능한 사실을 알았거나 알 수 있었을 것이어야 한다(제535조 제1항 전문).

(ㄴ) 상대방 상대방은 목적의 불능에 대해선 선의·무과실이어야 한다. 상대방이 그 불능을 알았거나 알 수 있었을 경우에는 계약체결상의 과실책임을 지지 아니한다(제535조 제2항).

다. 효력

(ㄱ) 무효 계약체결상 과실책임에서 체결된 계약은 무효이다(대판 1975.02.10. 74다584).

(ㄴ) 신뢰이익 손해배상 계약체결상의 과실책임의 배상액은 계약이 유효함으로 인하여 생길 이익액을 넘지 못한다(제535조 제1항). 즉 계약체결상 과실책임에서 계약의 유효를 믿은 상대방은 신뢰이익 손해배상을 청구할 수 있을 뿐(대판 1975.02.10. 74다584), 이행이익 손해배상을 구할 수는 없다(대판 1975.02.10. 74다584).

2. 일부 불능

부동산매매계약에 있어서 실제면적이 계약면적에 미달하는 경우에는 그 매매가 수량지정매매에 해당할 때에 한하여 매도인의 담보책임에 의한 대금감액청구권을 행사함은 별론으로 하고, 그 매매계약이 그 미달 부분만큼 일부 무효임을 들어 이와 별도로 일반 부당이득반환청구를 하거나 그 부분의 원시적 불능을 이유로 계약체결상의 과실에 따른 책임의 이행을 구할 수 없다(대판 2002.04.09. 99다47396).

III. 계약체결 후부터 불능

1. 의의
계약이 체결된 후에 목적물이 불능이 되었으므로 계약 자체의 효력은 확정적 유효이다. 계약이 체결된 후에 불능이 되는 경우는 채무자와 채권자 귀책사유 없이 불능이 되는 경우, 채권자의 귀책사유로 불능이 되는 경우, 채무자의 귀책사유로 불능이 되는 경우로 나뉜다.

2. 채무자 위험부담주의 (= 채무자·채권자 귀책사유 없이 불능)

가. 의의
쌍무계약의 당사자 일방의 채무가 당사자 쌍방의 책임 없는 사유로 이행할 수 없게 된 때에는 채무자는 (채무자는 급부의무를 면하고) 상대방의 이행을 청구하지 못한다(제537조). 채무자가 상대방의 이행을 청구하지 못하므로 이행할 수 없는 불이익을 채무자가 부담하게 된다. 이를 채무자 위험부담주의라고 하고, 민법은 채무자위험부담주의를 원칙으로 한다.

나. 효과
(ㄱ) 이미 이행한 부분 이미 이행한 급부가 있는 경우에는 법률상 원인 없는 급부가 되어 부당이득의 법리에 따라 반환할 의무가 있다(대판 2009.05.28. 2008다98655).
(ㄴ) 임의규정 위험부담에 관한 규정은 임의규정이다. 따라서 위험부담에 관한 당사자들의 합의가 있으면 그에 따른다.

3. 채권자 위험부담주의 (= 채권자 귀책사유로 불능)

가. 의의
쌍무계약의 당사자 일방의 채무가 채권자의 책임 있는 사유로 이행할 수 없게 된 때에는 (채권자는 급부를 받지 못하지만) 채무자는 상대방의 이행을 청구할 수 있다. 채권자의 수령지체 중에 당사자 쌍방의 책임 없는 사유로 이행할 수 없게 된 때에도 채무자는 상대방의 이행을 청구할 수 있다(제538조 제1항). 채무자가 상대방의 이행을 청구할 수 있으므로 이행할 수 없는 불이익을 채권자가 부담하게 된다. 이를 채권자 위험부담주의라고 한다.

나. 효과
(ㄱ) 채무자에게 생긴 이익 채무자는 자기의 채무를 면함으로써 이익을 얻은 때에는 이를 채권자에게 상환하여야 한다(제538조 제2항).
(ㄴ) 임의규정 위험부담에 관한 규정은 임의규정이다. 따라서 위험부담에 관한 당사자들의 합의가 있으면 그에 따른다.

4. 채무자 귀책사유로 불능 (= 채무자 귀책사유로 불능)
자세한 내용은 채권법의 채무불이행에 따른 계약의 해제·해지에서 후술한다.

5. 대상청구권

가. 의의
대상청구권이란 계약체결 후부터 불능인 후발적 불능으로 인하여 채무자가 이행의 목적물에 대신하는 이익을 취득한 경우에 채권자가 채무자에 대하여 그가 취득한 대상물의 인도 또는 대상청구권의 양도를 청구할 수 있는 권리를 말한다.

나. 불능에 대한 채무자의 귀책사유는 따지지 않는다.
대상청구권이 인정되기 위해서는 채무이행이 후발적 불능이면 되고, 채무자의 귀책사유는 문제되지 않는다.

다. 불능에 대신하는 이익을 취득
대상청구권이 인정되기 위해서는 급부를 불능하게 하는 사정의 결과로 채무자가 채권의 목적물에 관하여 '대신하는 이익'을 취득하여야 한다(대판 2003.11.14. 2003다35482).

라. 반대급부를 이행할 의무
당사자 일방이 대상청구권을 행사하려면 상대방에 대하여 반대급부를 이행할 의무가 있다(대판 1996.06.25. 95다6601). 따라서 채무자는 대상청구권을 행사하는 채권자에게 반대급부의 이행을 청구할 수 있다.

마. 효과
소유권이전등기의무가 이행불능이 된 경우, 등기청구권자는 등기의무자에게 대상청구권의 행사로써 등기의무자가 지급받은 수용보상금의 반환을 구하거나 등기의무자가 취득한 수용보상금청구권의 양도를 구할 수 있을 뿐이다(대판 1996.10.29. 95다56910).

「03」 제3자를 위한 계약

I. 의의

(ㄱ) **요약자와 낙약자의 입장** 제3자를 위한 계약이란 요약자와 낙약자간에 제3자에게 권리를 취득하게 하는 내용의 계약을 체결하는 것을 말한다.
(ㄴ) **수익자의 입장** 채무자와 인수인의 합의에 의한 병존적 채무인수는 일종의 제3자를 위한 계약이다(대판 1995.05.09. 94다47469).

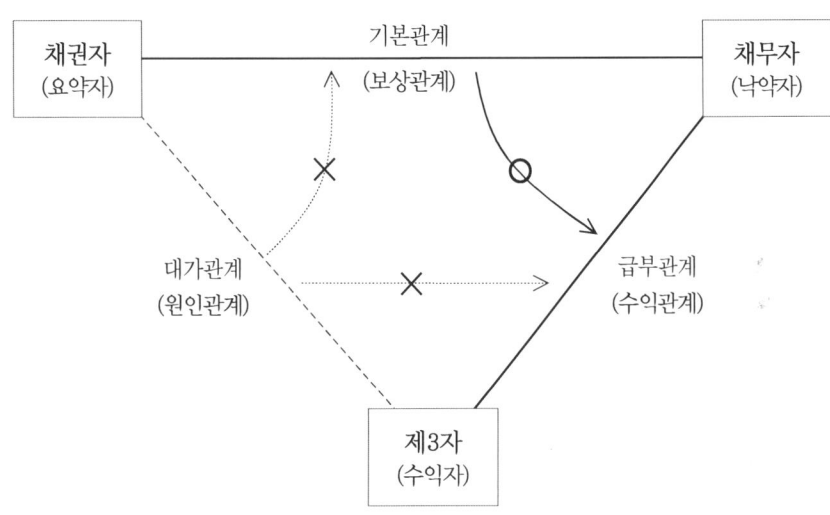

II. 요건

1. 요약자와 낙약자간에 유효한 계약이 성립할 것

요약자와 낙약자 사이에 제3자로 하여금 직접 권리를 취득하게 하고자 하는 계약을 성립시키는 합의가 있으면 제3자를 위한 계약이 성립한다(대판 2004.09.03. 2002다37405). 따라서 제3자를 위한 계약의 당사자는 요약자와 낙약자이다.

2. 계약에 수익자에게 권리를 취득하게 하는 내용이 있을 것

일반적으로 제3자로 하여금 직접 권리를 취득하게 하는 조항이 있어야 하지만, 제3자의 채무를 면제하는 계약도 제3자를 위한 계약에 준하는 것으로서 유효하다(대판 2004.09.03. 2002다37405).

3. 수익자는 수익의 의사표시 때 현존·특정할 것

계약 성립 당시에 수익자는 현존·특정되지 않아도 될 뿐만 아니라 권리능력을 가지지 않더라도 무방하다.

Ⅲ. 요약자와 낙약자의 지위

1. 계약 내용
요약자는 낙약자에게 계약 내용에 따른 자신의 채무를 이행하여야 하고, 요약자는 수익자의 수익의 의사표시와는 별도로 낙약자에게 제3자에게 급부를 이행할 것을 청구할 수 있다(대판 2021.08.19. 2018다244976).

2. 권리변경·소멸

가. 일반
제3자의 권리가 생긴 후에는 당사자는 이를 변경 또는 소멸시키지 못한다(제541조). 계약의 당사자가 제3자의 권리를 임의로 변경·소멸시키는 행위를 한 경우 이는 제3자에 대하여 효력이 없다(대판 2002.01.25. 2001다30285).

나. 판례
(ㄱ) 합의해제 민법 제539조에 의하여 제3자의 권리가 생긴 후에는 당사자는 이를 변경 또는 소멸시키지 못한다고 규정하고 있어, 계약 당사자는 제3자의 권리가 발생한 후에는 합의해제를 할 수 없고, 설사 합의해제를 하더라도 그로써 이미 제3자가 취득한 권리에는 아무런 영향을 미치지 못한다고 할 것이다(대판 1997.10.24. 97다28698).

(ㄴ) 미리 유보·제3자의 동의 요약자와 낙약자의 합의에 의하여 제3자의 권리를 변경·소멸시킬 수 있음을 미리 유보하였거나, 제3자의 동의가 있는 경우에는 계약의 당사자인 요약자와 낙약자는 제3자의 권리를 변경·소멸시킬 수 있다(대판 2002.01.25. 2001다30285).

3. 해제권

가. 당사자
(ㄱ) 해제권·취소권 행사 계약의 당사자인 요약자나 낙약자는 낙약자나 요약자의 채무불이행을 이유로 제3자가 수익의 의사표시를 하기 전에는 단독으로, 제3자가 수익의 의사표시를 한 이후에 제3자의 동의 없이도 계약을 해제하거나 취소할 수 있다(대판 1970.02.24. 69다1410, 대판 2005.07.22. 2005다7566).

(ㄴ) 부당이득반환청구의 상대방 계약의 일방당사자가 상대방의 지시 등으로 상대방과 또 다른 계약관계에 있는 제3자에게 직접 급부한 경우, 제3자를 상대로 부당이득반환청구를 할 수 없다(대판 2008.09.11. 2006다46278).

(ㄷ) 원상회복청구의 상대방 낙약자가 이미 제3자에게 급부한 것이 있더라도 낙약자는 계약해제에 기한 원상회복을 원인으로 제3자를 상대로 반환을 구할 수 없다(대판 2005.07.22. 2005다7566).

나. 제3자
제3자는 제3자를 위한 계약에 의해 직접 권리를 취득하므로 의사표시의 선의의 제3자, 해제의 제3자로도 보호되지 않는다.

Ⅳ. 제3자의 수익의 의사표시

1. 최고

채무자는 상당한 기간을 정하여 계약의 이익의 향수여부의 확답을 제3자에게 최고할 수 있다. 채무자가 그 기간 내에 확답을 받지 못한 때에는 제3자가 계약의 이익을 받을 것을 거절한 것으로 본다(제540조).

2. 수익의 의사표시

가. 제3자의 의사표시

의사를 외부로 표시하는 방법에는 제한이 없는 것이 원칙이다. 수익의 의사표시도 명시적·묵시적 방법을 묻지 않는다.

나. 제3자의 권리취득

제3자의 권리는 그 제3자가 채무자에 대하여 계약의 이익을 받을 의사를 표시한 때에 생긴다(제539조 제2항). 제3자의 수익의 의사표시는 그 계약의 성립요건이나 효력발생요건이 아닌 채권을 취득하기 위한 요건이다(대판 2013.09.13. 2011다56033).

다. 당사자는 아님

제3자를 위한 계약의 당사자가 아닌 수익자는 계약의 해제권이나 해제를 원인으로 한 원상회복청구권이 있다고 볼 수 없다(대판 1994.08.12. 92다41559). 당사자가 아닌 수익자는 계약을 취소할 수도 없다.

라. 제3자의 권리행사

(ㄱ) 이행의 청구   계약에 의하여 당사자 일방이 제3자에게 이행할 것을 약정한 때에는 그 제3자는 채무자에게 직접 이행을 청구할 수 있다(제539조 제1항).

(ㄴ) 손해배상청구   요약자가 낙약자의 채무불이행을 이유로 계약을 해제한 경우에 수익자는 낙약자에게 자기가 입은 손해의 배상을 청구할 수 있는 것이므로, 수익자가 완성된 목적물의 하자로 인하여 손해를 입었다면 낙약자는 그 손해를 배상할 의무가 있다(대판 1994.08.12. 92다41559).

3. 낙약자의 항변권

가. 기본관계에 기한 항변

낙약자는 기본관계에 기한 항변으로 그 계약의 이익을 받을 제3자(=수익자)에게 대항할 수 있다(제542조). 낙약자도 기본관계의 항변을 이유로 자신이 기본관계에 기하여 수익자에게 부담하는 채무의 이행을 거부할 수 있다.

나. 대가관계에 기한 항변

낙약자는 요약자와 수익자 사이의 법률관계에 기한 항변으로 수익자에게 대항하지 못하고, 요약자도 대가관계의 부존재나 효력의 상실을 이유로 자신이 기본관계에 기하여 낙약자에게 부담하는 채무의 이행을 거부할 수 없다(대판 2003.12.11. 2003다49771).

계약의 해제권·해지권

「01」 법정해제

Ⅰ. 서설

1. 확정적 유효
계약을 해제하기 위해서는 유효한 계약임을 전제로 한다. 계약이 유동적 무효의 상태에 있다면 채권·채무관계가 발생하지 않으므로 상대방의 거래계약상 채무불이행을 이유로 거래계약을 해제하거나 그로 인한 손해배상을 청구할 수 없다(대판 1997.07.25. 97다4357, 4364).

2. 채무불이행
유효인 계약을 해제하기 위해서는 채무자의 귀책사유에 의한 채무불이행이 있어야 한다(민법 제546조). 이행불능이 채무자에게 책임 없는 사유인 채권자인 매수인의 귀책사유에 의한 경우에는 매수인은 그 이행불능을 이유로 계약을 해제할 수 없다(대판 2002.04.26. 2000다50497).

3. 유형
이행지체(제544조, 제545조), 이행불능(제546조), 이행거절(제544조)은 명문의 규정으로 해제를 인정하고 있다. 불완전이행의 채무불이행의 경우에 해제가 가능한지에 대해서는 학설이 대립하나 해제권을 인정한다는 것이 일반적인 견해이다.

Ⅱ. 이행지체

1. 일반적 이행지체
가. 일반
당사자 일방이 그 채무를 이행하지 아니하는 때에는 상대방은 상당한 기간을 정하여 그 이행을 최고하고 그 기간 내에 이행하지 아니한 때에는 계약을 해제할 수 있다(제544조).

나. 동시이행의 관계
동시이행관계에 있는 쌍무계약에 있어서 채무를 이행함에 있어 상대방의 행위를 필요로 할 때에는 언제든지 현실로 이행할 수 있는 준비를 완료하고 그 뜻을 상대방에게 통지하여 그 수령을 최고하여야만 상대방으로 하여금 이행지체에 빠지게 할 수 있고 단순히 이행의 준비태세를 갖추고 있는 것만으로는 부족하다(대판 1987.01.20. 85나가2197).

2. 정기행위 이행지체
계약의 성질 또는 당사자의 의사표시에 의하여 일정한 시일 또는 일정한 기간 내에 이행하지 아니하면 계약의 목적을 달성할 수 없을 경우에(=정기행위) 당사자 일방이 그 시기에 이행하지 아니한 때에는 상대방은 최고를 하지 아니하고 계약을 해제할 수 있다(제545조).

Ⅲ. 이행불능

1. 일반
채무자의 책임 있는 사유로 이행이 불능하게 된 때에는 채권자는 계약을 해제할 수 있다(제546조). 계약의 일부의 이행이 불능인 경우에는 이행이 가능한 나머지 부분만의 이행으로 계약의 목적을 달할 수 없을 경우에만 계약 전부의 해제가 가능하다(대판 1996.02.09. 94다57817).

2. 요건
이행불능이 된 때에는 이행기를 기다릴 필요 없이 설령 상대방의 잔대금지급의무가 매도인의 소유권이전등기의무와 동시이행관계에 있다고 하더라도 최고나 자기채무의 이행제공 없이 해제할 수 있다(대판 2003.01.24. 2000다22850).

3. 판례

가. 이중매매
(ㄱ) **일반적 이중매매** 매매목적물에 관하여 이중으로 제3자와 매매계약을 체결하였다는 사실만 가지고는 매매계약이 이행불능이 되었다고 할 수 없다(대판 1996.07.26. 96다14616).
(ㄴ) **제2매수인에게 등기이전** 부동산 이중매매에서 매도인이 소유권등기를 제3자에게 이전하여 준 경우 매수인에 대한 소유권이전등기의무가 이행불능이 되며, 이때 매도인이 소유권이전등기를 해 준 시점에 다른 매수인에 대해서 이행불능이 발생한다(대판 1973.12.26. 73다1516).

나. 가○○
(ㄱ) **가등기** 매도인이 제3자 명의로 가등기를 마쳐 주었다 하여도 소유권이전등기의무자의 처분권한이 상실되지 않으므로, 그 가등기만으로는 소유권이전등기의무가 이행불능이 된다고 할 수 없다(대판 1993.09.14. 93다12268).
(ㄴ) **가압류·가처분** 매매목적물에 대하여 가압류 또는 처분금지가처분 집행이 되어 있다고 하여 소유권이전등기가 이행불능은 아니다(대판 2006.06.16. 2005다39211).

Ⅳ. 이행거절
(ㄱ) **규정** 채무자가 미리 이행하지 아니할 의사를 표시하고 채무를 이행하지 아니한 경우에는 최고를 요하지 아니하고 계약을 해제할 수 있다(제544조).
(ㄴ) **판례** 쌍무계약에 있어 당사자의 일방이 미리 그 채무를 이행하지 아니할 의사를 명백히 표시한 경우로서 이른바 '이행거절'로 인한 계약해제의 경우에는 상대방의 최고 및 동시이행관계에 있는 자기 채무의 이행제공을 요하지 아니한다(대판 2011.02.10. 2010다77385).

「02」 해제의 방법

I. 의사표시

(ㄱ) **의사표시 방법** 해지의 의사를 외부로 표시하는 방법에는 제한이 없는 것이 원칙이다. 해지의 의사표시는 반드시 명시적이어야 하는 것은 아니고 묵시적으로도 할 수 있다(대판 2017.07.18. 2015다30206, 30213).

(ㄴ) **상대방에 대한 표시** 계약 또는 법률의 규정에 의하여 당사자의 일방이나 쌍방이 해제의 권리가 있는 때에는 그 해제는 상대방에 대한 의사표시로 한다(제543조 제1항).

(ㄷ) **의사표시 효과** 해제의 의사표시는 철회하지 못한다(제543조 제2항).

II. 불가분성

당사자의 일방 또는 쌍방이 수인인 경우에는 계약의 해제는 그 전원으로부터 또는 전원에 대하여 하여야 한다(제547조 제1항). 해제의 권리가 당사자 1인에 대하여 소멸한 때에는 다른 당사자에 대하여도 소멸한다(제547조 제2항).

「03」 해제의 효력

Ⅰ. 계약의 실효

1. 계약의 소급적 소멸

가. 일반
계약을 해제하면 계약은 소급해서 효력을 잃는다. 따라서 계약이 해제됨으로써 그 계약의 이행으로 변동이 생겼던 물권은 등기에 상관없이 당연히 그 계약이 없었던 원상태로 복귀한다고 봄이 타당하다 할 것이다(대판 1977.05.24. 75다1394).

나. 무효
계약이 해제되었음에도 상대방이 계약이 존속함을 전제로 계약상 의무의 이행을 구하는 경우 계약을 위반한 당사자도 당해 계약이 상대방의 해제로 소멸(즉 무효가)되었음을 들어 그 이행을 거절할 수 있다(대판 2001.06.29. 2001다21441, 21458).

2. 제3자 보호

가. 선의·악의

(1) 선의·악의 제3자

(ㄱ) 규정 당사자 일방이 계약을 해제한 때 제3자의 권리를 해하지 못한다(제548조 제1항 단서).

(ㄴ) 제3자가 권리취득한 후 해제 해제가 되기 전에 법률관계로 새로운 이해관계를 갖추고, 등기·인도 등으로 완전한 권리를 취득한 제3자에 대하여는 선의·악의에 관계없이 해제를 주장할 수 없다(대판 1996.04.12. 95다49882).

(ㄷ) 선의·악의의 제3자 보호 제3자에게는 해제의 무효를 주장하지 못하므로 제3자가 물건을 점유하거나 등기를 보유하고 있으면 물건의 반환 또는 등기의 말소를 청구할 수 없다. 반사적 이익에 의하여 제3자는 물건에 대하여 권리를 취득한다.

(2) 선의의 제3자만

(ㄱ) 해제 후 선의의 제3자가 권리취득 해제가 먼저 있고 등기가 말소되기 전에 법률관계로 새로운 이해관계를 갖추고, 등기·인도 등으로 완전한 권리를 취득한 제3자에 대하여는 선의일 경우에만 해제를 주장할 수 없다(대판 1996.11.15. 94다35343).

(ㄴ) 선의의 제3자 보호 선의의 제3자에게는 해제의 무효를 주장하지 못하므로 선의의 제3자가 물건을 점유하거나 등기를 보유하고 있으면 물건의 반환 또는 등기의 말소를 청구할 수 없다. 반사적 이익에 의하여 선의의 제3자는 물건에 대하여 권리를 취득한다.

(ㄷ) 악의의 제3자는 보호 없음 악의의 제3자에게는 해제의 무효를 주장할 수 있으므로 악의의 제3자가 물건을 점유하거나 등기를 보유하고 있으면 물건의 반환 또는 등기의 말소를 청구할 수 있다.

나. 제3자의 권리를 해하지 못한다.

(1) 의의

해제에서 규정하는 제3자라 함은 그 해제된 계약으로부터 생긴 법률적 효과를 기초로 하여 새로운 이해관계를 가졌을 뿐 아니라 등기·인도나 대항력으로 완전한 권리를 취득한 자를 지칭하는 것이다(대판 1996.04.12. 95다49882, 대판 2000.08.22. 2000다23433).

(2) 물권을 취득한 자

1) 원칙적 보호받는 제3자

(ㄱ) 가등기를 한 자   매수인과 매매예약을 체결한 후 그에 기한 소유권이전청구권 보전을 위한 가등기를 마친 사람도 해제로 보호받는 제3자에 포함된다(대판 2014.12.11. 2013다14569).

(ㄴ) 등기를 한 자   소유권이나 저당권 등의 등기·인도 등으로 완전한 권리를 취득한 제3자는 해제로 보호받는 제3자에 포함된다(대판 1996.04.12. 95다49882).

(ㄷ) 가압류를 한 자   계약해제 전에 건물을 가압류한 채권자는 해제로 보호받는 제3자에 포함된다(대판 2000.01.14. 99다40937).

2) 예외적 보호받지 못하는 제3자

(ㄱ) 토지매매계약에서 토지 위에 신축한 건물을 매수한 자   토지를 매도하였다가 대금지급을 받지 못하여 그 매매계약을 해제한 경우에 있어 그 토지 위에 신축된 건물의 매수인은 위 계약해제로 권리를 침해당하지 않을 제3자에 해당하지 아니한다(대판 1991.05.28. 90다카16761).

(3) 채권을 취득한 자

1) 원칙적 보호받지 못하는 제3자

(ㄱ) 채권을 양수한 자   해제의 경우에 보호받는 제3자에 계약상의 채권을 양도받은 양수인은 특별한 사정이 없는 이상 이에 포함되지 않는다(대판 1996.04.12. 95다49882).

(ㄴ) 채권을 압류·전부를 한 자   해제의 경우에 보호받는 제3자에 채권 자체를 압류 또는 전부한 채권자는 특별한 사정이 없는 이상 이에 포함되지 않는다(대판 2000.04.11. 99다51685).

(ㄷ) 채권을 양수하여 처분금지가처분결정을 받은 자   계약이 해제되기 이전에 계약상의 채권을 양수하여 이를 피보전권리로 하여 처분금지가처분결정을 받은 경우, 해제의 소급효가 미치지 아니하는 '제3자'에 해당하지 아니한다(대판 2000.08.22. 2000다23433).

2) 예외적 보호받는 제3자

(ㄱ) 등기를 한 자   임차권은 등기 즉 대항요건을 갖출 수 있으므로 등기된 임차권자는 해제로 보호받는 제3자에 해당된다(대판 1996.08.20. 96다17653).

(ㄴ) 주임법상의 대항요건을 갖춘 자   주택을 임차받아 주택의 인도와 주민등록을 마침으로써 같은 법 소정의 대항요건을 갖춘 임차인은 등기된 임차권자와 마찬가지로 해제로 보호받는 제3자에 해당된다(대판 1996.08.20. 96다17653).

Ⅱ. 원상회복의무

1. 의의

(ㄱ) **일반** 당사자 일방이 계약을 해제한 때에는 각 당사자는 그 상대방에 대하여 원상회복의무가 있다(제548조 제1항). 계약의 해제로 인한 원상회복의무의 반환의 범위는 이익의 현존 여부나 선의, 악의에 불문하고 특단의 사유가 없는 한 받은 이익의 전부라고 할 것이다(대판 1998.12.23. 98다43175).

(ㄴ) **판례** 매매계약이 해제되어 발생한 원상회복의 대상에는 매매대금은 물론 이와 관련하여 그 매매계약의 존속을 전제로 수령한 지연손해금도 포함된다(대판 2022.04.28. 2017다284236).

2. 이자

(ㄱ) **일반** 계약을 해제한 경우에 반환할 금전에는 그 받은 날로부터 이자를 가하여야 한다(제548조 제2항).

(ㄴ) **판례** 매매계약이 해제된 경우에 매수인이 목적물을 인도받아 사용하였다면 원상회복으로서 그 목적물을 반환하는 외에 그 사용이익을 반환할 의무를 부담한다. 매수인이 점유·사용한 기간 동안 그 재산으로부터 통상 수익할 수 있을 것으로 예상되는 이익, 즉 임료 상당액을 매수인이 반환하여야 할 사용이익으로 보아야 한다(대판 2021.07.08. 2020다290804).

3. 동시이행항변권

동시이행항변권의 규정은 원상회복의무의 경우에 준용한다(제549조).

Ⅲ. 손해배상청구권

계약의 해제는 손해배상의 청구에 영향을 미치지 아니한다(제551조).

「04」 합의해제 · 약정해제

I. 합의해제 (해제계약)

1. 의의

합의해제 또는 해제계약이란 해제권의 유무를 불문하고 계약당사자 쌍방이 합의에 의하여 기존 계약의 효력을 소멸시켜 당초부터 계약이 체결되지 않았던 것과 같은 상태로 복귀시킬 것을 내용으로 하는 새로운 계약을 말한다(대판 2011.02.10. 2010다77385).

2. 요건

가. 청약과 승낙의 합치

합의해제는 기존 계약의 효력을 소멸시키기로 하는 내용의 해제계약의 청약과 승낙이라는 의사표시와 그 합치될 것을 그 요건으로 하고, 이와 같은 합의가 성립하기 위하여는 쌍방 당사자의 표시행위에 나타난 의사의 내용이 객관적으로 일치하여야 한다(대판 1998.08.21. 98다17602).

나. 이행 제공 없이

계약의 합의해제에 있어서는 당사자 쌍방이 자기 채무의 이행의 제공이 없이 합의에 의하여 해제할 수 있음은 계약자유의 원칙상 당연하고 이는 묵시적 합의해제의 경우에도 마찬가지이다(대판 1991.07.12. 90다8343).

다. 의사표시

매도인이 잔대금 지급기일 경과후 계약해제를 주장하여 이미 지급받은 계약금과 중도금을 반환하는 공탁을 하였을 때, 매수인이 아무런 이의없이 그 공탁금을 수령하였다면 위 매매계약은 합의해제된 것으로 본다(대판 1979.10.10. 79다1457).

3. 효력

가. 계약의 실효

(1) 계약의 소급적 소멸

합의해제는 당사자 쌍방이 기존 계약의 효력을 소멸시켜 당초부터 계약이 체결되지 않았던 것과 같은 상태로 복귀시킬 것을 내용으로 합의를 한 것이다(대판 2011.02.10. 2010다77385). 따라서 합의해제는 기존 계약의 효력을 소급적으로 소멸시킨다(대판 1982.07.27. 80다2968). 매매계약이 합의해제된 경우에 매수인에게 이전되었던 소유권은 당연히 매도인에게 복귀한다(대판 1982.07.27. 80다2968).

(2) 제3자 보호

계약의 합의해제에 있어서도 민법 제548조의 계약해제의 경우와 같이 이로써 제3자의 권리를 해할 수 없다(대판 2005.06.09. 2005다6341).

나. 원상회복의무

(1) 의의

계약을 합의해제할 때에 원상회복에 관하여 반드시 약정을 하여야 하는 것은 아니지만, 경험칙에 비추어 이례에 속하는 일이다(대판 1994.09.13. 94다17093).

(2) 이자

당사자 사이에 약정이 없는 이상 합의해제 또는 해지계약으로 인하여 반환할 금전에 그 받은 날로부터의 이자를 가하여야 할 의무가 있는 것은 아니다(대판 2003.01.24. 2000다5336, 5343).

(3) 동시이행항변권

쌍무계약의 특성상 해제로 인한 당사자 쌍방의 원상회복의무의 경우 동시이행항변권이 인정된다.

다. 손해배상청구권

계약이 합의해제된 경우에는 그 해제시에 당사자 일방이 상대방에게 손해배상을 하기로 특약하거나 손해배상청구를 유보하는 의사표시를 하는 등 다른 사정이 없는 한 채무불이행으로 인한 손해배상을 청구할 수 없다(대판 1989.04.25. 86다카1147).

4. 해제된 계약의 부활

계약자유의 원칙상 당사자들의 약정으로 종전의 해제된 계약을 부활시키는 것은 적어도 그 계약 당사자 사이에서는 가능하나, 종전 계약의 해제 여부에 관하여 이해관계를 갖는 제3자에 대한 관계에서도 종전의 계약이 해제로 실효된 바 없이 계속 효력을 유지하고 있었던 것이라고 주장할 수는 없다(대판 2007.12.27. 2007도5030).

II. 약정해제

약정해제란 계약 당사자 일방 또는 쌍방을 위하여 해제권을 유보하는 특약을 함으로써 그 특약에 의하여 발생하는 해제권을 말한다. 당사자의 합의에 의하여 해제의 사유를 미리 정해놓는 것으로 계약자유의 원칙상 당연히 허용된다.

『05』 해지

Ⅰ. 법정해지

1. 의사표시

(ㄱ) **의사표시 방법** 해지의 의사를 외부로 표시하는 방법에는 제한이 없는 것이 원칙이다. 해지의 의사표시는 반드시 명시적이어야 하는 것은 아니고 묵시적으로도 할 수 있다(대판 2017.07.18. 2015다30206, 30213).

(ㄴ) **상대방에 대한 표시** 계약 또는 법률의 규정에 의하여 당사자의 일방이나 쌍방이 해지의 권리가 있는 때에는 그 해지는 상대방에 대한 의사표시로 한다(제543조 제1항).

(ㄷ) **의사표시 효과** 해지의 의사표시는 철회하지 못한다(제543조 제2항).

2. 불가분성

당사자의 일방 또는 쌍방이 수인인 경우에는 계약의 해제는 그 전원으로부터 또는 전원에 대하여 하여야 한다(제547조 제1항). 해지의 권리가 당사자 1인에 대하여 소멸한 때에는 다른 당사자에 대하여도 소멸한다(제547조 제2항).

3. 효력

가. 계약의 장래적 소멸

당사자 일방이 계약을 해지한 때에는 계약은 장래에 대하여 그 효력을 잃는다(제550조).

나. 손해배상청구권

계약의 해지는 손해배상의 청구에 영향을 미치지 아니한다(제551조).

Ⅱ. 합의해지

1. 의의

합의해지 또는 해지계약이라 함은 해지권의 유무에 불구하고 계약 당사자 쌍방이 합의에 의하여 계속적 계약의 효력을 해지시점 이후부터 장래를 향하여 소멸하게 하는 것을 내용으로 하는 새로운 계약을 말한다(대판 2003.01.24. 2000다5336,5343).

2. 청약과 승낙의 합치

합의해지가 되기 위하여는 일반적으로 계약이 성립하는 경우와 마찬가지로 계약의 청약과 승낙이라는 서로 대립하는 의사표시가 합치될 것을 그 요건으로 하는 것이지만, 계약의 합의해지는 명시적인 경우뿐만 아니라 묵시적으로도 이루어질 수 있는 것이다(대판 2003.01.24. 2000다5336,5343).

3. 효과

합의해지 또는 해지계약의 효력은 그 합의의 내용에 의하여 결정되고, 당사자 사이에 약정이 없는 이상 합의해지로 인하여 반환할 금전에 그 받은 날로부터의 이자를 가하여야 할 의무가 있는 것은 아니다(대판 2003.01.24. 2000다5336,5343).

PART 4

계약각론

Life Turning Point
WEPASS

2026년 위패스 공인중개사
1차 민법 및 민사특별법

Chapter1. 매매
Chapter2. 임대차
Chapter3. 주택임대차보호법
Chapter4. 상가건물임대차보호법

매매

「01」 매매의 예약

I. 매매예약

매매예약이란 장래에 매매계약을 체결할 것을 미리 예정하는 (채권)계약을 말한다. 민법 제564조의 일방예약은 상대방이 매매를 완결할 의사표시를 한 때에 매매의 효력이 생기는 것이므로 적어도 일방예약이 성립하려면 그 예약에 터잡아 맺어질 본계약의 요소가 되는 내용이 확정되어 있거나 적어도 확정될 수 있어야 한다(대판 1988.02.23. 86다카2768).

II. 매매예약완결권

1. 의의

매매예약완결권이란 매매의 일방예약에서 예약자의 상대방이 매매예약 완결의 의사표시를 하여 매매의 효력을 생기게 하는 권리를 말한다(대판 2003.01.10. 2000다26425). 매매예약완결권은 일종의 형성권이다(대판 2003.01.10. 2000다26425).

2. 최고

매매의 일방예약의 의사표시의 기간을 정하지 아니한 때에는 예약자는 상당한 기간을 정하여 매매완결 여부의 확답을 상대방에게 최고할 수 있다(제564조 제2항). 예약자가 기간 내에 확답을 받지 못한 때에는 예약은 그 효력을 잃는다(제564조 제3항).

3. 등기

매매예약완결권이 부동산인 경우에 가등기를 할 수 있다(부동산등기법 제88조).

4. 효력

가. 매매의 효력

(ㄱ) 규정 매매의 일방예약은 상대방이 매매를 완결할 의사를 표시하는 때에 매매의 효력이 생긴다(제564조 제1항).

(ㄴ) 목적물의 멸실 상대방의 매매예약 완결의 의사표시 전에 목적물이 멸실 기타의 사유로 이전할 수 없게 되어 예약 완결권의 행사가 이행불능이 된 경우에는 예약 완결권을 행사할 수 없다(대판 2015.08.27. 2013다28247).

나. 행사기간

(ㄱ) **제척기간** 매매예약완결권은 당사자 사이에 그 행사기간을 약정한 때에는 그 기간 내에, 그러한 약정이 없는 때에는 그 예약이 성립한 때로부터 10년 내에 이를 행사하여야 하고, 그 기간을 지난 때에는 예약 완결권은 제척기간의 경과로 인하여 소멸한다(대판 2003.01.10. 2000다26425).

(ㄴ) **법원의 직권조사사항** 매매예약완결권의 제척기간이 도과하였는지 여부는 소위 직권조사 사항으로서 이에 대한 당사자의 주장이 없더라도 법원이 당연히 직권으로 조사하여 재판에 고려하여야 한다(대판 2000.10.13. 99다18725).

다. 인도받아 점유

매매의 일방예약완결권의 기간을 도과한 때에는 상대방이 예약목적물인 부동산을 인도받은 경우라도 예약완결권은 제척기간의 경과로 인하여 소멸된다(대판 1992.07.28. 91다44766, 44773).

라. 양도성

매매예약완결권은 재산권의 성질이 있어서 양도성을 가진다. 매매예약완결권이 양도된 경우에 양수인이 완결의 의사표시를 하여야 한다.

「02」 매매의 성립

I. 서설

1. 의의

매매는 당사자 일방이 재산권을 상대방에게 이전할 것을 약정하고 상대방이 그 대금을 지급할 것을 약정함으로써 그 효력이 생긴다(제563조). 매매의 대상인 재산권에는 제한이 없어서 물권, 채권, 지식재산권 이외에 영업이나 기업도 일체로서 매매의 대상이 될 수 있다.

2. 유상계약에 준용

매매계약의 규정은 매매 이외의 유상계약에 준용한다(제567조).

II. 계약금

1. 의의

매매의 당사자 일방이 계약 당시에 금전 기타 물건을 계약금, 보증금 등의 명목으로 상대방에게 교부한 때에는 당사자간의 다른 약정이 없는 한 당사자 일방이 이행에 착수할 때까지 교부자는 이를 포기하고 수령자는 그 배액을 상환하여 매매계약을 해제할 수 있다(제565조 제1항).

2. 계약 당시에 금전 기타 물건을 상대방에게 교부

가. 종된 계약

계약금 계약은 매매 기타의 계약에 부수하여 행해지는 종된 계약이다(대판 2008.03.13. 2007다73611). 따라서 주계약이 무효이거나 취소되면 계약금계약도 당연히 효력이 소멸한다.

나. 요물계약

(ㄱ) 의의 계약금계약은 요물계약이기 때문에 계약금을 지급하기로 약정만 한 단계에서는 계약금계약은 성립하지 않는다(대판 2008.03.13. 2007다73611).

(ㄴ) 계약금을 일체 지급하지 않은 경우 당사자가 계약금의 일부만을 먼저 지급하고 잔액은 나중에 지급하기로 약정하거나 계약금 전부를 나중에 지급하기로 약정한 경우, 교부자가 계약금의 잔금 또는 전부를 지급하지 아니하는 한 계약금계약은 성립하지 아니한다(대판 2008.03.13. 2007다73611).

(ㄷ) 계약금의 일부를 지급한 경우 계약금 일부만 지급된 경우 수령자가 매매계약을 해제할 수 있다고 하더라도 해약금의 기준이 되는 금원은 '실제 교부받은 계약금'이 아니라 '약정 계약금'이라고 봄이 타당하므로, 매도인이 계약금의 일부로서 지급받은 금원의 배액을 상환하는 것으로는 매매계약을 해제할 수 없다(대판 2015.04.23. 2014다231378).

3. 당사자간의 다른 약정이 없는 한
가. 당사자간의 다른 약정이 있는 경우
(1) 계약금 배제 약정

당사자가 민법의 계약금 해제권을 배제하기로 하는 약정을 하였다면 더 이상 그 해제권을 행사할 수 없다(대판 2009.04.23. 2008다50615).

(2) 위약금 약정

계약금을 교부한 자는 이를 포기하고 수령한 자는 그 배액의 상환을 할 것을 내용으로 하는 별도의 위약금 약정을 정할 수 있다. 이와 같은 위약금 약정을 한 경우 계약금은 민법 제398조 제1항 소정의 손해배상액의 예정의 성질을 가질 뿐 아니라 민법 제565조 소정의 해약금의 성질도 가진 것으로 볼 것이다(대판 1992.05.12. 91다2151).

나. 당사자간의 다른 약정이 없는 경우

별도의 특약이 없이 계약금만을 교부만 하는 경우에 매매계약에 있어서 계약금은 당사자 일방이 이행에 착수할 때까지 매수인은 이를 포기하고 매도인은 그 배액을 상환하여 계약을 해제할 수 있는 해약금의 성질만을 가진다(대판 1987.02.24. 86누438). 즉 해약금으로 추정된다.

4. 당사자 일방이 이행에 착수할 때까지
가. 당사자 일방이
(1) 이론

당사자 일방이라는 것은 매매 쌍방 중 어느 일방을 지칭하는 것이고 상대방이라고 국한하는 것이 아니므로 매매계약의 일부이행에 착수한 당사자는 비록 상대방이 이행에 착수하지 않았다 하더라도 해제권을 행사할 수 없다(대판 1970.04.28. 70다105).

(2) 사례

매도인이 매매계약의 이행에는 전혀 착수한 바가 없다 하더라도 매수인이 중도금을 지급하여 이미 이행에 착수한 이상 매수인은 계약금을 포기하고 매매계약을 해제할 수 없고(대판 2000.02.11. 99다62074), 매도인도 계약금의 배액을 상환하고 매매계약을 해제할 수 없다.

나. 이행에 착수할 때까지
(1) 이행에 착수 여부

당사자 일방이 이행에 착수하였다고 함은 반드시 계약 내용에 들어맞는 이행의 제공에까지 이르러야 하는 것은 아니지만 객관적으로 외부에서 인식할 수 있을 정도로 채무 이행행위의 일부를 행하거나 또는 이행에 필요한 전제행위를 행하는 것으로서 단순히 이행의 준비를 하는 것만으로는 부족하다(대판 1997.06.27. 97나9369).

(2) 판례
- (ㄱ) 매수인이 자기앞수표로 중도금 지급　매수인이 중도금 전액을 자기앞수표로 마련하여 이를 교부하였으나 매도인이 수령거절의 의사를 분명히 표시한 경우, 현금제공이 아니라고 하더라도 이행의 착수가 인정된다(대판 2006.02.10. 2004다11599).
- (ㄴ) 중도금 지급에 갈음하여 제3자에 대한 대여금채권을 양도　매매계약 당시 매수인이 중도금 일부의 지급에 갈음하여 매도인에게 제3자에 대한 대여금채권을 양도하기로 약정하고, 그 자리에 제3자도 참석한 경우, 매수인은 채무의 일부 이행에 착수하였으므로, 매도인은 계약금 해제권을 행사할 수 없다(대판 2006.11.24. 2005다39594).
- (ㄷ) 매도인이나 매수인이 등기소에 동행할 것을 촉구　매도인이 매매목적물을 조달하거나 매수인이 잔대금을 준비하고 등기절차를 밟기 위하여 등기소에 동행할 것을 촉구하는 등의 행위는 이행의 착수에 해당한다.
- (ㄹ) 매도인이 매매잔대금 지급의 소 제기　매도인이 매수인에게 매매계약의 이행을 최고하고 매매잔대금의 지급을 구하는 소를 제기한 것은 이행의 착수에 해당하지 않는다(대판 2008.10.23. 2007다72274).
- (ㅁ) 토지거래허가구역 내 허가를 받은 사정　토지거래허가구역내의 토지에 대해서 관할관청으로부터 허가를 받았다는 사정만으로는 아직 이행의 착수가 있다고 볼 수 없어 매도인은 계약금의 배액을 상환하여 매매계약을 해제할 수 있다(대판 2009.04.23. 2008다62427).

(3) 이행에 착수 시기
이행기의 약정이 있는 경우라 하더라도 당사자가 채무의 이행기 전에 착수하지 아니하기로 하는 특약을 하는 등 특별한 사정이 없는 한 이행기 전에 이행에 착수할 수 있다(대판 1993.01.19. 92다31323).

5. 교부자는 이를 포기하고 수령자는 그 배액을 상환

(1) 규정
교부자는 이를 포기하고 수령자는 그 배액을 상환하여 매매계약을 해제할 수 있다(제565조 제1항). 계약금 해제의 경우에는 원상회복청구를 할 수 없다.

(2) 판례
계약해제의 의사표시 외에 계약금의 배액의 이행의 제공이 있으면 족하고, 상대방이 이를 수령하지 아니한다고 하여 이를 공탁할 필요는 없다(대판 1981.10.27.. 80다2784).

6. 매매계약을 해제할 수 있다.

해약금에 기한 해제가 있으면 계약은 소멸한다. 계약의 해제시 손해배상청구권의 규정은 해약금의 경우에는 적용하지 아니하여(제565조 제2항) 계약금 해제의 경우에는 채무불이행을 이유로 손해배상을 청구할 수는 없다.

7. 일반 해제와 계약금 해제

(ㄱ) **계약금 해제 외에 일반 해제 가능** 법정해제권의 포기 또는 배제를 규정하지 않은 이상 계약금의 수수가 채무불이행으로 인한 법정해제권의 성립에 아무런 영향을 미칠 수 없다(대판 1990. 03.27. 89다카14110).

(ㄴ) **일반 해제의 손해배상범위** 계약금이 수수된 경우 위약금으로 하기로 하는 특약이 없는 이상 계약이 당사자 일방의 귀책사유로 인하여 해제되었다 하더라도 상대방은 계약불이행으로 입은 실제 손해만을 배상받을 수 있을 뿐 계약금이 위약금으로서 상대방에게 당연히 귀속된다고 할 수 없다(대판 1992.11.27. 92다23209).

03 매매의 효력

I. 계약의 효력

1. 매매계약

매도인은 매수인에 대하여 매매의 목적이 된 권리를 이전하여야 하며 매수인은 매도인에게 그 대금을 지급하여야 한다(제568조 제1항).

2. 교환계약

가. 규정

교환은 당사자 쌍방이 금전이외의 재산권을 상호 이전할 것을 약정함으로써 그 효력이 생긴다(제596조).

나. 보충금 지급 약정

(ㄱ) 규정 당사자 일방이 교환계약에 따른 재산권이전과 금전의 보충지급을 약정한 때에는 그 금전에 대하여는 매매대금에 관한 규정을 준용한다(제597조).

(ㄴ) 보충금 지급에 갈음한 목적물에 관한 피담보채무 인수 약정 교환계약에서 당사자의 일방이 교환 목적물인 각 재산권의 차액에 해당하는 금원인 보충금의 지급에 갈음하여 상대방으로부터 이전받을 목적물에 관한 근저당권의 피담보채무를 인수하기로 약정한 경우, 특별한 사정이 없는 한 채무를 인수한 일방은 위 보충금을 제외한 나머지 재산권을 상대방에게 이전하여 줌으로써 교환계약상의 의무를 다한 것이 된다(대판 1998.07.24. 98다13877).

II. 매도인과 매수인의 의무

1. 동시에 이행

(ㄱ) 규정 매도인과 매수인 쌍방의 의무는 특별한 약정이나 관습이 없으면 동시에 이행하여야 한다(제568조 제2항).

(ㄴ) 의무이행의 기한 매매 당사자 일방에 대한 의무이행의 기한이 있는 때에는 상대방의 의무이행에 대하여도 동일한 기한이 있는 것으로 추정한다(제585조).

(ㄷ) 대금 지급장소 매매 목적물의 인도와 동시에 매매대금을 지급할 경우에는 그 인도장소에서 이를 지급하여야 한다(제586조).

2. 계약의 비용

(ㄱ) 균분 부담 매매계약에 관한 비용은 당사자쌍방이 균분하여 부담한다(제566조). 매매계약에 관한 비용은 평가비용, 계약서 작성 비용 등과 같이 계약체결에 일반적으로 소요되는 비용으로 당사자 쌍방이 균분하여 부담한다.

(ㄴ) 임의규정 매매계약에 관한 비용은 임의규정이므로 당사자간 약정으로 규정과 달리 정하는 것도 유효하다.

Ⅲ. 과실의 귀속

1. 매도인·매수인 모두 이행하지 않은 경우

가. 규정

매도인이 목적물을 인도하지 아니하고, 매수인도 매매대금을 완납하지 않은 경우, 매매계약이 있은 후에도 인도하지 아니한 목적물로부터 생긴 과실은 매도인에게 속한다(제587조 전문).

나. 판례

부동산매매에 있어 목적부동산을 제3자가 점유하고 있어 인도받지 아니한 매수인이 명도소송 제기의 방편으로 미리 소유권이전등기를 경료받았다고 하여도 아직 매매대금을 완급하지 않은 이상 부동산으로부터 발생하는 과실은 매수인이 아니라 매도인에게 귀속되어야 한다(대판 1992. 04. 28. 91다32527).

2. 매도인이 재산권을 이전한 경우

가. 규정

매도인이 목적물을 인도한 경우, 매수인은 목적물의 인도를 받은 날로부터 그 목적물의 과실을 수취할 수 있으나 형평을 꾀하기 위하여 매수인은 목적물의 인도를 받은 날로부터 대금의 이자를 지급하여야 한다(제587조 후문). 그러나 대금의 지급에 대하여 기한이 있는 때에는 인도를 받은 날로부터 대금의 이자를 지급하여야 하는 것은 아니다(제587조 단서).

나. 판례

매도인의 근저당권설정등기 말소의무가 매수인의 대금지급의무와 동시이행관계에 있는 등으로 매수인이 대금지급을 거절할 정당한 사유가 있는 경우에는 매매목적물을 미리 인도받았다 하더라도 민법 제587조 규정에 의한 이자를 지급할 의무는 없다(대판 2013. 06. 27. 2011다98129).

3. 매수인이 매매대금을 지급한 경우

매수인이 매매대금을 완납한 경우에 형평을 꾀하기 위하여 인도하지 아니한 목적물로부터 생긴 과실은 매수인에게 속한다(대판 1993. 11. 09. 93다28928).

「04」 매도인의 담보책임

I. 서설

1. 의의

매도인의 담보책임이란 매매의 목적인 권리에 흠결이 있거나 물건에 하자가 있는 경우에 유상계약인 매매계약에서 등가성을 보장하기 위하여 매도인이 매수인에 대하여 부담하는 책임을 말한다. 매도인의 담보책임의 규정은 매매 외의 다른 유상계약에 준용된다(제567조).

2. 담보책임의 특색

가. 확정적 유효

담보책임은 법률행위의 확정적 유효를 전제로 한다.

나. 매도인의 무과실책임

담보책임은 법이 특별히 인정한 무과실책임으로써 매도인의 과실이 없는 경우에도 발생한다. 매도인의 하자담보책임은 무과실책임으로서 과실상계 규정이 준용될 수는 없다 하더라도, 담보책임이 민법의 지도이념인 공평의 원칙에 입각한 것인 이상 하자 발생 및 그 확대에 가공한 매수인의 잘못을 참작하여 손해배상의 범위를 정함이 상당하다(대판 1995.06.30. 94다23920).

3. 권리의 경합

착오로 인한 취소 제도와 매도인의 하자담보책임 제도는 취지가 서로 다르고, 요건과 효과도 구별된다. 따라서 매매계약 내용의 중요 부분에 착오가 있는 경우 매수인은 매도인의 하자담보책임이 성립하는지와 상관없이 착오를 이유로 매매계약을 취소할 수 있다(대판 2018.09.13. 2015다78703).

4. 담보책임의 유형

가. 권리의 흠결에 대한 담보책임

권리의 흠결이란 목적물인 물건 그 자체에 하자는 없어서 물건 자체에 대한 사용·수익에 지장은 없으나 완전한 권리를 취득하지 못한 상태를 말한다.

권리의 흠결	매수인	해제	손해배상	대금감액청구	제척기간
전부타인의 권리	선의	○	○		
	악의	○(전해)	X		
일부타인의 권리	선의	○	○	○	안날로부터 1년
	악의	X	X	○(일대)	계약일로부터 1년
수량부족 일부멸실	선의	○	○	○	안날로부터 1년
	악의	X	X	X	X
제한물권 등으로 용익권능에 제한	선의	○	○		안날로부터 1년
	악의	X	X		X
	매수인	해제	손해배상	상환청구	제척기간
저당권·전세권의 행사에 의한 제한	선의	○	○	○	
	악의	○(저전손상해)			

나. 물건의 하자에 대한 담보책임

물건의 하자란 목적물인 물건의 완전한 권리를 취득했으나 물건 그 자체에 하자가 있어서 물건 자체에 대한 사용·수익에 지장이 있는 경우를 말한다.

물건의 하자	매수인	해제	손해배상	완전물급부청구권	제척기간
특정물의 하자	선의·무과실	○	○		안날로부터 6월
종류물의 하자	선의·무과실	○	○	○	안날로부터 6월

Ⅱ. 권리의 흠결

1. 권리의 전부가 타인에게 속하는 경우

가. 매도인의 권리이전 의무

타인의 권리에 속하는 목적물도 매매의 대상이 될 수 있고 그 계약은 당사자간에 있어서는 유효하다. 매매의 목적이 된 권리가 타인에게 속한 경우에는 매도인은 그 권리를 취득하여 매수인에게 이전하여야 한다(제569조).

나. 담보책임 내용

(1) 매수인이 선의인 경우

(ㄱ) **규정** 매도인이 그 권리를 취득하여 매수인에게 이전할 수 없는 때에 선의의 매수인은 계약을 해제하거나 손해배상을 청구할 수 있다(제570조).

(ㄴ) **이행이익 배상** 매수인이 선의인 때에는 해제를 하면서 손해배상을 청구할 수 있는데, 매도인은 선의의 매수인에게 이행불능 당시를 표준으로 한 이행이익 상당을 배상하여야 한다(대판 1979.4.24. 77다2290).

(2) 매수인이 악의인 경우

매도인이 그 권리를 취득하여 매수인에게 이전할 수 없는 때에 악의의 매수인은 계약을 해제할 수 있지만, 손해배상을 청구하지 못한다(제570조).

다. 담보책임의 특칙

(1) 매도인이 선의, 매수인이 선의인 경우

매매의 목적이 된 권리가 자기에게 속하지 아니함을 몰랐던 선의의 매도인이 권리를 취득하여 매수인에게 이전할 수 없는 때에 매수인의 손해를 배상하고, 계약을 해제할 수 있다(제571조 제1항).

(2) 매도인이 선의, 매수인이 악의인 경우

매매의 목적이 된 권리가 자기에게 속하지 아니함을 몰랐던 선의의 매도인이 권리를 취득하여 매수인에게 이전할 수 없는 때에 악의의 매수인의 손해를 배상할 필요 없이 계약을 해제할 수 있다(제571조 제2항).

2. 권리의 일부가 타인에게 속하는 경우

가. 담보책임 내용

(1) 매수인이 선의인 경우

(ㄱ) **규정** 매도인이 그 권리를 취득하여 매수인에게 이전할 수 없는 때에 선의의 매수인은 그 부분의 비율로 대금감액을 청구하거나 잔존 부분만이면 이를 매수하지 아니하였을 때에 계약 전부를 해제할 수 있고, 손해배상청구도 할 수 있다(제572조).

(ㄴ) **이행이익 배상** 매수인이 선의·악의인 때에는 해제를 하면서 손해배상을 청구할 수 있는데, 그 범위는 이행이익의 배상이다(대판 1993.1.19. 92다37727).

(2) 매수인이 악의인 경우

매도인이 그 권리를 취득하여 매수인에게 이전할 수 없는 때에 악의의 매수인은 그 부분의 비율로 대금감액을 청구할 수 있지만, 계약을 해제하거나 손해배상청구를 하진 못한다(제572조).

나. 제척기간

매수인이 선의인 경우에는 사실을 안날로부터, 악의인 경우에는 계약한 날로부터 1년 내에 행사하여야 한다(제573조).

3. 목적물의 수량부족과 일부멸실의 경우

가. 수량지정 매매

목적물이 일정한 면적(수량)을 가지고 있다는 데 주안을 두고 대금도 면적을 기준으로 하여 정하여지는 아파트분양계약은 이른바 수량을 지정한 매매라 할 것이다(대판 2002.11.08. 99다58136).

나. 담보책임 내용

(1) 매수인이 선의인 경우

매도인이 수량의 부족이나 일부 멸실을 알지 못한 선의의 매수인은 그 부분의 비율로 대금감액을 청구하거나 잔존 부분만이면 이를 매수하지 아니하였을 때에 계약 전부를 해제할 수 있고, 손해배상청구도 할 수 있다(제574조).

(2) 매수인이 악의인 경우

매도인이 수량의 부족이나 일부 멸실을 알고 있었던 악의·매수인은 그 부분의 비율로 대금감액을 청구하거나 계약을 해제하거나 손해배상청구도 하지 못한다(제574조).

다. 제척기간

매수인이 선의인 경우에는 사실을 안날로부터 1년 내에 행사하여야 한다(제574조).

4. 제한물권 등이 있어서 용익권능에 제한되는 경우

가. 담보책임 내용

(1) 매수인이 선의인 경우

매매의 목적물이 지상권, 지역권, 전세권, 질권 또는 유치권, 등기된 임대차의 목적이 된 경우에 이를 알지 못한 선의의 매수인은 이로 인하여 계약의 목적을 달성할 수 없을 때에 해제할 수 있고, 손해배상청구도 할 수 있다(제575조 제1항·제2항).

(2) 매수인이 악의인 경우

매매의 목적물이 지상권, 지역권, 전세권, 질권 또는 유치권, 등기된 임대차의 목적이 된 경우에 이를 알고 있었던 악의의 매수인은 계약을 해제하거나 손해배상청구도 하지 못한다(제575조 제1항·제2항).

나. 제척기간

(선의·악의) 매수인이 그 사실을 안 날로부터 1년 내에 행사하여야 한다(제575조 제3항).

5. 저당권·전세권의 행사의 경우
가. 담보책임 내용
(1) 해제 및 손해배상청구
매매의 목적이 된 부동산에 설정된 저당권 또는 전세권의 행사로 인하여 매수인이 그 소유권을 취득할 수 없거나 취득한 소유권을 잃은 때 선의·악의의 매수인은 해제할 수 있고, 손해배상청구도 할 수 있다(제576조 제1항).

(2) 상환청구권
매매의 목적이 된 부동산에 설정된 저당권 또는 전세권의 행사에 대하여 매수인의 출재로 그 소유권을 보존한 때에는 매도인에 대하여 상환을 청구할 수 있다(제576조 제2항).

나. 준용규정
저당권의 목적이 된 지상권 또는 전세권이 매매의 목적이 된 경우에 준용한다(제577조).

다. 판례
가등기의 목적이 된 부동산을 매수한 사람이 그 뒤 가등기에 기한 본등기가 경료됨으로써 그 부동산의 소유권을 상실하게 된 때에는 매매의 목적 부동산에 설정된 저당권 또는 전세권의 행사로 인하여 매수인이 취득한 소유권을 상실한 경우와 유사하므로, 민법 제576조의 담보책임을 진다(대판 1992.10.27. 92다21784).

6. 경매와 매도인의 담보책임
가. 대상
경매의 경우에는 경락인은 권리의 흠결의 담보책임 규정에 의하여 채무자에게 계약의 해제 또는 대금감액의 청구를 할 수 있다(제578조 제1항).

나. 담보책임의 내용
(경락인은 원칙적으로 대금을 반환을 채무자에게 청구하여야 한다. 하지만) 채무자가 자력이 없는 때에는 경락인은 대금의 배당을 받은 채권자에 대하여 그 대금 전부나 일부의 반환을 청구할 수 있다(제578조 제2항).

다. 판례
경매절차 자체가 무효인 경우에는 경매에 있어서의 채무자나 채권자의 담보책임은 인정될 여지가 없고, 경락인은 경매 채권자에게 경매 대금 중 그가 배당받은 금액에 대하여 일반 부당이득의 법리에 따라 반환을 청구할 수 있을 뿐이다(대판 1991.10.11. 91다21640).

Ⅲ. 물건의 하자

1. 의의
물건의 하자란 매매의 목적물이 거래통념상 기대되는 객관적 성질·성능을 결여하거나, 당사자가 예정 또는 보증한 성질을 결여한 경우를 말하고, 매도인은 매수인에 대하여 그 하자로 인한 담보책임을 부담한다(대판 2000. 01. 18. 98다18506).

2. 물건의 하자의 경우

가. 매수인의 선의·무과실 판단시점
매수인의 하자에 대한 선의·무과실은 매매계약 성립 당시를 기준으로 한다(대판 1958. 02. 13. 4290민상762).

나. 특정물매매의 경우 담보책임의 내용
(1) 매수인이 선의·무과실인 경우
매매 목적물에 하자로 인하여 계약의 목적을 달성할 수 없는 경우에 선의·무과실의 매수인은 계약을 해제할 수 있고, 손해배상청구도 할 수 있다(제580조 제1항).

(2) 매수인이 악의 또는 과실인 경우
매매 목적물에 하자로 인하여 계약의 목적을 달성할 수 없는 경우에 악의 또는 과실의 매수인은 계약을 해제하거나 손해배상청구를 하지 못한다(제580조 반대해석).

다. 종류매매의 경우 담보책임의 내용
(1) 의의
매매의 목적물을 종류로 지정한 경우에도 그 후 특정된 목적물에 하자가 있는 때에는 특정물의 하자담보책임 규정을 준용한다(제581조 제1항).

(2) 매수인이 선의·무과실인 경우
매매 목적물에 하자로 인하여 계약의 목적을 달성할 수 없는 경우에 선의·무과실의 매수인은 계약을 해제할 수 있고, 손해배상청구도 할 수 있다(제581조 제1항). 계약의 해제 또는 손해배상의 청구를 하지 아니하고 완전물급부를 청구할 수 있다(제581조 제2항).

(3) 매수인이 악의 또는 과실인 경우
매매 목적물에 하자로 인하여 계약의 목적을 달성할 수 없는 경우에 악의 또는 과실의 매수인은 계약을 해제하거나 손해배상청구를 하지 못하고, 완전물급부를 청구할 수도 없다(제581조 반대해석).

라. 제척기간

(ㄱ) 규정 하자담보책임에 의한 권리는 매수인이 그 사실을 안날로부터 6월내에 행사하여야 한다(제582조).

(ㄴ) 하자담보에 기한 손해배상청구권 매도인에 대한 하자담보에 기한 손해배상청구권에 대하여는 민법 제582조의 제척기간이 적용되고, 제척기간 규정으로 인하여 위 소멸시효 규정의 적용이 배제된다고 볼 수 없으며, 이때 다른 특별한 사정이 없는 한 무엇보다도 매수인이 매매 목적물을 인도받은 때부터 소멸시효가 진행한다고 해석함이 타당하다(대판 2011.10.13. 2011다10266).

3. 법률상의 하자는 물건의 하자

건축을 목적으로 매수한 토지에 대하여 건축허가를 받을 수 없어 건축이 불가능한 경우 위와 같은 법률적 제한 내지 장애 역시 매매목적물의 하자에 해당한다 할 것이나, 다만 위와 같은 하자의 존부는 매매계약 성립시를 기준으로 판단하여야 할 것이다(대판 2000.01.18. 98다18506).

4. 권리의 흠결과 물건의 하자

하자담보책임의 규정은 경매의 경우에 적용되지 아니한다(제580조 제2항). 경락인은 권리의 흠결에 대해서는 담보책임을 물을 수 있지만, 물건의 하자에 대해서는 담보책임을 물을 수 없다.

Ⅳ. 담보책임의 면책

매도인은 담보책임을 면하는 특약을 한 경우에도 매도인이 알고 고지하지 아니한 사실 및 제3자에게 권리를 설정 또는 양도한 행위에 대하여는 책임을 면하지 못한다(제584조).

「05」 환매

I. 서설

1. 의의
환매란 매도인이 매매계약과 동시에 매수인과의 특약으로 일정기간 내에서 다시 매수할 권리를 보유하는 것을 말한다.

2. 법적성질
(ㄱ) 일신전속적 권리 환매권은 일신전속권이 아니므로 양도성과 상속성을 가진다.
(ㄴ) 종된 계약 환매 특약은 매매 계약에 부수하여 행해지는 종된 계약이다. 따라서 매매계약이 무효이거나 취소되면 환매 특약도 당연히 효력이 소멸한다.

II. 요건

1. 기존계약
환매는 매매계약과 동시에 하여야 한다(제590조 제1항 전문).

2. 금액산정

가. 약정금액이 있는 경우
환매대금에 관하여 특별한 약정이 있으면 그 약정에 의한다(제590조 제2항).

나. 약정금액이 없는 경우
매도인이 매매계약과 동시에 환매할 권리를 보류한 때에는 그 영수한 대금 및 매수인이 부담한 매매비용을 반환하고 그 목적물을 환매할 수 있다(제590조 제1항). 환매시 목적물의 과실과 대금의 이자는 특별한 약정이 없으면 이를 상계한 것으로 본다(제590조 제3항).

3. 존속기간

가. 약정기간이 있는 경우
환매기간은 부동산은 5년, 동산은 3년을 넘지 못한다. 약정기간이 이를 넘는 때에는 부동산은 5년, 동산은 3년으로 단축되고(제591조 제1항), 환매기간을 정한 때에는 다시 연장하지 못한다(제591조 제2항).

나. 약정기간이 없는 경우
환매기간을 정하지 아니한 때에는 환매기간은 부동산은 5년, 동산은 3년으로 한다(제591조 제3항).

4. 등기

매매의 목적물이 부동산인 경우에 매매등기와 동시에 환매권의 보류를 등기한 때에는 제3자에 대하여 그 효력이 있다(제592조). 환매특약의 등기는 매수인의 권리취득의 등기에 부기로 하여야 한다(부동산등기법 제52조 제6호).

5. 매수인에 의한 환매부동산의 처분

가. 매수인의 소유권이전등기 의무

환매특약의 등기가 부동산의 매수인의 처분권을 금지하는 효력을 가지는 것은 아니므로 그 매수인은 환매특약의 등기 이후 부동산을 전득한 제3자에 대하여 여전히 소유권이전등기절차의 이행의무를 부담하고, 부동산의 매수인은 전득자인 제3자에 대하여 환매특약의 등기사실만으로 제3자의 소유권이전등기청구를 거절할 수 없다(대판 1994.10.25. 94다35527).

나. 환매권자의 환매권 행사

부동산에 관하여 매매등기와 아울러 환매특약의 등기가 경료된 이후 그 부동산 매수인으로부터 그 부동산을 전득한 제3자가 환매권자의 환매권행사에 대항할 수 없다(대판 1994.10.25. 94다35527).

III. 환매의 실행

1. 소유권이전등기청구권

환매권의 행사로 발생한 소유권이전등기청구권은 환매권을 행사한 때로부터 10년의 소멸시효기간이 진행되는 것이지, 위 환매기간 내에 이를 행사하여야 하는 것은 아니다(대판 1991.02.22. 90다13420).

2. 소유권이전등기

가. 이전등기의 방법

환매권 행사로 매수인에게 있던 소유권을 매도인에게 이전등기의 방법으로 권리취득의 등기를 하여야 소유권이 매도인에게 복귀한다(대판 1990.12.26. 90다카16914).

나. 환매에 의한 권리취득의 등기

(ㄱ) 등기 전 환매특약부 매매계약의 매도인이 환매기간 내에 매수인에게 환매의 의사표시를 한 바 있다고 하여도 그 환매에 의한 권리취득의 등기를 함이 없이는 부동산에 가압류집행을 한 자에 대하여 이를 주장할 수 없다(대판 1990.12.26. 90다카16914).

(ㄴ) 등기 후 부동산의 매매계약에 있어 당사자 사이의 환매특약에 따라 소유권이전등기와 함께 환매등기가 마쳐진 경우 매도인이 환매기간 내에 적법하게 환매권을 행사하면 환매등기 후에 마쳐진 제3자의 근저당권 등 제한물권은 소멸한다(대판 2002.09.27. 2000다27411).

임대차

「01」 임대차의 성립

Ⅰ. 서설

1. 일반법과 특별법

민법 임대차는 일반법이고, 주택임대차보호법과 상가건물임대차보호법은 특별법으로 특별법은 일반법에 우선한다. 따라서 임차 목적물이 주택인 경우에는 주택임대차보호법의 적용을 우선적으로 받고, 상가건물인 경우에는 상가건물임대차보호법의 적용을 우선적으로 받는다. 결론적으로 민법의 임대차 적용범위는 임차 목적물이 토지나 일반건물, 동산인 경우로 제한되고, 주택이나 상가건물임대차보호법의 적용이 없는 내용으로 한정된다.

2. 의의

가. 규정

임대차는 당사자 일방이 상대방에게 목적물을 사용, 수익하게 할 것을 약정하고 상대방이 이에 대하여 차임을 지급할 것을 약정함으로써 그 효력이 생긴다(제618조).

나. 판례

임대인이 그 목적물에 대한 소유권 기타 이를 임대할 권한이 있을 것을 성립요건으로 하고 있지 아니하므로(대판 2001. 06. 29. 2000다68290), 임대인이 소유권 기타 이를 임대할 권한이 없다고 하더라도 임대차계약 자체는 유효하게 성립한다.

Ⅱ. 존속기간

1. 존속기간을 약정한 경우

가. 최단 존속기간

민법은 최단기간에 관하여 아무런 제한을 두고 있지 않다.

나. 최장 존속기간

민법의 임대차에 있어서 당사자들이 자유로운 의사에 따라 임대차기간을 영구로 정한 약정은 특별한 사정이 없는 한 계약자유의 원칙에 의하여 허용된다. 임차인으로서는 언제라도 그 권리를 포기할 수 있고, 그렇게 되면 임대차계약은 임차인에게 기간의 정함이 없는 임대차가 된다(대판 2023. 06. 01. 2023다209045).

2. 존속기간을 약정하지 않은 경우

가. 해지의 통고

임대차기간의 약정이 없는 때에는 당사자는 언제든지 계약해지의 통고를 할 수 있다(제635조 제1항). 상대방이 통고를 받은 날로부터 토지, 건물 기타 공작물에 대하여는 임대인이 해지를 통고한 경우에는 6월, 임차인이 해지를 통고한 경우에는 1월, 동산에 대하여는 5일의 기간이 경과하면 해지의 효력이 생긴다(제635조 제2항).

나. 편면적 강행규정

기간이 없는 임대차의 해지통고는 편면적 강행규정으로 이에 위반하는 약정으로서 임차인에게 불리한 것은 그 효력이 없다(제652조).

III. 임차권의 등기

1. 임대차의 등기

부동산임차인은 당사자 간에 반대약정이 없으면 임대인에 대하여 그 임대차등기절차에 협력할 것을 청구할 수 있다(제621조 제1항). 부동산임대차를 등기한 때에는 그때부터 제3자에 대하여 효력이 생긴다(제621조 제2항).

2. 건물 등기 있는 토지임차권의 대항력

건물의 소유를 목적으로 한 토지임대차는 이를 등기하지 아니한 경우에도 임차인이 그 지상건물을 등기한 때에는 제3자에 대하여 임대차의 효력이 생긴다(제622조 제1항).

IV. 묵시적 갱신

1. 의의

임대차기간이 만료한 후 임차인이 임차물의 사용, 수익을 계속하는 경우에 임대인이 상당한 기간 내에 이의를 하지 아니한 때에는 전 임대차와 동일한 조건으로 다시 임대차한 것으로 본다(제639조 제1항 전문).

2. 효과

기간의 약정 없는 임대차의 해지 규정에 의하여 해지의 통고를 할 수 있다(제639조 제1항 후문). 묵시의 갱신의 경우에 전임대차에 대하여 제3자가 제공한 담보는 기간의 만료로 인하여 소멸한다(제639조 제1항).

「02」 임대인의 의무

Ⅰ. 목적물 인도의무
임대인은 우선 목적물을 임차인에게 인도할 의무를 부담한다(제623조 전문).

Ⅱ. 수선의무
(ㄱ) **임대인의 의무** 임대인은 목적물을 임차인에게 인도하고 계약존속 중 그 사용·수익에 필요한 상태를 유지하게 할 의무를 부담한다(제623조).

(ㄴ) **임차인의 인용** 임대인이 임대물의 보존에 필요한 행위를 하는 때에는 임차인은 이를 거절하지 못한다(제624조).

(ㄷ) **임차인의 해지** 임대인이 임차인의 의사에 반하여 보존행위를 하는 경우에 임차인이 이로 인하여 임차의 목적을 달성할 수 없는 때에는 계약을 해지할 수 있다(제625조).

「03」 임대인의 권리

Ⅰ. 차임청구권

1. 공동임차인의 연대의무

임대인은 임차인에 대하여 차임지급을 청구할 수 있다(제618조). 수인이 공동으로 임차하는 경우 임차인 각자는 차임의 지급을 비롯하여 임차인의 의무를 연대하여 부담한다(제654조).

2. 차임연체와 해지

가. 건물 기타 공작물의 임대차

건물 기타 공작물의 임대차에는 임차인의 차임연체액이 2기의 차임액에 달하는 때에는 임대인은 계약을 해지할 수 있다(제640조).

나. 토지임대차

건물 기타 공작물의 소유 또는 식목, 채염, 목축을 목적으로 한 토지임대차의 경우에도 임차인의 차임연체액이 2기의 차임액에 달하는 때에는 임대인은 계약을 해지할 수 있다(제641조).

다. 편면적 강행규정

차임연체에 따른 해지는 편면적 강행규정으로 이에 위반하는 약정으로서 임차인에게 불리한 것은 그 효력이 없다(제652조).

Ⅱ. 차임채권을 위한 법정담보물권

1. 법정질권

건물 기타 공작물의 임대인이 임대차에 관한 채권에 의하여 그 건물 기타 공작물에 부속한 임차인소유의 동산을 압류한 때에는 질권과 동일한 효력이 있다(제650조).

2. 법정저당권

토지임대인이 변제기를 경과한 최후 2년의 차임채권에 의하여 그 지상에 있는 임차인소유의 건물을 압류한 때에는 저당권과 동일한 효력이 있다(제649조).

「04」 임차인의 의무

I. 선관주의 의무

임차인은 임차목적물을 명도할 때까지는 선량한 관리자의 주의로 이를 보존할 의무가 있다(제374조).

II. 임차물 반환의무

1. 규정

차주가 차용물을 반환하는 때에는 이를 원상으로 회복하여야 한다. 이에 부속시킨 물건은 철거할 수 있다(제654조).

2. 임대인의 귀책사유

임차인의 원상회복의무는 임대차가 종료한 경우이면, 설사 임대인의 귀책사유로 중도에 해지된 경우 임차인은 그로 인한 손해배상청구를 할 수 있음은 별론으로 하고 원상회복의무를 부담하지 않는다고 할 수 없다(대판 2002.12.06. 2002다42278).

3. 원상으로 회복

원상회복은 임차인이 임차물을 인도받을 때의 상태로 회복시키는 것을 말한다(대판 1990.10.30. 90다카12035). 임차인이 사용하고 있던 부동산의 점유를 임대인에게 이전하는 것은 물론 임대인이 임대 당시의 부동산 용도에 맞게 다시 사용할 수 있도록 협력할 의무도 포함한다(대판 2008.10.09. 2008다34903).

「05」 임차인의 권리

I. 비교

지상물매수청구권	부속물매수청구권	비용상환청구권	차임·전세금증감청구권
ⓐ 토지임차인	ⓒ 건물임차인	ⓔ 임차인 – 필요비○ 유익비○	ⓖ 임차인, 임대인
ⓑ 토지전세권자	ⓓ 건물전세권자	ⓕ 전세권자 – 필요비× 유익비○	ⓗ 전세권자, 전세권설정자

II. 지상물매수청구권

1. 갱신청구권

가. 의의

건물 기타 공작물의 소유 또는 식목, 채염, 목축을 목적으로 한 토지임대차의 기간이 만료한 경우에 건물, 수목 기타 지상시설이 현존한 때에는 임차인은 계약의 갱신을 청구할 수 있다(제643조).

나. 갱신청구권과 지상물매수청구권의 관계

(1) 갱신청구 후 지상물매수청구권 행사

지상물매수청구권은 임차인이 존속기간의 만료로 인하여 소멸하는 때에 임차권자에게 갱신청구권이 있어 갱신청구를 하였으나 임대인이 계약갱신을 원하지 아니할 때 비로소 행사할 수 있는 권리이다. 임차인이 갱신을 청구하지 않으면 지상물의 매수도 청구할 수 없다.

(2) 임대인 해지통고시 갱신청구 없이 지상물매수청구권 행사

토지임차인의 지상물매수청구권은 기간의 정함이 없는 임대차에 있어서 임대인에 의한 해지통고에 의하여 그 임차권이 소멸된 경우에도 임차인의 계약갱신 청구의 유무에 불구하고 인정된다(대판 1995.07.11. 94다34265 전합).

(3) 갱신청구권이 없는 경우에 지상물매수청구권 행사

임대차계약이 임차인의 차임연체 등 채무불이행으로 인하여 해지된 경우에는 임차인은 계약의 갱신을 청구할 여지가 없으므로 지상물매수청구권도 없다(대판 1991.04.23. 90다19695).

2. 지상물매수청구권
가. 규정
임대인이 계약의 갱신을 원하지 아니하는 때에는 임차인은 상당한 가액으로 건물 기타 공작물이나 수목의 매수를 청구할 수 있다(제643조).

나. 건물 기타 공작물이나 수목이 현존하는 토지임차인
(1) 매수청구가 되는 건물

㈀ 무허가·미등기 건물 행정관청의 허가를 받은 적법한 건물이 아니더라도 임차인의 건물매수청구권의 대상이 될 수 있다(대판 1997.12.23. 97다37753).

㈁ 경제적 가치가 없는 건물 지상 건물이 객관적으로 경제적 가치가 있는지 여부나 임대인에게 소용이 있는지 여부가 지상물매수청구권의 행사요건이 아니다(대판 2002.05.31. 2001다42080).

㈂ 근저당권이 설정된 건물 지상물매수청구권은 매수청구의 대상이 되는 건물에 근저당권이 설정되어 있는 경우에도 인정된다(대판 2008.05.29. 2007다4356).

㈃ 임대인의 동의 없이 신축한 건물 지상물매수청구권의 대상이 되는 건물은 임대차계약 당시의 기존건물이거나 임대인의 동의를 얻어 신축한 것에 한정된다고는 할 수 없다(대판 1993.11.12. 93다34589).

(2) 매수청구가 되지 않는 건물

임차인 소유의 건물이 구분소유의 객체가 되지 아니하고 또한 임대인 소유의 토지 외에 임차인 또는 제3자 소유의 토지 위에 걸쳐서 건립되어 있다면 임차인의 건물매수청구는 허용되지 아니한다(대판 1997.04.08. 96다45443).

다. 임차인이 임대인에게 매수 청구
(1) 청구권자는 지상물의 소유자

지상물매수청구권은 지상물의 소유자에 한하여 행사할 수 있다. 따라서 건물을 신축한 토지임차인이 임대차기간이 만료하기 전에 그 건물을 타에 양도한 경우에 그 임차인은 매수청구권을 행사할 수 없다(대판 1993.07.27. 93다6386).

(2) 상대방은 토지의 소유자

건물매수청구권 행사의 상대방은 원칙적으로 임차권 소멸 당시에 토지 소유권을 가진 임대인을 상대로 행사할 수 있다. 임대인이 제3자에게 토지를 양도하는 등으로 토지 소유권이 이전된 경우에는 새로운 토지 소유자를 상대로 지상물매수청구권을 행사할 수 있다(대판 2017.04.26. 2014다72449,72456).

(3) 토지소유자와 임대인이 다른 경우

토지 소유자가 아닌 제3자가 토지 임대행위를 한 경우에는 제3자가 토지 소유자를 적법하게 대리하거나 토지 소유자가 제3자의 무권대리행위를 추인하는 등으로 임대차계약의 효과가 토지 소유자에게 귀속되었다면 토지 소유자가 임대인으로서 지상물매수청구권의 상대방이 된다(대판 2017.04.26. 2014다72449,72456).

라. 매수를 청구할 수 있다.

지상물매수청구권은 형성권이어서 임차인의 의사표시만으로 매수청구권 행사 당시의 시가를 대금으로 하는 매매계약이 체결된 것과 같은 효과가 발생한다(대판 2002.11.13. 2002다46003).

마. 편면적 강행규정

(ㄱ) 규정 지상물매수청구권은 편면적 강행규정으로 이에 위반하는 약정으로서 임차인에게 불리한 것은 그 효력이 없다(제652조).

(ㄴ) 판례 임대차 기간 만료시에 임차인이 지상건물을 양도하거나 이를 철거하기로 하는 약정은 특별한 사정이 없는 한 임차인의 지상물매수청구권을 배제하기로 하는 약정으로서 임차인에게 불리한 것이므로 제652조에 의하여 무효이다(대판 2002.05.31. 2001다42080).

III. 부속물매수청구권

1. 규정

건물 기타 공작물의 임차인이 그 사용의 편익을 위하여 임대인의 동의를 얻어 이에 부속한 물건이거나 임대인으로부터 매수한 물건이 있는 때에는 임대차의 종료시에 임대인에 대하여 그 부속물의 매수를 청구할 수 있다(제646조 제1항·제2항).

2. 부속한 물건이 있는 건물임차인

가. 부속물

(ㄱ) 부속 부속물이란 건물에 부속된 물건으로서 임차인의 소유에 속하고, 건물의 구성부분으로는 되지 아니한 것으로서 건물의 사용에 객관적인 편익을 가져오게 하는 물건이라 할 것이다.

(ㄴ) 판례 부속된 물건이 오로지 임차인의 특수목적에 사용하기 위하여 부속된 것일 때는 부속물매수청구권의 대상이 되는 물건이라 할 수 없을 것이다(대판 1993.10.08. 93다25738, 93다25745).

나. 임대인의 동의를 얻거나 임대인으로부터 매수

부속물은 임대인의 동의를 얻어 이에 부속했거나 임대인으로부터 매수한 물건에 한한다.

다. 건물임차인

부속물매수청구권은 토지임차인에게 인정되지 아니한 건물임차인에게만 인정된 권리이다.

3. 임대차의 종료시

(ㄱ) 기간의 만료 기간의 만료로 인하여 건물임차권이 소멸한 경우 건물 기타 공작물이 현존한 때에 임차인은 부속물매수를 청구할 수 있다.

(ㄴ) 임차인의 채무불이행으로 해지 임대차계약이 임차인의 채무불이행으로 인하여 해지된 경우에는 임차인은 민법 제646조에 의한 부속물매수청구권이 없다(대판 1990.01.23. 88다카7245).

4. 임차인이 임대인에게 매수 청구

5. **매수를 청구할 수 있다.**

부속물매수청구권은 형성권이어서 임차인의 의사표시만으로 매수청구권 행사 당시의 시가를 대금으로 하는 매매계약이 체결된 것과 같은 **효과가 발생한다**(대판 2002.11.13. 2002다46003,46027).

6. **편면적 강행규정**

(ㄱ) 규정 부속물매수청구권은 편면적 강행규정으로 이에 위반하는 약정으로서 임차인에게 불리한 것은 그 효력이 없다(제652조).

(ㄴ) 판례 임대차 기간 만료시에 임차인의 부속물매수청구권을 배제하기로 하는 약정으로서 임차인에게 불리한 것이므로 제652조에 의하여 무효이다(대판 1982.01.19. 81다1001).

Ⅳ. 비용상환청구권

1. **규정**

임차인이 임차물의 보존에 관한 필요비를 지출한 때에는 임대인에 대하여 그 상환을 청구할 수 있다(제626조 제1항). 임차인이 유익비를 지출한 경우에는 임대인은 임대차 종료시에 그 가액의 증가가 현존한 때에 한하여 임차인의 지출한 금액이나 그 증가액을 상환하여야 한다(제626조 제2항).

2. **필요비**

가. **의의**

필요비란 임차인이 임차물의 보존을 위하여 지출한 비용을 말한다(대판 2019.11.14. 2016다227694).

나. **행사기간**

임차인이 필요비를 지출한 때에는 지출한 즉시로부터(제626조 제1항), 임차인이 지출한 비용의 상환청구는 임대인이 임차물의 반환을 받은 날로부터 6월 내에 하여야 한다(제654조).

다. **상환범위**

(ㄱ) 비용 전액청구 임차인이 필요비를 지출한 때에는 임대인에게 지출한 비용 전액의 상환을 청구할 수 있다(제626조 제1항 후문).

(ㄴ) 필요비와 차임의 상계 임대인의 필요비상환의무는 특별한 사정이 없는 한 임차인의 차임지급의무와 서로 대응관계에 있으므로, 임차인은 지출한 필요비 금액의 한도에서 차임의 지급을 거절할 수 있다(대판 2019.11.14. 2016다227694).

라. **유치권**

필요비를 지출한 임차인은 비용 전액을 상환 받을 때까지 임차 목적물을 유치하고 임대인에게 돌려주지 아니할 권리를 가진다.

3. 유익비

가. 의의
유익비란 임차인이 임차물의 객관적 가치를 증가시키기 위하여 지출한 비용을 말한다(대판 1994.09.30. 94다20389).

나. 행사기간
임차인이 유익비를 지출한 때에는 임대차가 종료한 때로부터(제626조 제2항), 임차인이 지출한 비용의 상환청구는 임대인이 임차물의 반환을 받은 날로부터 6월 내에 하여야 한다(제654조).

다. 상환범위
임차인이 유익비를 지출한 경우에는 임대인은 임대차 종료시에 그 가액의 증가가 현존한 때에 한하여 임차인의 지출한 금액이나 그 증가액을 상환하여야 한다. 이 경우에 법원은 임대인의 청구에 의하여 상당한 상환기간을 허여할 수 있다(제626조 제2항).

라. 유치권
유익비를 지출한 임차인은 비용 전액을 상환 받을 때까지 임차 목적물을 유치하고 임대인에게 돌려주지 아니할 권리를 가진다. 다만 법원이 임대인의 청구에 의하여 유익비의 상환에 상당한 상환기간을 허여하는 경우에는 임차인은 유치물을 돌려주어야 하므로 유치권이 인정되지 않는다.

4. 임의규정

가. 일반
비용상환청구권은 임의규정으로 이를 위반하여 비용상환청구권을 포기하기로 한 약정은 임차인에게 불리하나 유효하다.

나. 판례
(ㄱ) 건물을 원상으로 복귀하여 임대인에게 명도하기로 한 약정 건물의 임차인이 임대차관계 종료시에는 건물을 원상으로 복구하여 임대인에게 명도하기로 약정한 것은 건물에 지출한 각종 유익비 또는 필요비의 상환청구권을 미리 포기하기로 한 취지의 특약이라고 볼 수 있어 임차인은 유치권을 주장을 할 수 없다(대판 1975.04.22. 73다2010).

(ㄴ) 임차인의 비용으로 증축한 부분을 임대인 소유로 하기로 한 약정 건물 임차인이 자신의 비용을 들여 증축한 부분을 임대인 소유로 귀속시키기로 하는 약정은 임차인이 원상회복의무를 면하는 대신 투입비용의 변상이나 권리주장을 포기하는 내용이 포함된 것으로서 특별한 사정이 없는 한 유효하다(대판 1996.08.20. 94다44705, 44712).

V. 차임청구권

1. 차임감액청구권

가. 규정
임차물의 일부가 임차인의 과실없이 멸실 기타 사유로 인하여 사용, 수익할 수 없는 때에는 임차인은 그 부분의 비율에 의한 차임의 감액을 청구할 수 있다(제627조 제1항). 그 잔존부분으로 임차의 목적을 달성할 수 없는 때에는 임차인은 계약을 해지할 수 있다(제627조 제2항).

나. 편면적 강행규정
차임감액청구권은 편면적 강행규정으로 이에 위반하는 약정으로서 임차인에게 불리한 것은 그 효력이 없다(제652조).

2. 차임증감청구권

가. 규정
임대물에 대한 공과부담의 증감 기타 경제사정의 변동으로 인하여 약정한 차임이 상당하지 아니하게 된 때에는 당사자는 장래에 대한 차임의 증감을 청구할 수 있다(제628조).

나. 효력발생 시점
법원이 결정해 주는 차임은 증액청구의 의사표시를 한 때에 소급하여 그 효력이 생기는 것이므로, 특별한 사정이 없는 한 증액된 차임에 대하여는 법원 결정 시가 아니라 증액청구의 의사표시가 상대방에게 도달한 때를 이행기로 보아야 한다(대판 2018.03.15, 2015다239508, 239515).

다. 편면적 강행규정
차임증감청구권은 편면적 강행규정으로 이에 위반하는 약정으로서 임차인에게 불리한 것은 그 효력이 없다(제652조).

VI. 임차권의 양도

1. 서설

가. 의의
임차권의 양도란 임차권의 동일성을 유지하면서 이전하는 계약을 말한다. 임차권을 양도하게 되면 양도한 임차인은 법적 지위를 상실하고, 임대인과 양수인 사이에 임대차 관계가 계속하게 된다.

나. 건물의 소부분
건물의 임차인이 건물의 소부분을 타인에게 사용하게 하는 경우에는 임대인의 동의를 요하지 않는다(제632조). 임대인의 동의 없이 소부분을 타인에게 사용하게 해도 임대인은 계약을 해지할 수 없다.

2. 임대인의 동의를 얻지 못한 임차권의 양도

가. 양도인과 양수인의 관계
양도인과 양수인 사이의 임차권 양도계약은 유효한 것이고 양도인은 양수인을 위하여 임대인의 동의를 받아 사용·수익하게 해 줄 의무가 있다(대판 1986.02.25. 85다카1812).

나. 임대인과 양수인의 관계
(1) 임차권을 주장하지 못함
임차권은 양수인에게 이전하나 양수인은 임대인에게 임차권을 주장하지 못한다(대판 1986.02.25. 85다카1812). 따라서 양수인이 목적물을 점유·사용하는 것은 불법점유에 속하고, 임대인은 이에 대하여 방해배제를 청구할 수 있다. 이때 임대인은 임대차계약을 해지하지 않는 한 임차인에게 반환할 것을 청구할 수 있다.

(2) 손해배상·부당이득반환청구 못함
임대인이 이를 이유로 임대차계약을 해지하거나 그 밖의 다른 사유로 임대차계약이 적법하게 종료되지 않는 한 임대인은 임차인에 대하여 여전히 차임청구권을 가지므로, 임대차계약이 존속하는 한도 내에서는 양수인에게 불법점유를 이유로 한 차임상당 손해배상청구나 부당이득반환청구를 할 수 없다(대판 2008.02.28. 2006다10323).

(3) 양수인은 임대인의 권한 대위행사 불가
임대인의 동의 없는 임차권의 양도는 당사자 사이에서는 유효하다 하더라도 다른 특약이 없는 한 임대인에게는 대항할 수 없는 것이고 임대인에 대항할 수 없는 임차권의 양수인으로서는 임대인의 권한을 대위 행사할 수 없다(대판 1985.02.08. 84다카188).

다. 임대인과 양도인의 관계
(1) 임대차관계는 여전히 존속
임대인이 임대차계약을 해지하지 않는 한, 임대차관계는 여전히 존속하고 임대인은 양도인인 임차인에게 차임지급을 청구할 수 있다.

(2) 임대차계약의 해지 가능
(ㄱ) 규정 임차인은 임대인의 동의 없이 그 권리를 양도하지 못한다(제629조 제1항). 임차인이 이를 위반한 때에는 임대인은 계약을 해지할 수 있다(제629조 제2항).
(ㄴ) 판례 임차권의 양도인과 양수인이 부부로서 임차건물에 동거하면서 함께 가구점을 경영하여 온 경우 임대인의 동의 없이 임차권을 양도하는 배신적 행위라고 할 수 없으므로 임대인은 임대차계약을 해제할 수 없다(대판 1993.04.27. 92다45308).

3. 임대인의 동의를 얻은 임차권의 양도

가. 양도인의 임차권은 양수인에게 이전
양도인은 임차권을 상실하고, 양수인이 임차권을 가진다. 임대인과 양수인 사이에 임대차관계는 동일성을 유지하면서 계속된다.

나. 채무는 이전하지 않음

임차권의 양도에 대한 임대인의 동의가 있기 전에 이미 발생한 임차인의 연체차임채무나 기타 손해배상채무 등은 임대인의 동의를 얻어도 양수인에게 이전하지 않는다.

Ⅶ. 임차물의 전대

1. 서설
가. 의의

임차물의 전대란 임차인이 임차물을 제3자에게 다시 임대하는 계약을 말한다. 임차물을 전대하게 되면 전대한 임차인은 법적 지위를 상실하지 않고, 임차인(전대인)과 전차인 사이에 새로운 임대차 관계가 만들어진다.

나. 건물의 소부분

건물의 임차인이 건물의 소부분을 타인에게 사용하게 하는 경우에는 임대인의 동의를 요하지 않는다(제632조). 임대인의 동의 없이 소부분을 타인에게 전대한 경우에도 임대인은 계약을 해지할 수 없다.

2. 임대인의 동의를 얻지 못한 임차물의 전대
가. 임차인(전대인)과 전차인의 관계

임차인과 전차인 사이의 임차물 전대계약은 유효한 것이고 임차인은 전차인을 위하여 임대인의 동의를 받아 사용·수익하게 해 줄 의무가 있고, 전차인은 임차인에게 차임을 지급해야 할 의무가 있다.

나. 임대인과 전차인의 관계
(1) 전차권을 주장하지 못함

전차인은 임대인에게 전차권을 대항하지 못한다. 따라서 전차인이 목적물을 점유·사용하는 것은 불법점유에 속하고, 임대인은 이에 대하여 방해배제를 청구할 수 있다. 이때 임대인은 임대차계약을 해지하지 않는 한 임차인에게 반환할 것을 청구할 수 있다.

(2) 손해배상·부당이득반환청구 못함

임대인이 이를 이유로 임대차계약을 해지하거나 그 밖의 다른 사유로 임대차계약이 적법하게 종료되지 않는 한 임대인은 임차인에 대하여 여전히 차임청구권을 가지므로, 임대차계약이 존속하는 한도 내에서는 전차인에게 불법점유를 이유로 한 차임상당 손해배상청구나 부당이득반환청구를 할 수 없다(대판 2008.02.28. 2006다10323).

다. 임대인과 임차인(전대인)의 관계
(1) 임대차관계는 여전히 존속

임대인이 임대차계약을 해지하지 않는 한, 임대차관계는 여전히 존속하고 임대인은 임차인에게 차임지급을 청구할 수 있다.

(2) 임대차계약의 해지 가능
(ㄱ) **규정** 임차인은 임대인의 동의 없이 임차물을 전대하지 못한다(제629조 제1항). 임차인이 이를 위반한 때에는 임대인은 계약을 해지할 수 있다(제629조 제2항).
(ㄴ) **판례** 임대차를 더 이상 지속시키기 어려울 정도로 당사자간의 신뢰관계를 파괴하는 임대인에 대한 배신행위가 아니라고 인정되는 특별한 사정이 있는 때에는 임대인은 자신의 동의 없이 임차권이 이전되었다는 것만을 이유로 임대차계약을 해지할 수 없다(대판 1993.04.27. 92다45308).

3. 임대인의 동의를 얻은 임차물의 전대
가. 임차인(전대인)과 전차인의 관계
임대인과 임차인 사이의 종전 임대차관계는 유지되고, 임차인과 전차인 사이에는 별개의 새로운 전대차계약이 성립한다(대판 2018.07.11. 2018다200518).

나. 임대인과 전차인의 관계
(1) 계약관계 발생하지 않음
임대인의 동의를 얻어 임차물을 전대한 경우에도 임대인과 전차인 사이에는 직접적인 계약관계가 발생하지 않는다.

(2) 전차인의 의무부담
1) 규정
임차인이 임대인의 동의를 얻어 임차물을 전대한 때에는 전차인은 직접 임대인에 대하여 의무를 부담한다. 이 경우 전차인은 전대인에 대한 차임의 지급으로써 임대인에게 대항하지 못한다(제630조 제1항). 전차인은 계약관계의 당사자인 전대인 뿐 아니라 임대인에 대하여도 직접 의무를 부담하고, 임대인에게 직접 의무를 다하면 전대인에게는 의무를 부담하지 않게 된다.

2) 판례
(ㄱ) **전차인이 임대인에게 직접 임차물 명도** 임차인이 임차물을 전대하여 그 임대차 기간 및 전대차 기간이 모두 만료된 경우에는, 임대인의 동의를 얻은 여부와 상관없이 전차인으로서도 목적물을 임대인에게 직접 명도함으로써 임차인(전대인)에 대한 목적물 명도의무를 면한다(대판 1995.12.12. 95다23996).
(ㄴ) **전대인이 전차인의 차임을 감액** 전대인과 전차인이 전대차계약상의 차임을 감액한 경우, 전차인은 전대차계약으로 전대인에 대하여 부담하는 의무 이상으로 임대인에게 의무를 지지 않고 동시에 임대차계약으로 임차인이 임대인에 대하여 부담하는 의무 이상으로 임대인에게 의무를 지지 않는다(대판 2018.07.11. 2018다200518).

(3) 전차인의 권리보호
1) 임대인과 임차인의 합의 종료
임차인이 임대인의 동의를 얻어 임차물을 전대한 경우에는 임대인과 임차인의 합의로 계약을 종료한 때에도 전차인의 권리는 소멸하지 아니한다(제631조).

2) 임대차계약의 해지통고
(ㄱ) 존속기간을 약정하지 않은 해지통고　임대차계약이 해지의 통고로 인하여 종료된 경우 그 임대물이 적법하게 전대되었을 때에는 임대인은 전차인에 대하여 그 사유를 통지하지 아니하면 해지로써 전차인에게 대항하지 못한다(제638조 제1항).
(ㄴ) 차임연체에 따른 해지　임차인의 차임연체액이 2기의 차임액에 달함에 따라 임대인이 임대차계약을 해지하는 경우에는 전차인에 대하여 그 사유를 통지하지 않더라도 해지로써 전차인에게 대항할 수 있고, 해지의 의사표시가 임차인에게 도달하는 즉시 임대차관계는 해지로 종료된다(대판 2012.10.11. 2012다55860).

(4) 전차인의 부속물매수청구권
건물 기타 공작물의 임차인이 적법하게 전대한 경우에 전차인이 그 사용의 편익을 위하여 ⓐ 임대인의 동의를 얻어 이에 부속한 물건, ⓑ임대인으로부터 매수하거나 ⓒ임대인의 동의를 얻어 임차인으로부터 매수한 부속물에 대하여 전대차의 종료시에 임대인에 대하여 그 부속물의 매수를 청구할 수 있다(제647조).

다. 임대인과 임차인(전대인)의 관계
임차인이 임대인의 동의를 얻어 임차물을 전대한 때에도 임대인의 임차인에 대한 권리행사에 영향을 미치지 아니한다(제630조).

「06」 보증금

Ⅰ. 의의

보증금이란 임대차에 수반하여 임차인이 부담하는 차임채무, 목적물의 멸실·훼손 등으로 인한 손해배상채무 등 임대차에 따른 임차인의 모든 채무를 담보하기 위하여 임차인 또는 제3자가 임대인에게 교부하는 금전을 말한다.

Ⅱ. 연체차임의 보증금 공제

1. 임대차계약 종료 전

(ㄱ) 임대인 임대차관계가 계속되고 있는 동안에는 임대차보증금에서 연체차임을 충당할 것인지 여부를 임대인이 자유로이 선택할 수 있다. 임대인의 공제 등 별도의 의사표시 없이 연체차임이 당연히 보증금에서 공제되는 것은 아니다.

(ㄴ) 임차인 임대차계약 종료 전에는 임차인은 임대차보증금의 존재를 이유로 차임의 지급을 거절할 수 없다(대판 2016.11.25. 2016다211309).

2. 임대차계약 종료 후

연체차임, 목적물의 멸실·훼손 등으로 인한 손해배상채무, 그에 대한 지연손해금 등은 임대차관계의 종료 후 목적물이 반환될 때에 별도의 의사표시 없이 보증금에서 당연히 공제된다(대판 2014.02.27. 2009다39233).

3. 입증책임

(ㄱ) 보증금을 지급했다는 입증책임 임대차계약에서 보증금을 지급하였다는 입증책임은 임차인이 부담한다(대판 2005.01.13. 2004다19647).

(ㄴ) 차임채권, 관리비채권 등의 발생원인 입증책임 임대인이 임대차보증금에서 공제될 차임채권, 관리비채권 등의 발생원인에 관하여 주장·입증을 하여야 하는 것이다(대판 2005.01.13. 2004다19647).

(ㄷ) 차임채권, 관리비채권 등의 지급의 입증책임 임료를 지급하였다는 입증책임은 임차인이 부담한다(대판 2005.01.13. 2004다19647).

Ⅲ. 임대차 종료 후 임차인이 점유

1. 점유함과 동시에 사용·수익을 하는 경우

가. 불법점유는 아님
임차인이 동시이행의 항변권에 기하여 임차목적물을 점유하고 사용·수익한 경우 그 점유는 불법점유라 할 수 없어 그로 인한 손해배상책임은 지지 아니한다(대판 1998. 07. 10. 98다15545).

나. 부당이득반환 또는 차임지급 구분

(1) 민법상 임대차

(ㄱ) 부당이득반환의무 임차인이 동시이행의 항변권에 기하여 임차목적물을 점유하고 사용·수익한 경우 사용·수익으로 인하여 실질적으로 얻은 이익이 있으면 부당이득으로서 반환하여야 한다(대판 1998. 07. 10. 98다15545).

(ㄴ) 지상물매수청구권을 행사한 토지임차인의 부당이득반환의무 임차인이 그 지상물 매수청구권을 행사한 후에 그 임대인인 대지의 소유자로부터 매수대금을 지급받을 때까지 그 지상건물 등의 인도를 거부할 수 있다고 하여도, 지상건물 등의 점유·사용을 통하여 그 부지를 계속하여 점유·사용하는 한 그로 인한 부당이득으로서 부지의 임료 상당액은 이를 반환할 의무가 있다(대판 2001. 06. 01. 99다60535).

(2) 주임법·상임법상 임대차

(ㄱ) 규정 대차가 종료한 경우에도 임차인이 보증금을 돌려받을 때까지는 임대차 관계는 존속하는 것으로 본다(상임법 제9조 제2항).

(ㄴ) 차임지급의무 종전 임대차계약에서 정한 차임을 지급할 의무를 부담할 뿐이고, 시가에 따른 차임에 상응하는 부당이득금을 지급할 의무를 부담하는 것은 아니다(대판 2023. 11. 09. 2023다257600).

2. 점유를 하지만 사용·수익을 하지 않는 경우
임차인이 임대차계약 종료 이후에도 임대차건물 부분을 계속 점유하기는 하였으나 이를 본래의 임대차계약상의 목적에 따라 사용·수익하지 아니하여 실질적인 이득을 얻은 바 없는 경우에는 그로 인하여 임대인에게 손해가 발생하였다고 하더라도 임차인의 부당이득반환의무는 성립되지 아니한다(대판 2008. 04. 10. 2007다76986, 76993).

주택임대차보호법

「01」 서설

Ⅰ. 의의

1. 목적
주택임대차보호법(이하 '주임법'이라 한다)은 주거용 건물의 임대차에 관하여 「민법」에 대한 특례를 규정함으로써 국민 주거생활의 안정을 보장함을 목적으로 한다(주임법 제1조).

2. 판례
주임법이 적용되는 임대차에는 주택의 소유자는 아니지만 주택에 관하여 적법하게 임대차계약을 체결할 수 있는 권한을 가진 임대인과 사이에 임대차계약이 체결된 경우도 포함된다(대판 1995.10.12. 95다22283).

3. 정보제공의 요청
주택의 임대차에 이해관계가 있는 자는 (임대인의 동의 없이도) 확정일자부여기관에 해당 주택의 확정일자 부여일, 차임 및 보증금 등 정보의 제공을 요청할 수 있다. 이 경우 요청을 받은 확정일자부여기관은 정당한 사유 없이 이를 거부할 수 없다(주임법 제3조의6 제3항).

Ⅱ. 주거용 건물

1. 판단기준
주임법상의 주거용 건물에 해당하는지 여부는 임대차목적물의 공부상의 표시만을 기준으로 할 것이 아니라 그 실지 용도에 따라서 정하여야 한다(대판 1995.03.10. 94다52522).

2. 판례
(ㄱ) 무허가·미등기 주택 주임법은 임차주택이 관할관청의 허가를 받은 건물인지, 등기를 마친 건물인지 아닌지를 구별하고 있지 아니하므로, 어느 건물이 주택에 해당하는 이상 주임법이 적용된다(대판 2009.08.20. 2009다26879).
(ㄴ) 점포 및 사무실 건물이 주거용 건물로 용도변경 점포 및 사무실로 사용되던 건물에 근저당권이 설정된 후 그 건물이 주거용 건물로 용도 변경되어 이를 임차한 소액임차인도 특별한 사정이 없는 한 주임법에 의하여 보증금 중 소액을 우선하여 변제받을 권리가 있다(대판 2009.08.20. 2009다26879).

Ⅲ. 임대차의 범위

1. 주택의 규모
주임법은 주거용 건물, 즉 주택의 전부 또는 일부의 임대차에 관하여 적용한다. 그 임차주택의 일부가 주거 외의 목적으로 사용되는 경우에도 주임법이 적용된다(주임법 제2조).

2. 일시사용을 위한 임대차
주임법은 일시사용하기 위한 임대차임이 명백한 경우에는 적용하지 아니한다(주임법 제11조).

3. 미등기전세에 준용
주택의 등기를 하지 아니한 전세계약에 관하여는 주임법을 준용한다. 이 경우 '전세금'은 '임대차의 보증금'으로 본다(주임법 제12조).

「02」 주택임차인의 대항력

I. 임차인

1. 주택의 인도와 주민등록

가. 의의
주택의 임대차는 그 등기가 없는 경우에도 임차인이 주택의 인도와 주민등록을 마친 때에는 그 다음 날부터 제3자에 대하여 효력이 생긴다(주임법 제3조 제1항 전문). 주택임차권의 대항요건은 주택의 인도와 주민등록이다.

나. 주택의 인도
주택의 인도는 임차인이 주택에 거주하면서 이를 직접점유하는 경우뿐만 아니라 타인의 점유를 매개로 하여 이를 간접점유 하는 경우도 포함된다(대판 2007. 11. 29. 2005다64255).

다. 주민등록을 마친 때

(1) 규정
전입신고를 한 때에 주민등록이 된 것으로 본다(제3조 제1항 후문).

(2) 판례

(ㄱ) 임차인 배우자나 자녀 등 가족의 주민등록 포함 대항력 취득요건인 주민등록은 임차인 본인뿐 아니라 배우자나 자녀 등 가족의 주민등록도 포함된다(대판 2016. 10. 13. 2014다218030, 218047).

(ㄴ) 다가구주택의 동·호수 기재 없는 임차인 전입신고 다가구용 단독주택의 경우 전입신고를 하는 경우 지번만 기재하는 것으로 대항력을 갖추기에 충분하고, 호수까지 기재할 필요가 없다 (대판 1997. 11. 14. 97다29530).

(ㄷ) 다세대주택의 동·호수 기재 없는 임차인 전입신고 다세대주택 중 1세대를 임차한 자가 호수를 기재하지 않은 채 그 연립주택 부지의 지번만으로 전입신고를 하였다면 대항력을 갖출 수 없다(대판 2000. 04. 07. 99다66212).

(ㄹ) 다가구주택의 대항력을 취득한 후 다세대주택으로 변경 다가구용 단독주택이 다세대 주택으로 변경되었다는 사정만으로 임차인이 이미 취득한 대항력을 상실하게 되는 것은 아니다(대판 2007. 02. 08. 2006다70516).

(ㅁ) 전입신고된 자기주택을 매도하고 다시 임차 甲이 주택을 乙에게 매도함과 동시에 그로부터 이를 다시 임차하기로 한 경우, 甲의 주민등록은 그 주택에 관하여 乙 명의의 소유권이전등기가 경료된 이후에야 대항력이 인정된다(대판 1999. 04. 23. 98다32939).

2. 효력발생시기

가. 주민등록의 신고
주민등록의 신고는 행정청에 도달함으로써 바로 신고로서의 효력이 발생하는 것이 아니라 행정청이 수리한 경우에 비로소 그 효력이 발생한다(대판 2009. 01. 30. 2006다9255).

나. 그 다음 날부터

(1) 규정
주택의 임대차는 그 등기가 없는 경우에도 임차인이 주택의 인도와 주민등록을 마친 때에는 그 다음 날 오전 0시부터 제3자에 대하여 효력이 생긴다(주임법 제3조 제1항 전문).

(2) 판례
임차인이 주택의 인도와 전입신고를 마친 날과 제3자의 저당권설정등기일이 같은 날이면 임차인의 대항력은 다음 날 0시부터 생기므로 저당권이 임차권에 우선한다. 저당권의 실행에 대해 임차인은 임차권으로 대항하지 못한다.

다. 제3자에 대하여 효력이 생긴다.
제3자에 대하여 임차인으로서 임차목적물을 계속 사용·수익하며 인도를 거절할 수 있다.

3. 대항력이 계속 존속

가. 가족이 없는 일반 임차인
주택임대차에서는 주택의 인도 및 주민등록이라는 대항요건은 그 대항력 취득시에만 구비하면 족한 것이 아니고, 그 대항력을 유지하기 위하여서도 계속 존속하고 있어야 한다(대판 1987.02.24. 86다카1695).

나. 가족이 있는 임차인
주택 임차인이 그 가족과 함께 그 주택에 대한 점유를 계속하고 있으면서 그 가족의 주민등록을 그대로 둔 채 임차인만 주민등록을 일시 다른 곳으로 옮긴 경우라면, 전체적으로나 종국적으로 주민등록의 이탈이라고 볼 수 없는 만큼, 임대차의 제3자에 대한 대항력을 상실하지 아니한다(대판 1996.01.26. 95다30338).

4. 대항력의 경합

가. 의의
주임법상의 대항요건을 갖춘 후에 전세권설정등기를 마치거나 반대로 전세권설정등기를 마치고 주임법상의 대항요건을 갖춘 경우에 전세권자로서의 지위와 주임법상의 대항력을 갖춘 임차인으로서의 지위를 함께 가지게 된다(대판 2005.05.26. 2003다12311, 대판 2010.07.26. 2010마900).

나. 전세권자의 지위를 행사
전세권자로서의 지위와 주임법상 임차인의 지위를 함께 가지고 있는 자가 그 중 전세권자로서 배당요구를 하여 전세권이 매각으로 소멸되었다 하더라도 변제받지 못한 나머지 보증금에 기하여 임차권에 기하여 대항력을 행사할 수 있고, 그 범위 내에서 임차주택의 매수인은 임대인의 지위를 승계한 것으로 보아야 한다(대판 2010.07.26. 2010마900).

다. 주택임차인의 지위를 행사

전세권자로서의 지위와 주임법상 임차인의 지위를 함께 가지고 있는 자가 그 중 임차인으로서의 지위에 기하여 경매법원에 배당요구를 하였다면 배당요구를 하지 아니한 전세권에 관하여는 배당요구가 있는 것으로 볼 수 없다(대판 2010.06.24. 2009다40790).

라. 주택임차인의 대항요건을 상실

주택임차인이 그 지위를 강화하고자 별도로 전세권설정등기를 마친 경우, 주택임차인이 주임법상의 대항요건을 상실하면 이미 취득한 주임법상의 대항력 및 우선변제권을 상실한다(대판 2007.06.28. 2004다69741).

5. 법인

주임법의 목적상 법인은 원칙적으로 주임법상의 대항력을 취득하지 못한다. 하지만 법인 중에서 한국토지주택공사나 주택사업을 목적으로 설립된 지방공사는 주택을 임차한 후 지방자치단체의 장 또는 그 법인이 선정한 입주자가 그 주택을 인도받고 주민등록을 마쳤을 때에는 주임법상의 대항력을 취득한다(주임법 제3조 제2항. 주임법 시행령 제2조).

II. 임차주택의 양수인

1. 주택

임차주택의 양수인은 임대차의 목적이 된 주거용 건물의 양수인을 의미하고, 그 대지를 경락받은 자를 의미한다고 할 수 없다(대판 1998.04.10. 98다3276).

2. 양수인

주택의 양도담보의 경우는 채권담보를 위하여 주택의 소유권이 이전될 뿐이어서, 양도담보권자는 주임법에서 말하는 '양수인'에 해당되지 아니한다(대판 1993.11.23. 93다4083).

3. 임대인의 지위를 승계한 것으로 본다.

가. 규정

임차인이 대항력을 갖춘 경우 임차주택의 양수인은 임대인의 지위를 승계한 것으로 본다(주임법 제3조 제4항).

나. 연체차임과 보증금
(1) 임차주택의 양수인과 임차인의 관계
 (ㄱ) 보증금반환채무는 양수인이 부담 임대차보증금반환채무도 주택의 소유권과 결합하여 일체로서 이전하는 것이며 이에 따라 양도인의 임차보증금반환채무는 소멸하고(대판 1989.10.24. 88다카13172). 양수인이 지급해야 한다.
 (ㄴ) 임대인의 양수 전에 발생한 연체차임과 관리비는 양도인이 청구 임차건물의 소유권이 이전되기 전에 이미 발생한 연체차임이나 관리비 등은 원칙적으로 양수인에게 이전되지 않고 임대인만이 임차인에게 청구할 수 있다(대판 2017.03.22. 2016다218874).

㈐ 양수인 보증금반환시 임대인의 양수 전에 발생한 연체차임과 관리비 공제 임차건물의 양수인이 임차인에게 임대차보증금을 반환해야 하는 경우에 임대인의 지위를 승계하기 전까지 발생한 연체차임이나 관리비 등이 있으면 이는 특별한 사정이 없는 한 임대차보증금에서 당연히 공제된다(대판 2017.03.22. 2016다218874).

(2) 임차주택의 양수인과 양도인의 관계

주택 양수인이 임차인에게 임대차보증금을 반환하였다 하더라도, 이는 자신의 채무를 변제한 것에 불과하므로 양수인이 양도인에게 부당이득반환을 청구할 수 없다(대판 1993.07.16. 93다17324).

다. 임차인이 당해 주택을 양수

대항력을 갖춘 임차인이 당해 주택을 양수한 때에 임차인의 보증금반환채권은 혼동으로 인하여 소멸하게 된다(대판 1996.11.22. 96다38216).

라. 당사자 지위의 승계

㈎ 임차인이 대항요건을 상실하더라도 양수인에 대한 대항력 유지 양수인이 임차보증금반환채무를 부담하게 된 이후에 임차인이 주민등록을 다른 곳으로 옮겼다 하여 이미 발생한 임차보증금반환채무가 소멸하는 것은 아니다(대판 1993.12.07. 93다36615).

㈏ 가압류의 제3채무자의 지위 승계 주임법상 대항력을 갖춘 임차인의 임대차보증금반환채권이 가압류된 상태에서 임대주택이 양도된 경우, 임차주택의 양수인이 채권가압류의 제3채무자 지위를 승계하고, 양수인에 대하여만 위 가압류의 효력을 주장할 수 있다(대판 2013.01.17. 2011다49523 전합).

Ⅲ. 임차권과 다른 권리와의 관계

1. 임차권 설정 후 저당권 설정

이미 임차권이 있는 부동산에 저당권이 설정된 경우, 저당권이 경매를 신청하면 기간이 만료하지 않은 임차권은 소멸하지 않는다. 이때 임차인이 남은 기한의 이익을 포기하고 배당을 요구하면 임차권은 소멸한다.

2. 저당권 설정 후 임차권 설정

가. 일반

저당권이 먼저 설정되고 후에 임차권이 설정된 경우 누가 경매를 신청하든 저당권과 임차권은 모두 소멸한다. 저당권자가 경매대금에서 먼저 배당을 받고 남은 금액에 한하여 임차인이 배당을 받는다.

나. 판례

부동산의 경매절차에 있어서 주임법에 정한 대항요건을 갖춘 임차권보다 선순위의 근저당권이 있는 경우에 낙찰대금지급기일 이전에 선순위 근저당권이 다른 사유로 소멸한 경우에는, 임차권의 대항력이 소멸하지 아니한다(대판 2003.04.25. 2002다70075).

3. 저당권 설정 후 임차권 설정, 다시 저당권 설정

저당권 설정 이전·이후에 성립된 임차권인지 여부는 최선순위 저당권을 기준으로 한다. 따라서 저당권이 먼저 설정되고 후에 임차권이 설정되고 다시 저당권자가 후순위로 설정된 경우, 후순위저당권자가 경매를 실행하더라도 임차권은 모두 소멸한다(대판 1987.02.24. 86다카1936). 임차권이 소멸된 상태의 경락인은 주임법상의 임차주택의 양수인이 아니므로 임대인의 지위를 승계하지도 않고, 임차인도 경락인에 대하여 임차권의 대항력을 주장할 수 없다(대판 1987.02.24. 86다카1936).

「03」 주택임대차 계약의 효과

I. 첫 번째 계약

1. 기간
기간을 정하지 아니하거나 2년 미만으로 정한 임대차는 그 기간을 2년으로 본다. 다만, 임차인은 2년 미만으로 정한 기간이 유효함을 주장할 수 있다(주임법 제4조 제1항).

2. 종료
임대차기간이 끝난 경우에도 임차인이 보증금을 반환받을 때까지는 임대차관계가 존속되는 것으로 본다(주임법 제4조 제2항).

3. 차임 등의 증감청구권
(ㄱ) 증액청구의 한도 증액청구는 약정한 차임이나 보증금의 20분의 1의(=5%) 금액을 초과하지 못한다(주임법 제7조 제1항 후문). 반대로 감액청구시에는 제한이 없다.

(ㄴ) 증액청구의 기간 증액청구는 임대차계약 또는 약정한 차임이나 보증금의 증액이 있은 후 1년 이내에는 하지 못한다(주임법 제7조 제2항 본문). 반대로 감액청구시에는 제한이 없다.

(ㄷ) 판례 차임증액 청구 규정은 임대차계약의 존속 중 당사자 일방이 약정한 차임 등의 증감을 청구한 경우에 한하여 적용되고, 임대차계약이 종료한 후 재계약을 하는 경우에는 적용되지 않는다(대판 2014.02.13. 2013다80481).

II. 두 번째 계약

1. 묵시적 갱신

가. 요건
(1) 갱신거절의 통지나 계약조건의 변경 통지가 없을 것
임대인이 임대차기간이 끝나기 6개월 전부터 2개월 전까지의 기간에 임차인에게 갱신거절의 통지를 하지 아니하거나 계약조건을 변경하지 아니하면 갱신하지 아니한다는 뜻의 통지를 하지 아니한 경우에는 그 기간이 끝난 때에 전 임대차와 동일한 조건으로 다시 임대차한 것으로 본다. 임차인이 임대차기간이 끝나기 2개월 전까지 통지하지 아니한 경우에도 전임대차와 동일한 조건으로 다시 임대차한 것으로 본다(주임법 제6조 제1항).

(2) 2기의 차임연체액이 없을 것
2기의 차임액에 달하도록 연체하거나 그 밖에 임차인으로서의 의무를 현저히 위반한 임차인에 대하여는 묵시적 갱신을 적용하지 아니한다(주임법 제6조 제3항).

나. 효과

(1) 기간

묵시적 갱신의 경우 임대차의 존속기간은 2년으로 본다(주임법 제6조 제2항).

(2) 계약해지 통지

묵시적으로 계약이 갱신된 경우 임대차의 존속기간은 2년으로 봄에도 불구하고 임차인은 언제든지 임대인에게 계약해지를 통지할 수 있다(주임법 제6조의2 제1항). 해지는 임대인이 그 통지를 받은 날로부터 3개월이 지나면 그 효력이 발생한다(주임법 제6조의2 제2항).

(3) 차임 등의 증감청구권

전 임대차와 동일한 조건으로 다시 임대차한 것으로 본다(주임법 제6조 제1항). 따라서 차임과 보증금, 그리고 임대기간은 전 임대차와 동일하다.

2. 계약갱신요구권

가. 요건

(1) 임차인이 계약갱신을 요구할 것

임대인은 임차인이 임대차기간이 끝나기 6개월 전부터 2개월 전까지의 기간 이내에 계약갱신을 요구하여야 한다(주임법 제6조의3 제1항 본문).

(2) 2기의 차임연체액 등이 없을 것

임대인은 임차인의 계약갱신요구를 정당한 사유 없이 거절하지 못한다(주임법 제6조의3 제1항 본문). 임차인이 2기의 차임액에 해당하는 금액에 이르도록 차임을 연체한 사실이 없어야 하고, 임차인이 임대인의 동의 없이 목적 주택의 전부 또는 일부를 전대하지 않았어야 하고, 임대인(임대인의 직계존속·직계비속을 포함한다)이 목적 주택에 실제 거주하려는 등의 사유가 없어야 한다(주임법 제6조의3 제1항 단서).

나. 효과

(1) 횟수

임차인은 계약갱신요구권을 1회에 한하여 행사할 수 있다(주임법 제6조의3 제2항).

(2) 기간

계약갱신요구권의 경우 갱신되는 임대차의 존속기간은 2년으로 본다(주임법 제6조의3 제2항).

(3) 계약해지 통지

(ㄱ) 규정 계약갱신요구권으로 계약이 갱신된 경우 임대차의 존속기간은 2년으로 봄에도 불구하고 임차인은 언제든지 임대인에게 계약해지를 통지할 수 있다(주임법 제6조의3 제4항). 해지는 임대인이 그 통지를 받은 날로부터 3개월이 지나면 그 효력이 발생한다(주임법 제6조의3 제2항).

(ㄴ) 판례 임차인의 갱신요구에 따라 갱신의 효력이 발생하고, 갱신된 임대차계약 기간이 개시되기 전에 임차인의 해지 통지가 임대인에게 도달한 경우, 임대인이 통고를 받은 날부터 3개월이 지나면 해지의 효력이 생긴다(대판 2024.01.11. 2023다258672).

(4) 차임 등의 증감청구권
 (ㄱ) **규정** 갱신되는 임대차는 전 임대차와 동일한 조건으로 다시 계약된 것으로 본다(주임법 제6조의 3 제3항).
 (ㄴ) **한도** 증액청구는 약정한 차임이나 보증금의 20분의 1의(=5%) 금액을 초과하지 못한다(주임법 제6조의3 제3항 단서). 증액청구는 임대차계약 또는 약정한 차임이나 보증금의 증액이 있은 후 1년 이내에는 하지 못한다(주임법 제6조의3 제3항 단서). 반대로 감액청구시에는 제한이 없다.

「04」 보증금반환이 되지 않은 경우

I. 임차권등기명령

1. 등기명령의 신청

임대차가 끝난 후 보증금이 반환되지 아니한 경우에 임차인은 임차주택의 소재지를 관할하는 법원에 임차권등기명령을 신청할 수 있다(주임법 제3조의3 제1항). 임차인은 임차권등기명령의 신청과 그에 따른 임차권등기와 관련하여 든 비용을 임대인에게 청구할 수 있다(주임법 제3조의3 제8항).

2. 임차권등기명령의 집행

부동산에 대한 임차권등기명령의 집행은 임차권등기재판에 관한 사항을 등기부에 기입하여야 한다(주임법 제3조의3 제3항).

3. 대항력과 우선변제권

가. 대항력과 우선변제권의 취득

임차인이 임차권등기 이전에 대항력과 우선변제권을 취득하지 못한 경우, 임차권등기명령의 집행에 따른 임차권등기를 마치면 임차인은 대항력과 우선변제권을 취득한다(주임법 제3조의3 제5항 본문).

나. 대항력과 우선변제권의 유지

임차인이 임차권등기 이전에 대항력이나 우선변제권을 취득한 경우, 임차권등기명령의 집행에 따른 임차권등기를 마치면 대항력이나 우선변제권은 그대로 유지되며, 임차권등기 이후에 대항요건을 상실하더라도 이미 취득한 대항력이나 우선변제권을 상실하지 않는다(주임법 제3조의3 제5항 단서).

다. 배당요구 불필요

첫 경매개시결정 등기 전에 임차권이 등기되었고 매각으로 소멸하는 것을 가진 채권자에 준하여, 그 임차인은 별도로 배당요구를 하지 않아도 당연히 배당받을 채권자에 속하는 것으로 보아야 한다(대판 2005.09.15. 2005다33039).

라. 임차인과의 관계

임차권등기명령의 집행에 따른 임차권등기가 끝난 주택을 그 이후에 임차한 임차인은 소액보증금 우선변제권을 받을 권리가 없다(주임법 제3조의3 제6항).

4. 임차권 등기말소

보증금을 반환받지 못한 임차인의 권리를 보전하기 위해 임대인의 임대차보증금의 반환의무가 임차인의 임차권등기 말소의무보다 먼저 이행되어야 한다(대판 2005.06.09. 2005다4529).

5. 민법의 임대차 등기

임차인이 임대인과 합의하에 민법의 임대차등기를 주택에 한 경우 임차권등기명령에 따른 효력과 동일한 효력이 인정된다(주임법 제3조의4 제1항).

II. 보증금 우선변제권

1. 의의

주택임대차의 대항요건과 임대차 계약증서상의 확정일자를 갖춘 임차인은 「민사집행법」에 따른 경매 또는 「국세징수법」에 따른 공매민사집행법에 의한 경매 또는 국세징수법에 의한 공매를 할 때에 임차주택(대지를 포함한다)의 환가대금에서 후순위권리자나 그 밖의 채권자보다 우선하여 보증금을 변제받을 권리가 있다(주임법 제3조의2 제2항).

2. 대항요건과 확정일자를 갖춘 임차인

가. 의의

임차인이 보증금을 후순위권리자나 그 밖의 채권자보다 우선하여 변제받기 위해서는 주택임대차의 대항요건과 임대차 계약증서상의 확정일자를 갖추어야 한다(주임법 제3조의2 제2항 전문).

나. 대항요건과 확정일자

(ㄱ) 대항요건 주택임대차의 대항요건은 우선변제권 취득시에만 구비하면 족한 것이 아니고, 배당요구의 종기인 경락기일까지 계속 존속하고 있어야 한다(대판 1997.10.10. 95다44597).

(ㄴ) 확정일자 확정일자는 주택 소재지의 읍·면사무소, 동 주민센터 또는 시의 출장소, 지방법원 및 그 지원과 등기소 또는 「공증인법」에 따른 공증인이 부여한다(주임법 제3조의6 제1항).

다. 임차인

임차권과 분리된 임차보증금반환채권만을 양수한 이상 우선변제권을 행사할 수 있는 임차인에 해당한다고 볼 수 없다. 따라서 채권양수인은 주임법상의 임차보증금 우선변제권자의 지위에서 배당요구를 할 수 없다(대판 2010.05.27. 2010다10276).

3. 임차주택의 경매시 환가대금

임차주택과 그 대지가 함께 경매될 경우뿐만 아니라 임차주택과 별도로 그 대지만이 경매될 경우에도 ㄱ 대지의 환가대금에 대하여 우선변제권을 행사할 수 있고, 임대차 성립 당시 임대인의 소유였던 대지가 타인에게 양도되어 임차주택과 대지의 소유자가 서로 달라지게 된 경우에도 마찬가지이다(대판 2007.06.21. 2004다26133 전합).

4. 배당요구 필요

가. 원칙

주임법에 의하여 우선변제청구권이 인정되는 임대차보증금반환채권은 현행법상 배당요구가 필요한 배당요구채권에 해당한다(대판 1998.10.13. 98다12379).

나. **임차인의 경매신청**

주임법상의 대항력과 우선변제권을 모두 가지고 있는 임차인이 보증금을 반환받기 위하여 임차주택에 대하여 스스로 강제경매를 신청하였다면 별도로 배당요구를 하여야 하는 것은 아니다(대판 2013.11.14. 2013다27831).

5. 후순위권리자나 그 밖의 채권자보다 우선하여 보증금을 변제

임차주택(대지를 포함한다)의 환가대금에서 후순위권리자나 그 밖의 채권자보다 우선하여 보증금을 변제받을 권리가 있다(주임법 제3조의2 제2항 후문). 선순위 권리자보다 우선변제를 받지 못한다(대판 2010.06.10. 2009다101275).

6. 임차주택의 이행

가. **경매신청시**

임차인이 임차주택에 대하여 보증금반환청구소송의 확정판결이나 그 밖에 이에 준하는 집행권원에 따라서 경매를 신청하는 경우에는 임차주택의 이행이나 이행제공을 하지 않아도 된다(주임법 제3조의2 제1항).

나. **보증금 회수**

임차인은 임차주택을 양수인에게 인도하지 아니하면 보증금을 받을 수 없다(주임법 제3조의2 제3항). 임차주택의 인도와 보증금 반환은 동시이행의 관계이다.

III. 소액보증금 우선변제권 (=최우선변제권)

1. 의의

임차인은 보증금 중 일정액을 다른 담보물권자보다 우선하여 변제받을 권리가 있다. 이 경우 임차인은 주택에 대한 경매신청의 등기 전에 주임법상의 대항요건을 갖추어야 한다(주임법 제8조 제1항).

2. 대항요건을 갖춘 임차인

가. **주택에 대한 경매신청의 등기 전**

임차인은 주택에 대한 경매신청의 등기 전에 주임법상의 대항요건을 갖추어야 보증금 중 일정액을 다른 담보물권자보다 우선하여 변제받을 권리가 있다(주임법 제8조 제1항 후문).

나. **대항요건을 갖춘 임차인**

임차인이 보증금 중 일정액을 자기보다 선순위의 다른 담보물권자보다 우선하여 변제를 받기 위해서는 주택임대차의 대항요건을 갖추어야 한다(주임법 제8조 제1항). 보증금의 우선변제권과 달리 임대차 계약증서상의 확정일자를 갖출 필요가 없다.

3. 임차주택의 경매시 환가대금

임차주택과 그 대지가 함께 경매될 경우뿐만 아니라 임차주택과 별도로 그 대지만이 경매될 경우에도 그 대지의 환가대금에 대하여 우선변제권을 행사할 수 있고, 임대차 성립 당시 임대인의 소유였던 대지가 타인에게 양도되어 임차주택과 대지의 소유자가 서로 달라지게 된 경우에도 마찬가지이다(대판 2007.06.21. 2004다26133 전합).

4. 배당요구 필요

주임법에 의하여 우선변제청구권이 인정되는 임대차보증금반환채권은 현행법상 배당요구가 필요한 배당요구채권에 해당한다(대판 1998.10.13. 98다12379).

5. 다른 담보물권자보다 우선하여 보증금을 변제

가. 규정

임차인이 보증금 중 일정액을 자기보다 선순위의 다른 담보물권자보다 우선하여 보증금을 변제받을 권리가 있다(주임법 제8조 제1항).

나. 보증금 중 소액보증금의 범위

	소액임차인의 범위	보증금 중 일정액
서울특별시	1억6천500만원 이하	5천500만원 이하
「수도권정비계획법」에 따른 과밀억제권역(서울특별시는 제외한다), 세종특별자치시, 용인시, 화성시 및 김포시	1억4천500만원 이하	4천800만원 이하
광역시(「수도권정비계획법」에 따른 과밀억제권역에 포함된 지역과 군지역은 제외한다), 안산시, 광주시, 파주시, 이천시 및 평택시	8천500만원 이하	2천800만원 이하
그 밖의 지역	7천500만원 이하	2천500만원 이하

다. 특례

임차인의 보증금 중 일정액이 주택가액의 2분의 1을 초과하는 경우에는 주택가액의 2분의 1에 해당하는 금액까지만 우선변제권이 있다(주임법시행령 제10조 제2항).

Ⅳ. 주택임차권의 승계

1. 상속인이 있을 때

임차인이 사망한 때에 임차권은 상속인에게 상속된다. 다만 임차인이 사망한 때에 사망 당시 상속인이 그 주택에서 가정공동생활을 하고 있지 아니한 경우에는 그 주택에서 가정 공동생활을 하던 사실상의 혼인관계에 있는 자와 2촌 이내의 친족이 공동으로 임차인의 권리와 의무를 승계한다(주임법 제9조 제2항).

2. 상속인이 없을 때

임차인이 상속인 없이 사망한 경우에는 그 주택에서 가정공동생활을 하던 사실상의 혼인 관계에 있는 자가 임차인의 권리와 의무를 승계한다(주임법 제9조 제1항).

상가건물임대차보호법

「01」 서설

Ⅰ. 의의

1. 목적
상가건물임대차보호법(이하 '상임법'이라 한다)은 상가건물 임대차에 관하여 「민법」에 대한 특례를 규정하여 국민 경제생활의 안정을 보장함을 목적으로 한다(상임법 제1조).

2. 정보제공의 요청
임대차계약을 체결하려는 자는 임대인의 동의를 받아 관할 세무서장에게 해당 상가건물의 소재지, 확정일자 부여일, 차임 및 보증금 등 정보제공을 요청할 수 있다(상임법 제4조 제4항).

Ⅱ. 상가용 건물

1. 판단기준
상임법상의 상가건물에 해당하는지는 공부상 표시가 아닌 건물의 현황·용도 등에 비추어 영업용으로 사용하느냐에 따라 실질적으로 판단하여야 한다(대판 2011.07.28. 2009다40967).

2. 사업자등록의 대상

가. 규정
상임법은 사업자등록의 대상이 되는 건물을 말한다(상임법 제2조 제1항).

나. 사업자등록 대상이 되는 건물
(ㄱ) 영리를 목적으로 영업용으로 사용하는 건물 사업자등록 대상이 되는 건물이라 함은 임대차 목적물인 건물을 영리를 목적으로 하는 영업용으로 사용하는 임대차를 가리킨다(대판 2011.07.28. 2009다40967).

(ㄴ) 영리를 목적으로 사용하는 공장·창고 단순히 상품의 보관·제조·가공 등 사실행위와 더불어 영리를 목적으로 하는 활동이 함께 이루어진다면 공장·창고 등은 상가건물에 해당한다(대판 2011.07.28. 2009다40967).

다. 사업자등록 대상이 되지 않는 건물
(ㄱ) 사업자번호가 아닌 고유번호가 부여되는 비영리법인 사업자번호가 아닌 고유번호가 부여되는 비영리법인인 교회, 유치권, 어린이집, 종중사무실, 동창회 사무실 등은 상가건물 임대차보호법이 적용되지 않는다.

(ㄴ) 사실행위만 이루어지는 공장·창고　단순히 상품의 보관·제조·가공 등 사실행위만이 이루어지는 공장·창고 등은 영업용으로 사용하는 경우라고 할 수 없어서 상가건물에 해당하지 않는다(대판 2011.07.28. 2009다40967).

Ⅲ. 임대차의 범위

1. 상가건물의 규모
상임법은 상가건물(제3조 제1항에 따른 사업자등록의 대상이 되는 건물을 말한다)의 임대차(임대차 목적물의 주된 부분을 영업용으로 사용하는 경우를 포함한다)에 대하여 적용한다(상임법 제2조 제1항).

2. 일시사용을 위한 임대차
상임법은 일시사용을 위한 임대차임이 명백한 경우에는 적용하지 아니한다(상임법 제16조).

3. 미등기전세에 준용
목적건물을 등기하지 아니한 전세계약에 관하여 이 법을 준용한다. 이 경우 '전세금'은 '임대차의 보증금'으로 본다(상임법 제17조).

Ⅳ. 상임법이 적용되지 않는 상가건물

1. 규정
상가건물임대차위원회의 심의를 거쳐 대통령령으로 정하는 보증금액을 초과하는 임대차에 대하여는 상임법이 적용되지 아니한다(상임법 제2조 제1항).

2. 상임법 적용기준

지역 구분	상임법 적용되지 않는 보증금 기준
서울특별시	9억원 초과
「수도권정비계획법」에 따른 과밀억제권역(서울특별시는 제외한다) 및 부산광역시	6억9천만원 초과
광역시(「수도권정비계획법」에 따른 과밀억제권역에 포함된 지역과 군지역, 부산광역시는 제외한다), 세종특별자치시, 김포시, 화성시, 용인시, 안산시, 파주시 및 광주시	5억4천만원 초과
그 밖의 지역	3억7천만원 초과

3. 보증금 계산방법
가. 규정
보증금 외의 차임이 있는 경우의 차임액은 월 단위의 차임액으로 한다(상임법시행령 제2조 제2항). 보증금액 기준을 정할 때 보증금 외에 차임이 있는 경우에 차임액에 1분의 100을 곱하여 환산한 금액을 포함하여야 한다(상임법 제2조 제2항, 상임법시행령 제2조 제3항).

나. 계산

보증금이 6억이고 차임이 연 4800만원인 상가건물의 경우에는 차임을 월 단위의 차임액으로 계산하게 되면 월 400만원이 된다. 월 400만원에 100을 곱하면 4억원이 되고 보증금은 10억원으로 산정되어 상임법의 적용을 받지 못한다.

4. 상임법 부분적 적용

가. 대항력

상임법 적용대상이 아닌 임차인에게도 상임법상 대항력(상임법 제3조)은 적용된다. 확정일자나 임차권등기명령은 적용되지 않는다.

나. 계약갱신요구권

상임법 적용대상이 아닌 임차인에게도 상임법상 계약갱신요구권은 적용된다. 다만 차임과 보증금의 증액시 5%의 제한이 없다. 묵시적 갱신도 인정되지 않는다.

다. 권리금

상임법 적용대상이 아닌 임차인에게도 상임법상 권리금(제10조의3부터 제10조의5까지)은 적용된다. 보증금 우선변제권이나 소액보증금 우선변제권은 적용되지 않는다.

라. 차임연체와 해지

상임법 적용대상이 아닌 임차인에게도 상임법상 3기의 차임연체와 계약해지(제10조의8)는 적용된다.

마. 폐업으로 인한 임차인의 해지권

상임법 적용대상이 아닌 임차인에게도 상임법상 「감염병의 예방 및 관리에 관한 법률」상 집합제한 및 금지조치를 받아 폐업한 경우 계약해지(제11조의2)는 적용된다.

바. 그 외 상임법 규정

기간을 정하지 아니하거나 기간을 1년 미만인 정한 임대차의 경우에 기간을 1년으로 보는 상임법이 적용되지 않으므로 기간을 정하지 아니한 임대차 계약이 되거나 1년 미만인 임대차기간이 될 뿐이다.

「02」 상가임차인의 대항력

Ⅰ. 임차인

1. 건물의 인도와 사업자등록

가. 의의

상가건물의 임대차는 그 등기가 없는 경우에도 임차인이 건물의 인도와 사업자등록을 신청한 때에는 그 다음 날부터 제3자에 대하여 효력이 생긴다(상임법 제3조 제1항). 상가건물임차권의 대항요건은 건물의 인도와 사업자등록의 신청이다.

나. 건물의 인도

건물의 인도는 임차인이 건물에서 영업을 하면서 이를 직접점유하는 경우뿐만 아니라 타인의 점유를 매개로 하여 이를 간접점유하는 경우도 포함된다.

다. 사업자등록을 신청한 때

(ㄱ) 사업자등록 후 사업미개시나 폐업 사업자등록을 마친 사업자가 사업을 개시하지 않거나 폐업한 경우에는 상임법의 적법한 사업자등록이라고 볼 수 없다(대판 2006.10.13. 2006다56299).

(ㄴ) 폐업신고 후 같은 상호 및 등록번호로 다시 사업자등록 사업자가 폐업신고를 하였다가 다시 같은 상호 및 등록번호로 사업자등록을 하였다고 하더라도 상임상의 대항력 및 우선변제권이 그대로 존속한다고 할 수 없다(대판 2006.10.13. 2006다56299).

(ㄷ) 상가건물을 전대하고 전차인이 건물을 점유하고 사업자등록 상가건물을 임차하고 사업자등록을 마친 사업자가 상가건물을 전대하는 경우에 전차인이 건물을 직접 점유하면서 그 명의로 사업자등록을 하면 대항력이 유지된다(대판 2006.01.13. 2005다64002).

2. 효력발생시기

가. 그 다음 날부터

상가건물의 임대차는 그 등기가 없는 경우에도 임차인이 건물의 인도와 사업자등록을 신청한 때에는 그 다음 날 오전 0시부터 제3자에 대하여 효력이 생긴다(상임법 제3조 제1항).

나. 제3자에 대하여 효력이 생긴다.

제3자에 대하여 임차인으로서 임차목적물을 계속 사용·수익하며 인도를 거절할 수 있다.

3. 대항력이 계속 존속

상가임대차에서 상가건물의 인도 및 사업자등록을 구비라는 대항요건은 취득요건일 뿐만 아니라 존속요건이기도 하므로 계속 존속하고 있어야 한다(대판 2006.01.13. 2005다64002).

Ⅱ. 임차건물의 양수인

1. 규정
임차인이 대항력을 갖춘 경우 임차건물의 양수인은 임대인의 지위를 승계한 것으로 본다(상임법 제3조 제2항).

2. 연체차임과 보증금
(ㄱ) 보증금반환채무는 양수인이 부담 상임법상의 임차건물의 양수인이 임대인의 지위를 승계하면, 양수인은 임차인에게 임대보증금반환의무를 부담하고 임차인은 양수인에게 차임지급의무를 부담한다(대판 2017.03.22. 2016다218874).

(ㄴ) 임대인의 양수 전에 발생한 연체차임과 관리비는 양도인이 청구 임차건물의 소유권이 이전되기 전에 이미 발생한 연체차임이나 관리비 등은 별도의 채권양도절차가 없는 한 원칙적으로 양수인에게 이전되지 않고 임대인만이 임차인에게 청구할 수 있다(대판 2017.03.22. 2016다218874).

「03」 상가임대차 계약의 효과

Ⅰ. 첫 번째 계약

1. 기간
기간을 정하지 아니하거나 기간을 1년 미만으로 정한 임대차는 그 기간을 1년으로 본다. 다만, 임차인은 1년 미만으로 정한 기간이 유효함을 주장할 수 있다(상임법 제9조 제1항).

2. 종료
임대차가 종료한 경우에도 임차인이 보증금을 돌려받을 때까지는 임대차 관계는 존속하는 것으로 본다(상임법 제9조 제2항).

3. 차임 등의 증감청구권
(ㄱ) 증액청구의 한도 차임 또는 보증금의 증액청구는 청구당시의 차임 또는 보증금의 100분의 5의(=5%) 금액을 초과하지 못한다(상임법 시행령 제4조). 반대로 감액청구시에는 제한이 없다.

(ㄴ) 증액청구의 기간 증액청구는 임대차계약 또는 약정한 차임 등의 증액이 있은 후 1년 이내에는 하지 못한다(상임법 제11조 제2항). 반대로 감액청구시에는 제한이 없다.

Ⅱ. 두 번째 계약

1. 묵시적 갱신

가. 요건
(1) 갱신거절의 통지나 계약조건의 변경 통지가 없을 것

임대인이 임대차기간이 만료되기 6개월 전부터 1개월 전까지 기간 이내에 임차인에게 갱신 거절의 통지 또는 조건 변경의 통지를 하지 아니한 경우에는 그 기간이 만료된 때에 전 임대차와 동일한 조건으로 다시 임대차한 것으로 본다(상임법 제10조 제4항).

(2) 판례

임차인이 임대차기간 만료 1개월 전부터 만료일 사이에 갱신거절의 통지를 한 경우 임대차계약은 묵시적 갱신이 인정되지 않고 임대차기간의 만료일에 종료한다(대판 2024.06.27. 2023다307024).

나. 효과
(1) 기간

묵시적 갱신의 경우 임대차의 존속기간은 1년으로 본다(상임법 제10조 제4항).

(2) 계약해지 통지

묵시적 갱신의 경우 임차인은 언제든지 임대인에게 계약해지의 통고를 할 수 있고, 임대인이 통고를 받은 날부터 3개월이 지나면 효력이 발생한다(상임법 제10조 제5항).

(3) 차임 등의 증감청구권

전 임대차와 동일한 조건으로 다시 임대차한 것으로 본다(상임법 제10조 제4항). 따라서 차임과 보증금은 전 임대차기간과 동일하다.

2. 계약갱신요구권
가. 요건
(1) 임차인이 계약갱신을 요구할 것

임대인은 임차인이 임대차기간이 만료되기 6개월 전부터 1개월 전까지 사이에 계약갱신을 요구하여야 한다(상임법 제10조 제1항 본문).

(2) 3기의 차임연체액 등이 없을 것

임대인은 임차인의 계약갱신요구를 정당한 사유 없이 거절하지 못한다(상임법 제10조 제1항 본문). 임차인이 3기의 차임액에 해당하는 금액에 이르도록 차임을 연체한 사실이 없어야 하고, 임차인이 임대인의 동의 없이 목적 주택의 전부 또는 일부를 전대하지 않았어야 하고, 임차인이 임차한 건물의 전부 또는 일부를 고의나 중대한 과실로 파손 등의 사유가 없어야 한다(상임법 제10조 제1항 단서).

(3) 전차인의 임대인의 대위

임대인의 동의를 받고 전대차계약을 체결한 전차인은 임차인의 계약갱신요구권 행사기간 이내에 임차인을 대위(代位)하여 임대인에게 계약갱신요구권을 행사할 수 있다(상임법 제13조 제2항).

나. 효과
(1) 기간

전 임대차와 동일한 조건으로 다시 임대차한 것으로 본다(상임법 제10조 제4항). 따라서 기간은 전 임대차기간과 동일하다. 단 임차인의 계약갱신요구권은 최초의 임대차기간을 포함한 전체 임대차기간이 10년을 초과하지 아니하는 범위에서만 행사할 수 있다(상임법 제10조 제2항).

(2) 계약해지 통지

상임법의 경우에는 주임법과 달리 계약해지 통지 규정이 없어서 임차인은 계약해지 통지를 할 수 없다.

(3) 차임 등의 증감청구권

(ㄱ) 규정 갱신되는 임대차는 전 임대차와 동일한 조건으로 다시 임대자한 것으로 본다(상임법 제10조 제4항).

(ㄴ) 한도 차임 또는 보증금의 증액청구는 청구당시의 차임 또는 보증금의 100분의 5의(=5%) 금액을 초과하지 못한다(상임법 시행령 제4조). 증액청구는 임대차계약 또는 약정한 차임 등의 증액이 있은 후 1년 이내에는 하지 못한다(상임법 제11조 제2항). 반대로 감액청구시에는 제한이 없다.

(4) 감염병에 관련된 특례

차임 또는 보증금이 임차건물에 관한 조세, 공과금, 그 밖의 부담의 증감이나 「감염병의 예방 및 관리에 관한 법률」 제2조제2호에 따른 제1급감염병 등에 의한 경제사정의 변동으로 인하여 상당하지 아니하게 된 경우에는 당사자는 장래의 차임 또는 보증금에 대하여 증감을 청구할 수 있다(상임법 제11조 제1항 전문).

「04」 보증금반환이 되지 않은 경우

I. 임차권등기명령

1. 등기명령의 신청

임대차가 끝난 후 보증금이 반환되지 아니한 경우에 임차인은 임차건물의 소재지를 관할하는 법원에 임차권등기명령을 신청할 수 있다(상임법 제6조 제1항). 임차인은 임차권등기명령의 신청과 그에 따른 임차권등기와 관련하여 든 비용을 임대인에게 청구할 수 있다(상임법 제6조 제8항).

2. 임차권등기명령의 집행

부동산에 대한 임차권등기명령의 집행은 임차권등기재판에 관한 사항을 등기부에 기입하여야 한다(상임법 제6조 제3항).

3. 대항력과 우선변제권

가. 대항력과 우선변제권의 취득

임차인이 임차권등기 이전에 대항력과 우선변제권을 취득하지 못한 경우, 임차권등기명령의 집행에 따른 임차권등기를 마치면 임차인은 대항력과 우선변제권을 취득한다(상임법 제6조 제5항 본문).

나. 대항력과 우선변제권의 유지

임차인이 임차권등기 이전에 대항력이나 우선변제권을 취득한 경우, 임차권등기명령의 집행에 따른 임차권등기를 마치면 대항력이나 우선변제권은 그대로 유지되며, 임차권등기 이후에 대항요건을 상실하더라도 이미 취득한 대항력이나 우선변제권을 상실하지 않는다(상임법 제6조 제5항 단서).

다. 배당요구 불필요

라. 임차인과의 관계

임차권등기명령의 집행에 따른 임차권등기가 끝난 건물을 그 이후에 임차한 임차인은 소액보증금 우선변제권을 받을 권리가 없다(상임법 제6조 제6항).

4. 임차권 등기말소

보증금을 반환받지 못한 임차인의 권리를 보전하기 위해 임대인의 임대차보증금의 반환의무가 임차인의 임차권등기 말소의무보다 먼저 이행되어야 한다.

5. 민법의 임대차 등기

임차인이 임대인과 합의하에 민법의 임대차등기를 건물에 한 경우 임차권등기명령에 따른 효력과 동일한 효력이 인정된다(상임법 제7조 제1항).

Ⅱ. 보증금 우선변제권

1. 의의

제3조제1항의 대항요건을 갖추고 관할 세무서장으로부터 임대차계약서상의 확정일자를 받은 임차인은 「민사집행법」에 따른 경매 또는 「국세징수법」에 따른 공매 시 임차건물(임대인 소유의 대지를 포함한다)의 환가대금에서 후순위권리자나 그 밖의 채권자보다 우선하여 보증금을 변제받을 권리가 있다(상임법 제5조 제2항).

2. 대항요건과 확정일자를 갖춘 임차인

가. 의의

임차인이 보증금을 후순위권리자나 그 밖의 채권자보다 우선하여 변제받기 위해서는 상가임대차의 대항요건과 임대차 계약서상의 확정일자를 갖추어야 한다(상임법 제5조 제2항).

나. 대항요건과 확정일자

(ㄱ) 대항요건 상가건물의 인도 및 사업자등록이라는 우선변제의 요건은 취득요건일 뿐만 아니라 존속요건이기도 하므로, 배당요구의 종기까지 계속 존속하고 있어야 한다(대판 2006.01.13. 2005다64002).

(ㄴ) 확정일자 확정일자는 상가건물의 소재지 관할 세무서장이 부여한다(상임법 제4조 제1항).

3. 임차건물의 경매시 환가대금

4. 배당요구 필요

상임법에 의하여 우선변제청구권이 인정되는 임대차보증금반환채권은 현행법상 배당요구가 필요한 배당요구채권에 해당한다.

5. 후순위권리자나 그 밖의 채권자보다 우선하여 보증금을 변제

가. 우선변제

임차건물(임대인 소유의 대지를 포함한다)의 환가대금에서 후순위권리자나 그 밖의 채권자보다 우선하여 보증금을 변제받을 권리가 있다(상임법 제5조 제2항 후문).

나. 임차권의 소멸

임차권은 임차건물에 대하여 「민사집행법」에 따른 경매가 실시된 경우에는 그 임차건물이 매각되면 소멸한다. 다만, 보증금이 전액 변제되지 아니한 대항력이 있는 임차권은 소멸하지 아니한다(상임법 제8조).

6. 임차건물의 이행

가. 경매신청시

임차인이 임차건물에 대하여 보증금반환청구소송의 확정판결이나 그 밖에 이에 준하는 집행권원에 따라서 경매를 신청하는 경우에는 임차건물의 이행이나 이행제공을 하지 않아도 된다(상임법 제5조 제1항).

나. 보증금 회수

임차인은 임차건물을 양수인에게 인도하지 아니하면 보증금을 받을 수 없다(상임법 제5조 제3항). 임차건물의 인도와 보증금 반환은 동시이행의 관계이다.

Ⅲ. 소액보증금 우선변제권 (=최우선변제권)

1. 의의

임차인은 보증금 중 일정액을 다른 담보물권자보다 우선하여 변제받을 권리가 있다. 이 경우 임차인은 건물에 대한 경매신청의 등기 전에 대항요건을 갖추어야 한다(상임법 제14조 제1항).

2. 대항요건을 갖춘 임차인

가. 건물에 대한 경매신청의 등기 전

임차인은 건물에 대한 경매신청의 등기 전에 상임법상의 대항요건을 갖추어야 보증금 중 일정액을 다른 담보물권자보다 우선하여 변제받을 권리가 있다(상임법 제14조 제1항).

나. 대항요건을 갖춘 임차인

임차인이 보증금 중 일정액을 자기보다 선순위의 다른 담보물권자보다 우선하여 변제를 받기 위해서는 상가임대차의 대항요건을 갖추어야 한다(상임법 제14조 제1항). 보증금의 우선변제권과 달리 임대차 계약증서상의 확정일자를 갖출 필요가 없다.

3. 임차건물의 경매시 환가대금

임차건물과 그 대지가 함께 경매될 경우뿐만 아니라 임차건물과 별도로 그 대지만이 경애된 경우에도 그 대지의 환가대금에 대하여 우선변제권을 행사할 수 있다.

4. 배당요구 필요

상임법에 의하여 우선변제청구권이 인정되는 임대차보증금반환채권은 현행법상 배당요구가 필요한 배당요구채권에 해당한다.

5. 다른 담보물권자보다 우선하여 보증금을 변제

가. 규정

임차인이 보증금 중 일정애을 자기보다 선순위의 다른 담부물권자보다 우선하여 보증금을 변제받을 권리가 있다(상임법 제14조 제1항).

나. 보증금 계산방법

(1) 의의

보증금 외의 차임이 있는 경우의 차임액은 월 단위의 차임액으로 한다(상임법시행령 제2조 제2항). 보증금액 기준을 정할 때 보증금 외에 차임이 있는 경우에 차임액에 1분의 100을 곱하여 환산한 금액을 포함하여야 한다(상임법 제2조 제2항, 상임법시행령 제2조 제3항).

(2) 계산

보증금이 1천만원이고 차임이 연 620만원인 서울소재의 상가건물의 경우에는 차임을 월 단위의 차임액으로 계산하게 되면 월 50만원이 된다. 월 50만원에 100을 곱하면 5천만원이 되고 보증금은 6천만원으로 산정되어 소액보증금 우선변제권의 적용을 받는다.

다. 소액보증금의 범위

	소액임차인의 범위	보증금 중 일정액
서울특별시	6천500만원 이하	2천200만원 이하
「수도권정비계획법」에 따른 과밀억제권역	5천500만원 이하	1천900만원 이하
광역시(「수도권정비계획법」에 따른 과밀억제권역에 포함된 지역과 군지역은 제외한다), 안산시, 용인시, 김포시 및 광주시	3천800만원 이하	1천300만원 이하
그 밖의 지역	3천만원 이하	1천만원 이하

라. 특례

임차인의 보증금중 일정액이 상가건물의 가액의 2분의 1을 초과하는 경우에는 상가건물의 가액의 2분의 1에 해당하는 금액에 한하여 우선변제권이 있다(상임법 시행령 제7조 제2항).

「05」 권리금 외 기타

I. 권리금

1. 서설

가. 권리금의 정의

권리금이란 임대차 목적물인 상가건물에서 영업을 하는 자 또는 영업을 하려는 자가 영업시설·비품, 거래처, 신용, 영업상의 노하우, 상가건물의 위치에 따른 영업상의 이점 등 유형·무형의 재산적 가치의 양도 또는 이용대가로서 임대인, 임차인에게 보증금과 차임 이외에 지급하는 금전 등의 대가를 말한다(상임법 제10조의3 제1항).

나. 권리금 계약

권리금 계약이란 신규임차인이 되려는 자가 임차인에게 권리금을 지급하기로 하는 계약을 말한다(상임법 제10조의3 제2항).

2. 권리금 회수기회 보장

가. 임대인은 임차인의 권리금 회수기회를 보장해야 한다.

> 제10조의4 (권리금 회수기회 보호 등) ① 임대인은 다음 각호의 행위로 권리금 계약에 따라 임차인이 주선한 신규임차인이 되려는 자로부터 권리금을 지급받는 것을 방해하여서는 아니 된다.
> 1. 임차인이 주선한 신규임차인이 되려는 자에게 권리금을 요구하거나 임차인이 주선한 신규임차인이 되려는 자로부터 권리금을 수수하는 행위
> 2. 임차인이 주선한 신규임차인이 되려는 자로 하여금 임차인에게 권리금을 지급하지 못하게 하는 행위
> 3. 임차인이 주선한 신규임차인이 되려는 자에게 상가건물에 관한 조세, 공과금, 주변 상가건물의 차임 및 보증금, 그 밖의 부담에 따른 금액에 비추어 현저히 고액의 차임과 보증금을 요구하는 행위

나. 임대인은 임차인의 권리금 회수기회를 보장할 필요가 없다.

> 제10조의4 (권리금 회수기회 보호 등) ① 임대인은 다음 각호의 행위로 권리금 계약에 따라 임차인이 주선한 신규임차인이 되려는 자로부터 권리금을 지급받는 것을 방해해도 된다.
> 1. 임차인이 3기의 차임액에 해당하는 금액에 이르도록 차임을 연체한 사실이 있는 경우
> 2. 임차인이 거짓이나 그 밖의 부정한 방법으로 임차한 경우
> 3. 서로 합의하여 임대인이 임차인에게 상당한 보상을 제공한 경우
> 4. 임차인이 임대인의 동의 없이 목적 건물의 전부 또는 일부를 전대(전대)한 경우
> 5. 임차인이 임차한 건물의 전부 또는 일부를 고의나 중대한 과실로 파손한 경우 등

3. 신규임차인과 임대차계약의 체결을 거절

가. 임대인은 신규임차인과 임대차계약의 체결을 거절하지 못한다.

정당한 사유 없이 임대인은 임차인과 임차인이 주선한 신규임차인이 되려는 자와 임대차계약의 체결을 거절할 수 없다(상임법 제10조의4 제1항 4호).

나. 임대인은 신규임차인과 임대차계약의 체결을 거절할 수 있다.

> 제10조의4 (권리금 회수기회 보호 등) ② 다음 각 호의 어느 하나에 해당하는 경우에는 신규임차인과 임대차계약의 체결을 거절할 정당한 사유가 있는 것으로 본다.
> 1. 임차인이 주선한 신규임차인이 되려는 자가 보증금 또는 차임을 지급할 자력이 없는 경우
> 2. 임차인이 주선한 신규임차인이 되려는 자가 임차인으로서의 의무를 위반할 우려가 있거나 그 밖에 임대차를 유지하기 어려운 상당한 사유가 있는 경우
> 3. 임대차 목적물인 상가건물을 1년 6개월 이상 영리목적으로 사용하지 아니한 경우
> 4. 임대인이 선택한 신규임차인이 임차인과 권리금 계약을 체결하고 그 권리금을 지급한 경우

4. 위반시 효력

가. 손해배상책임

임대인이 임차인이 권리금 지급받는 것을 방해하여 임차인에게 손해를 발생하게 한 때에는 그 손해를 배상할 책임이 있다. 이 경우 그 손해배상액은 신규임차인이 임차인에게 지급하기로 한 권리금과 임대차 종료 당시의 권리금 중 낮은 금액을 넘지 못한다(상임법 제10조의4 제3항).

나. 소멸시효

임차인이 권리금 지급받는 것을 방해한 임대인에게 손해배상을 청구할 권리는 임대차가 종료한 날부터 3년 이내에 행사하지 아니하면 시효의 완성으로 소멸한다(상임법 제10조의4 제4항).

II. 차임연체와 해지 특칙

임차인의 차임연체액이 3기의 차임액에 달하는 때에는 임대인은 계약을 해지할 수 있다(상임법 제10조의8).

2026 위패스 공인중개사 민법 및 민사특별법 기본서

제2판 1쇄 인쇄   2025. 12. 10
제2판 1쇄 발행   2025. 12. 25

지은이   김묘엽

발행인   윤혜영
편집자   김가온 | **표 지**   안토그래픽

펴낸곳   로앤오더
개업일   2014년 2월 10일 | 등록번호 제222-23-01234호
주 소   (우)서울시 성동구 왕십리로 8길, 21-1 2층 201호
전 화   02-6332-1103 | 팩스 02-6332-1104

ISBN   979-11-6267-527-4
정 가   32,000원
위패스   wepass.co.kr

이 책은 저작권법에 따라 보호받는 저작물이므로 무단복제를 금지하며,
이 책 내용의 전부 또는 일부를 이용하려면 반드시 저작권자와 로앤오더의 서면동의를 받아야 합니다.